臺灣歷史與文化 研究輯刊

十七編

第 8 冊

儒醫謝道隆《小東山詩存》研究

陳光瑩 著

花木蘭文化事業有限公司

國家圖書館出版品預行編目資料

儒醫謝道隆《小東山詩存》研究／陳光瑩 著 — 初版 — 新北市：
花木蘭文化事業有限公司，2020〔民 109〕
序 4+ 目 2+242 面；19×26 公分
（臺灣歷史與文化研究輯刊十七編：第 8 冊）
ISBN 978-986-518-072-0（精裝）
1. 謝道儒 2. 臺灣詩 3. 詩評
733.08   109000554

ISBN-978-986-518-072-0

9 789865 180720

臺灣歷史與文化研究輯刊
十七編 第 八 冊
                        ISBN：978-986-518-072-0

儒醫謝道隆《小東山詩存》研究

作　　者　陳光瑩
總 編 輯　杜潔祥
副總編輯　楊嘉樂
編　　輯　許郁翎、張雅淋　美術編輯　陳逸婷
出　　版　花木蘭文化事業有限公司
發 行 人　高小娟
聯絡地址　235 新北市中和區中安街七二號十三樓
　　　　　電話：02-2923-1455／傳眞：02-2923-1452
網　　址　http://www.huamulan.tw 信箱 hml810518@gmail.com
印　　刷　普羅文化出版廣告事業
初　　版　2020 年 3 月
全書字數　207870 字
定　　價　十七編 11 冊（精裝）台幣 22,000 元

儒醫謝道隆《小東山詩存》研究

陳光瑩　著

作者簡介

作者：陳光瑩（1967～）

簡歷：國立高雄師範大學文學博士，曾任南開科技大學助理教授，任教十五年。現職爲臺中市立臺中第一高級中等學校國文老師，任教八年。

發表的相關作品，期刊論文兩篇：

一、〈洪棄生題畫詩題品畫境與書寫世變之研究〉，《南開學報》（第 6 卷第 1 期，2009 年 6 月，頁 1～14）。

二、〈洪棄生遊仙詩世變書寫之研究〉《應華學報》（2006 年 12 月，頁 61）。

研討會論文七篇：

一、〈「變格」與「意境」——洪棄生詩歌創作論研究〉，《第六屆思維與創作學術研討會論文集》（臺南市：國立臺南大學國語文學系，2012 年 9 月）。

二、〈洪棄生「鹿港」詩文在地書寫研究〉，《國立聯合大學 2011 通識教育與在地產業、文化學術研討會論文集》（苗栗市：國立聯合大學通識教育中心，2011 年 12 月，頁 45～72）。

三、〈論洪棄生自述文與鹿港村里人物傳記文的特色〉，《2010 年彰化研究學術研討會－彰化村史與社會變遷史研究論文集》（彰化：彰化師範大學文學院，2010 年 10 月 16 日～10 月 17 日，頁 63～85）。

四、〈洪棄生古典的漢詩教學研究〉，《第七屆提升職業倫理與職業道德教育研討會論文集》（彰化：建國科技大學通識教育中心，2010 年 4 月 30 日，頁 1～29）。

五、〈論洪棄生紀遊南投山水詩文的旨趣風格〉，《風語南投——在地歷史與在地文化學術研討會論文集》（草屯：南開科技大學，2009 年 7 月 3 日，頁 143～181）。

六、〈施梅樵詩歌中的書畫創作觀研究〉，《文學中的老境——老年心境的探索與開掘學術討論會論文集》（草屯南開技術學院，2007 年 9 月 20 日，頁 30～58）。

七、〈洪棄生題畫詩研究〉，《「福祉」內涵學術討論會論文集》，（草屯：南開技術學院，2006 年 7 月 20 日，頁 30～58）。

專書著作四本：

一、《洪棄生的旅遊詩歌：《八州詩草》研究》（臺北：花木蘭文化事業有限公司，2015 年 3 月）。

二、《洪棄生集》（與程玉凰老師合著）（臺南：國立台灣文學館，2012）。

三、《臺灣古典詩家洪棄生》（臺中：晨星出版社，2009）。

四、《吳梅村諷諭詩研究》（臺北：花木蘭文化事業有限公司，2009）。

詩集兩本：

一、《穎生詩集》（古典詩集）（臺北：秀威資訊，2018）。

二、《震作稿》（現代詩集）（臺北：秀威資訊，2017）。

提　要

　　謝道隆（西元一八五二～一九一五年），祖籍廣東而在臺灣出生。幼名長聰，字頌臣，亦作頌丞，因排行第四，親友常以「謝四」代稱。本書研究其詩集《小東山詩存》。緒論：說明研究動機、研究方法。研究範圍、論文架構與預期成果。

　　第一章謝道隆生平與生壙徵詩。謝道隆營建生壙，營成於西元一九〇六年（光緒三十二年，日本明治三十九年），西元一九〇七年（光緒三十三年，日本明治四十年）重九後二日，主人邀櫟社諸子林幼春、林癡仙、林獻堂等人攜妓飲酒嬉遊於此。道隆其與友朋唱和詩，後裒爲《科山生壙詩集》。此章分析此事始末。

　　第二章謝道隆交遊。分析酬詠詩作，以知人論世，分析日治初期的台灣詩社興起原因。

　　第三章興感諷諭，遺民心事。分析謝道隆的生壙徵詩「興感諷諭」，書寫「遺民心事」。遺民滄桑爲生壙徵詩的主旨。

　　第四章觀身蟬蛻，貞隱行醫。謝道隆的生壙題詩，寫詩徵應的文友作品，要旨以觀身蟬蛻來觀照生死，以自然無爲，貞隱求志，稱許謝道隆能善盡醫者職責，期能以逸民自終。

　　第五章群集文人，生壙徵詩。謝道隆隱於田家，以行醫維生。寂寞詠詩自樂，燈前課子孫，籬落栽花木，直到生壙詩，杯酒攜妓邀文友聚於此地，方有日後題詠盛事。自營生壙以安祖穴，此慎終追遠之孝思。

　　第六章怨世哀時，志士情懷。乙未年（西元一八九五年）臺灣人抵抗日人的占領，謝道隆是客家戰士、抗日英雄，也是守土有責的志士。返回臺灣原鄉的謝道隆，詩時時暗寓登臨以望故國的憂時哀感。

　　第七章敘事與抒情技巧。以敘事美學言議論識見。以抒情美學「內化」以及「象徵」的兩項特徵，以及敘事風格等，論敘事與抒情技巧。

　　第八章餘論：風格分析。歸納爲「雄渾」、「典雅」二品。以「詩窮而後工」的觀點，討論謝道隆詩與生況徵詩的風格，並做結論。

謝道隆（頌臣肖像）

謝臣先生道像

謝道隆攝於科山生壙（位於台中縣石岡鄉鼎底窩）時間約為 1905 年

西元一九〇七年，重九後二日，主人邀櫟社諸子會於生壙

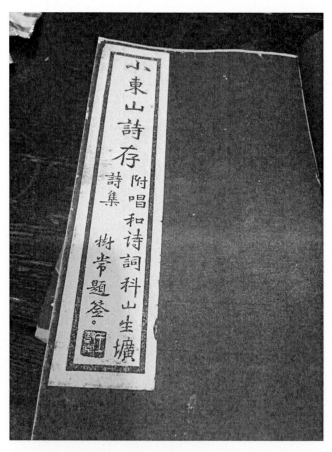

小東山詩存書影

謝東漢先生訪談紀述（代序）

　　乙未年（西元一八九五年）臺灣忠烈的抗日事蹟，雖已昭顯史冊，但被迫受日人殖民的仕紳，恥做次等國民，懷抱遺民哀傷，貞隱求志，志節足爲典範者，當推清末到日治時期，臺灣儒醫謝道隆（西元一八五二～一九一五年）。謝道隆與其表弟丘逢甲抗日失敗後，內渡祖居，後又回臺。佯狂歌詩，以文會友；精歧黃以濟民，築生壙而埋憂。築生壙徵詩，宴友朋攜妓，以放達過情之舉，傳漢學儒雅之教。謝道隆〈邀朋飲生壙作〉云：「自卜佳城興頗饒，墳高坐受萬山朝。邀朋過此同歡宴，勝過他年把酒澆。」歡宴會友，高興賦詩。另一首〈自題生壙〉云：「與妻商共穴，傍祖可安墳。待到黃泉日，依然聚首欣。」自營生壙以安祖穴，此慎終追遠之孝思。謝道隆營建生壙，應營成於西元一九〇六年（光緒三十二年，日本明治三十九年）。西元一九〇七年（光緒三十三年，日本明治四十年）重九後二日，主人邀櫟社諸子林幼春、林癡仙、林獻堂等人攜妓飲酒嬉遊於此。一九〇八年七月十九日，謝道隆的弟子傅錫祺草擬文章，公開向全臺文人徵詩。一九〇九年六月十五日，謝道隆的《科山生壙詩集》正式付梓出版。

　　筆者研究謝道隆詩作多年，今年二〇一九年，適值《科山生壙詩集》出版壹百壹拾年。十二月上旬，我電話訪談謝東漢先生。謝道隆的長子謝春池。謝春池的哲嗣謝文達先生（西元一九〇一年三月四日～一九八三年一月六日）爲臺灣飛行員先驅，也是抗日的空軍英雄。謝文達的哲嗣即謝東漢先生。承蒙先生不棄，我於十二月十三日登門拜訪。又承先生的忘年交曾德宜博士提撕指導，獲益良多。先生慷慨出示一九四五年，其令叔祖謝秋濤在瀋陽刊印謝道隆交付的《小東山詩存》。書前有將軍王樹常、王樹翰作序。又收先生令

叔祖謝秋濤跋：

　　民國元年冬，秋濤將負笈遠遊。行之前夕，先考頌臣府君手書
鳳所爲詩百一十首付秋濤。秋濤受面，什襲藏之，未嘗敢以示人。
越二稔，先考見背。中經喪亂，未嘗稍失，迄今已三十三年矣。秋
濤始克出以付梓。非敢緩也，蓋有待也。秋濤世籍廣東，遜清同、
光間，先大父始客臺灣，以商致富。我先考爲名諸生。甲午之役，
以義憤從戎，誓守國土。未幾，我師撓敗，朝議割臺，刺血三上書，
謂：「臺民均願效死，請勿割。」均報罷。臺灣遂爲敵有。旋走閩粵，
密圖恢復，亦均失志。不得已避歸林下，佯狂詩酒，以岐黃自諱，
當時有「醫王」之譽。去宅東十里而遙，林壑優美，作草堂，顏曰
「小東山」。觴詠其間，殆無虛日。又或飲讌高會，酒酣耳熱，爭爲
唱酬。當時都不敢存稿，乃于一夕之間，錄舊作百餘首。長歌當哭，
形諸詠歎。故國之思，久久弗忘。而又不欲泯沒於世，故於倉卒之
間，舉以付遠遊之子也。憶先考歸田後，一日太息謂秋濤曰：「吾沒
後，倘河山還我，必家祭以告。」謹泣誌之。秋濤不幸生長海外，
寄跡關東。兩受淪亡之慘，今者兩地同時光復，其爲歡喜，寧可言
喻。謹遵遺命，焚香爲文以告，茲再檢點遺稿，恭校付梓。嗚呼！
我先考在天之靈，至此可以無憾。其所爲詩，可以與世相見矣。河
山如舊，手澤猶新，痛定以思，淚落如瀋矣。廣東邱仙根、臺灣林
癡仙兩先生，志切光復，與先考時有唱酬。茲就其集，各選若干首，
附備覽證。又先考嘗營科山生壙，其自爲詩及友朋題詠，已刊《科
山生壙詩集》行于世。謹再刊印，並以附焉，題曰：《小東山詩存》
者，蓋紀實也。

民國三十四年乙酉九月十五日　　男秋濤謹跋

　　謝道隆佯狂詩酒，以岐黃自諱，當時有「醫王」之譽。原其心志，又以
遺民而貞隱求志。謝東漢先生年已九十，精神矍鑠。曾德宜博士學富五車，
識見超犖。談到謝道隆勸丘逢甲內渡，以爲強中才能保臺。猶如英雄虬髯客
遁跡扶餘，另闢世界，誠一世豪傑。丘逢甲《嶺雲海日樓詩鈔》卷二，西元
一九〇一年、一九〇二年（清光緒二十七年、二十八年）〈辛丑、壬寅稿〉的
〈送謝四東歸〉：

　　故人訪我東海來，春風萬里心顏開。故人別我東海去，臨歧各

短英雄氣。七年不見今再見，滄海桑田事萬變。中間不變故人心，袖手海天看龍戰。君來一月無停車，訪我更訪山中廬。老親喜君送君出，來此十日相同居。七年乃有此十日，但覺日行比常疾。此日不爲君我留，南風日日催行舟。舟行既速況有輪。輪轉四海揚胡塵。送君此去作胡語，樂府休唱〈胡無人〉。我年方強君未老，惜君投身隱海島。亞洲大陸局日新，時勢逕待英雄造。海山之高一萬三千尺，當年棄去良可惜。橫來不王復不侯，爲我歸言島中客。包胥存楚約可尋，廉頗用趙原初心。相期亞陸風雲再相見，騎鯨東海來挽神州沉。

謹收錄丘逢甲詩作以誌景仰，並向兩位先生致謝。論文疏漏之處，還望大方之家不吝賜正。

目

次

緒　論

　　儒醫謝道隆詩及其生壙徵詩，收錄在其詩集《小東山詩存》中，內容書寫個人情懷之外，題材包括乙未抗日（西元一八九五年），以及兵敗內渡大陸祖居，其後又返回臺灣故居，種種經歷中，最重要的是生壙徵詩。謝道隆營建生壙，應營成於西元一九〇六年（光緒三十二年，日本明治三十九年），西元一九〇七年（光緒三十三年，日本明治四十年）重九後二日，主人邀櫟社諸子林幼春、林癡仙、林獻堂等人攜技飲酒嬉遊於此。〔註1〕道隆〈九月十一諸子攜妓飲予生壙〉云：「此日墓門花酒會，不妨醉倒美人馱。」極為風光旖旎。〔註2〕其與友朋唱和詩，後裒為《科山生壙詩集》。丘逢甲作序云：「已自為歌詩張之，而遺民之能歌詩者，凡與會與不與會者，亦同而張之。託於歌詩，以逃斯世之悲苦，乃遺民無聊之極思。」〔註3〕以此寄託其淪為遺民之悲苦。

　　論者廖振富提到日治時期台灣文人作品的傳播方式，以公開徵詩為例。一九〇七年五月三十日，謝道隆將丘逢甲為他寫的〈科山生壙詩序〉拿給櫟社社長傅錫祺欣賞。一九〇八年七月十九日，傅錫祺草擬文章，公開向全臺文人徵詩。傅錫祺負責中部的台灣新聞社，由「台灣新聞」社發布新聞五十枚，其中四十五枚交由陳槐庭發布。又以連雅堂、傅錫祺、林癡仙、林幼春、陳槐庭聯名，於《漢文台灣日日新報》公開徵詩。傅錫祺公布徵詩後，提到

〔註1〕賴志彰編撰，《台灣霧峰林家留真集》（近、現代史上的活動1897～1947）》（台北：自立報系文化出版部，1989年6月初版）。張麗俊著，《水竹居主人日記》（一）（臺北：中央研究院近代史研究所，2000），1907年農曆九月十一日所記。
〔註2〕同前註，《科山生壙集》，頁1。
〔註3〕同前註，《科山生壙集》，頁1。

作品將彙帙付梓，藉傳不朽。一九〇九年六月十五日，謝道隆的《科山生壙詩集》正式付梓出版。〔註4〕《科山生壙詩集》的付梓出版，以詩寫遺民滄桑悲痛，又公開徵詩，島內文壇傳為盛事。謝道隆與文友傅錫祺、林癡仙、林幼春、陳槐庭、連雅堂等人為櫟社社員，以此保存宣揚漢文化。

丘逢甲與謝道隆乙未年的抗日義舉，也成為《科山生壙詩集》中，全臺文人與名流大家寫詩題贈的重要內容，洪棄生的詩作即再三致意。丘逢甲與謝道隆，以及鹿港詩人洪棄生的詩作都有極深的遺民情懷。《科山生壙詩集》中，鹿港詩人洪棄生的詩作五七言古，七律、七絕各體皆備，數量最多而風格饒美，可說是冠冕於《科山生壙詩集》。因此，本論文討論謝道隆的生壙徵詩，有時先討論洪棄生的詩論，並非喧賓奪主。目前學術界對謝道隆詩的研究僅見論文，未有專著。因此本書對其《小東山詩存》詩作全面而深入論析，全書字數約十七萬字。

第一節　研究動機：論儒醫謝道隆

謝道隆身為清末到日治時期，台灣重要的古典詩人，如何從古典文學的歷史經驗中汲取教訓？就謝道隆《科山生壙詩集》中眾多詩人多屬於傳統士人，十九世紀中期後，當時清朝的讀書人已尊崇作品抒情和敘事能力具有的藝術性和精確性，已不同於清朝早期中國學者的主要工作，是核對古代文獻的大量資訊，並予編目。例如《科山生壙詩集》中眾多詩人，其中如洪棄生文學批評理論深染時風，評論詩歌風格，重視「奇」、「麗」、「清新生動」、「老成」等，足可為例。〔註5〕畢竟，文學處理的，是文本的美學、存在與意義，感人的文字，以及動人的韻律等問題。誠如喬納森‧卡勒說：

> 正是張力和衝突使身分的問題成為至關重要的和不可避免的。〔註6〕

謝道隆的身分可以說是「儒者」兼「醫者」，可說是「儒醫」。評論謝道

〔註4〕廖振富著，《以文學發聲：走過時代轉折的台灣前輩文人》（台北市：玉山社，2017年11月），頁43～44。

〔註5〕同前註，洪棄生著，《寄鶴齋詩話》（南投：台灣省文獻委員會，1993），頁31、67、77。

〔註6〕喬納森‧卡勒（Jonathan Culler）著，李平譯，《文學理論入門》（南京市：譯林出版社，2013年），頁122。

隆的身分是醫而兼儒者，衡量儒者的標準來自一「成熟的心靈」。本自儒教，傳統士人所關切的，是對於社會人性整體所提出的意念。孔子強調道德的誠眞（authenticity）與對人的慈愛（charity）、關懷（concern）。《論語・憲問》子路問成人。子曰：「若臧武仲之知，公綽之不欲，卞莊子之勇，冉求之藝，文之以禮樂，亦可以成人矣。」云云，則整全成熟之人格養成，須具備知、剛（不欲方可言剛）、勇，又須遊於藝，文之以禮樂。若援引全人教育（holistic education）的三個層面，誠如 John P. Miller 所論，包括平衡（balance）、總括（inclusion）與關聯（connection）。〔註7〕則儒家認爲「君子」的涵養，總括知與行，身與心，物與我的關聯，下學而上達，仁民而愛物，所謂君子踐形，使智、情、意三者平衡發展。

　　衡量儒者的另一標準來自「士」。論者李宗定認爲春秋中葉以後，大批貴族沒落，原本掌握在貴族手上的知識便大量解放流向社會，因此孔子能以原在貴族手上的詩書禮樂作爲教授學生的教材。「士」從早期的貴族階級過渡到「知識份子」的性格，孔子實爲關鍵人物。孔子希望能由貴族中的「士」轉變成爲人生價值、人生命運的擔當者及傳道者。李宗定引用徐復觀的論點，認爲孔子這麼做的意義，最重要的便是：以文化轉移政治，代替政治，爲人類的命運負責。〔註8〕來擔負人格及知識的傳遞甚至是改善政治的責任。孔子爲後人所稱道的「有教無類」，便是本諸前述的責任感，將傳統由貴族獨佔的知識普及於民間。此舉大大地提升了平民百姓出仕的機會，也使得孔子成爲「至聖先師」。〔註9〕至於孔子對當時「士」的要求爲何？《論語》中對於「士」的看法，例如《論語・顏淵》子張問：「士如何之可謂達矣？」子曰：「何哉，爾所謂達者？」子張對曰：「在邦必聞，在家必聞。」子曰：「是聞也，非達也。夫達也者，質直而好義，察言而觀色，慮以下人。在邦必達，在家必達，夫聞也者，色取仁而行違，居之不疑。在邦必聞，在家必聞。」

〔註7〕約翰・米勒（John P. Miller）著，張淑美等譯，《生命教育：全人課程理論與實務》（台北：心理出版社，2009年），頁7。

〔註8〕徐復觀著，〈封建政治社會的崩潰及典型專制政治的成立〉《周秦漢政治社會結構之研究》，今改爲徐復觀著，《兩漢思想史卷一》（臺北：學生書局，1978年10月四版），頁88～92。李宗定著，〈從周代社會型態的改變看先秦儒家政治理論的起源〉（第四屆南區四校中文系研究生論文研討會），頁1。李宗定著，《先秦儒家政治理論研究》（臺北：花木蘭出版社，2009年），緒論。錢穆著，《國史大綱》（臺北：臺灣商務印書館，1995年7月修訂三版），頁60。

〔註9〕同前註，李宗定文，頁14。

又如《論語・子路》子貢問曰：「何如斯可謂之士矣？」子曰：「行己有恥，使於四方，不辱君命，可謂士矣。」曰：「敢問其次。」曰：「宗族稱孝焉，鄉黨稱弟焉。」曰：「敢問其次。」曰：「言必信，行必果，硜硜然小人哉！抑亦可以爲次矣。」曰：「今之從政者何如？」子曰：「噫！斗筲之人，何足算也。」

論者李宗定認爲子張以爲聲名在外者便是「達」，孔子明言「聞」與「達」是兩回事，務實才是眞正的「士」。隨著子張之問，孔子定出士的「等級」，亦即要眞正做到一個「士」，必須對自己的德行有所要求，同時要能「使於四方，不辱君命」，對社會國家有所貢獻，至於聞達於宗族鄉里爲其次，言行一致但不知權變，則是才識度量淺薄的人。所以，孔子「己達達人，己立立人」的「內聖外王」思想，也由此顯現。〔註10〕

李宗定引用徐復觀的論點，認爲：「孔子對『士』的性格轉換，和對『君子』的性格轉換，完全是同樣的。」〔註11〕《論語》中，孔子云：「士志於道，而恥惡衣惡食者，未足與議也。」（〈里仁〉）；「士而懷居，不足以爲士矣。」（〈憲問〉）；「志士仁人，無求生以害人，有殺身以成仁。」（〈衛靈公〉）；以及曾子云：「士不可不弘毅，任重而道遠。」（〈泰伯〉）。〔註12〕晚清大變動的時代，士人對於政治的期望與寄託與殷切憂世，固不待言。以李宗定的論點，移來評論謝道隆，謝道隆的行誼可稱作「儒醫」。論者熊秉眞分析中國的醫學，隋唐以後，由政府規劃國家醫療教育，分屬國子監與太學。並設醫學考試制度。以管制醫療人員品質，推動地方醫藥與衛生行政。許多出身業醫，得太醫榮銜或帶官方身分後，聲名日隆，與儒醫、庸醫、鈴醫等民間力量形成對比。討論中國宋、明以來有關醫學的作品，講究實用，對當時臨床經驗與醫理見解並重，並設法結合臨床問題與醫學理論和技術，謀求建立合理有效的辦法。論者熊秉眞認爲這類「醫書」對呈現中國醫學發展的多樣性與豐富性，是最直接史料，從其中也最容易了解所謂「區域特性」的特徵。她提到這部分材料與醫學發展上的「學者」與「工匠」兩個傳統時，會發覺中國的情況，尤其是到了明清，已經相當複雜。熊秉眞進而討論「儒醫」一稱：

因宋代以來，中國社會中的讀書人對醫藥與健康興趣很普遍。

〔註10〕同前註，李宗定文，頁14。
〔註11〕同前註，徐復觀著，《兩漢思想史卷一》，頁91。
〔註12〕同前註，李宗定文，頁14～15。

醫學界因有所謂「儒醫」。其實「儒醫」一稱，在正式制度上，是源於宋代（西元 11 世紀）以後，國家醫學考試中加入有關經學與文學的科目，社會從而恭維通過此等儒、醫兼備的政府考試的人「儒醫」。不過後來習稱的「儒醫」，已成流行面廣義化的一個敬稱，意指「有學問有修養的醫生」。這類醫生仔細辨認起來，還包括兩種不同型態。一是純綷「學者型」，對醫學私下有興趣的人。這些人多半有科舉頭銜，官居流宦或名重士林，屬於社會上的顯達人士，因爲個人事親需要或目睹時疫，在孝慈濟世、養生等個人或偶發因素下，對醫道醫術產生了「業餘」興趣。他們著重書本上的醫學知識，是其研習醫學主要途徑。但因只偶受人之託而施醫術，所以臨床經驗比較有限。醫理用藥上固偶有創見，然多半講理論過於實際。不過在民間諳於醫藥的人士中，這第一種「儒醫」卻聲名最高。正是因爲他們不輕易診療，所謂的治病爲義不謀利。近世中國民眾也尊「儒醫」的另一種人士，是一些世代業醫的專業醫生。因其行醫，不如泛泛「庸醫」，或江湖郎中式的「鈴醫」，只爲糊口。這些懸壺數代，在地方上略有聲名的專業醫生，熟讀歷代醫經與醫書，書本知識有基礎。加上數代職業世襲，累積百年以上的臨床經驗。文字素養本來相當高，也勤於醫學方面的纂輯著述，社會上就尊他們爲「儒醫」或者「名醫」。在專業競爭和鑽研精神催促之下，常對發展某一專科醫學，有很高的成就。他們排比醫書，錄下特具心得的藥方、醫案，著作十分豐富，最容易顯示地方性特質，也是近世中國醫學上創意相當高的一群人。〔註13〕

這些世代業醫的專業醫生，數代職業世襲，累積百年以上的臨床經驗。文字素養本來相當高，也勤於醫學方面的纂輯著述，社會上就尊他們爲「儒醫」或者「名醫」。以「儒醫」來稱呼謝道隆十分適切。謝道隆數代職業世襲，又曾爲了科舉考試而熟讀經書，參加童試而中了秀才。雖然後來並未繼續應舉科考，然而乙未年（西元一八九五年）台灣割日，響應其表弟丘逢甲倡議抗日，雖不幸兵敗內渡大陸，不久返回臺灣故里後，繼續行醫。謝道隆不曾參加過國家醫學考試，只是應舉參加童生考試中過秀才，但謝道隆深懷儒者

〔註13〕熊秉眞著，《幼醫與幼蒙：近世中國社會的綿延之道》（新北市：聯經出版社，2018 年 10 月），頁 82～85。

安邦定國的胸懷，文字素養相當高，此世代業醫的專業醫生，自然可稱作「儒醫」。以社會地位而言，清末「儒醫」的地位尚不及科考及第，任官授品的讀書人。誠如論者熊秉眞的討論：

> 中國傳統雖有「不爲良相，則爲良醫」，及漢代賈誼所說的「至人不居朝廷，必隱於醫」等說法，但醫療事業實質上，亦如上述所喻，是學與仕之餘的次等選擇，遍覽傳統時期醫家的傳記資料，絕大多數會提及謀舉業不成，乃習醫餬口。另外一大背景是傳統中國因孝道上的要求，期望有識之士亦能親侍湯藥，即所謂「儒門事親」之理，因而以鑽研醫學爲癖好的儒者中，多有因親疾之需而引起，當然，這兩個途徑卻不一定會影響醫學的絕對品質，無論因何理由接觸醫學的人士，都可能有認眞的興趣，而推展出一些成果。〔註14〕

論者熊秉眞討論源於宋代以後，國家醫學考試中加入有關經學與文學的科目，社會從而恭維通過此等儒、醫兼備的政府考試的人「儒醫」。以清代吳敬梓的章回小說《儒林外史》爲例，小說第三十一回「天長縣同訪豪傑，賜書樓大醉高朋。」裡的人物，張俊民所謂「所以我有一個小兒，而今且不教他學醫，從先生讀著書，做了文章，就拿來給杜少爺看。少爺往常賞個批語，晚生也拿了家去讀熟了，學些文理。將來再過兩年，叫小兒出去考個府縣考，騙兩回粉湯包子喫，將來掛招牌，就可以稱儒醫。」〔註15〕說的就是當時「儒醫」所以受人尊崇的原因。張俊民道：「熟讀王叔和，不如臨症多。」自述不曾讀過甚麼醫書，卻是看的症不少。可見臨床經驗比較豐富，認爲熟讀晉朝醫學家王叔和所作的脈經等書，不如看症。小說《儒林外史》中，張俊民爲自己兒子謀劃前途，教子醫術又欲其子參加國家醫學考試，可見當時風氣。

〔註14〕同前註，熊秉眞著，《幼醫與幼蒙：近世中國社會的縣延之道》，頁82～84。引用魯仁輯，〈太醫院志〉，載《中和月刊》3 卷 6 期（1942），頁 24～35；Joseph Needham, "China and the Origin of Qualifying Medical Examinations in Medicine," in Needham, Clerks and Craftsmen in China and the West (Cambridge University Press, 1970), pp.379-395. 熊秉眞討論關於傳統中醫的種類、名稱、其培養過程、從醫背景與醫生的社會地位，亦可參見馬堪溫的一篇專論〈歷史上的醫生〉，載《中華醫史雜誌》，16 卷 1 期（北京，1986），頁 1～11。可參考 Paul Unschuld, Mecical Ethics in Imperial China (University of Califomia Press, 1979).對這些傳統醫界人士的身分界定；及同作者，Medicine in China, A History of Ideas (University of California Press, 1985), pp.189-223.對他們角色及醫學思想的討論。

〔註15〕吳敬梓著，《儒林外史》（臺北：聯經出版社，1991 年），頁 290～299。

小說中的杜少卿即是吳敬梓的化身。吳敬梓厭惡熱中功名的讀書人，不與這些「縣裡暴發的舉人進士」為伍，婉拒鹽商和縣太爺的飯局，卻也曲折道出當時社會地位中，這些祿蠹之人地位較高了。

　　儒醫謝道隆又可視為遺民和逸民。「遺民」一詞，最早見於《左傳》和《孟子》。《左傳・閔公二年》：「衛之遺民男女有七百三十人。」又《左傳・襄公二十九年》：「陶唐氏之遺民。」《孟子・萬章上》：「〈雲漢〉之詩曰：「周餘黎民，靡有孑遺。」信斯言也，是周無遺民也。」因此，論者何冠彪認為：

> 遺民的本義是指國亡而遺留下來的人民。至於現在指易代後不仕新朝的人……乃是後起的意思。……《二十四史》，都沒有〈遺民傳〉，自從范曄（398～445）在《後漢書》中把那些因國亡而隱居不仕的遺民，和在太平之時退隱的逸民的傳記混合在一起，稱為〈逸民傳〉後，後來的修史者多有仿效，但名稱稍有不同，如《晉書》、《宋書》、《南史》、《北史》、《隋書》、《舊唐書》、《新唐書》、《宋史》、《金史》、《元史》、《明史》稱為〈隱逸傳〉；《南齊書》稱為〈高逸傳〉；《梁書》稱為〈處士傳〉；《魏書》稱為〈逸士傳〉……。

　　何冠彪認為平時歸隱的人物和因國亡而後歸隱的人並列，忽略他們不同的退隱理由，並不能符合史家求真的精神。辯之甚詳。〔註16〕

　　從儒醫謝道隆日治時期不願出仕，又不認同日人政權，而且隱逸以行醫濟世，可稱為遺民和逸民。論者龔鵬程討論中國逸民的傳統，舉出許由不要堯的政權，吳太伯讓國逃走，吳公子季札避位，儒家從《易經》以下就很強調。因為逸民是一個人基於對天下的關懷，孔子即屬於這種人。《莊子・逍遙遊》也藉由鯤鵬表達胸懷天下之志。後代又如東漢嚴光。逸民的特點是看不起政權，也不跟政權合作。另一種是遺民，遺民認同政權，但其認同的政權已消失，而對現存的政權，遺民並不認同。遺民的代表人物如陶淵明，他在東晉滅亡後，所寫的作品就不記年號，表示不認同劉宋。遺民和逸民不是西方政府法律制度下的「公民不服從」。遺民和逸民不朝天子、不揖大夫，是國境內的化外之民。〔註17〕

〔註16〕何冠彪著，《明末清初學術思想研究》（台北：台灣學生，1991 年），頁102～105。

〔註17〕龔鵬程著，《中國文學十五講》（臺北市：臺灣學生，2013 年 8 月），頁197～200。

儒家所謂「舉逸民」的政治理念，彰顯儒家爲政以「德」的思想。如《論語・堯曰》：

> 咨；！爾舜！天之曆數在爾躬。允執其中。四海困窮，天祿永終。」舜亦以命禹。曰：「予小子履，敢用玄牡，敢昭告于皇皇后帝：有罪不敢赦。帝臣不蔽，簡在帝心。朕躬有罪，無以萬方；萬方有罪，罪在朕躬。」周有大賚，善人是富。「雖有周親，不如仁人。百姓有過，在予一人。」謹權量，審法度，修廢官，四方之政行焉。興滅國，繼絕世，舉逸民，天下之民歸心焉。所重：民、食、喪、祭。寬則得眾，信則民任焉，敏則有功，公則說。

《論語・堯曰》中的這一章句大量使用《尚書》的材料，這一章充分地表現出儒家政論的理念。首先，堯命舜、舜傳禹，在代代相傳的過程中，傳承做一個好皇帝的經驗。僞古文《尚書・大禹謨》鋪陳舜命禹之辭，極爲詳盡。其中「人心惟危，道心惟微，惟精惟一，允執厥中。」朱熹《中庸章句序》以爲聖賢道統相傳的心法。業師康義勇認爲重點在「允執厥中」、「四海困窮，天祿永終。」三句，指「做一個政治領袖，一切措施都必須恰到好處，無過無不及，使天下之人都能得到幸福。」〔註18〕此儒家爲政以「德」的思想。

具體的施行方法：「謹權量，審法度，修廢官」這三點，業師康義勇認爲「謹權量，審法度」是齊一度量衡，「修廢官」是使賢者在位，能者在職，是提高行政效率最有效的方法。〔註19〕而能「興滅國，繼絕世，舉逸民」，才能獲得民心的歸向。「興滅國，繼絕世」指的是不斷前代之後，亦即以仁心延續各族的生存權。例如《左傳・隱公十一年》鄭伯使許大夫百里奉許叔以居許東偏，所以懷柔其民。是以君子謂鄭莊公「於是乎有禮。禮，經國家，定社稷，序民人，利後嗣者也。無刑而伐之，服而舍之，度德而處之，量力而行之。相時而動，無累後人，可謂知禮矣。」

「舉逸民」，業師康義勇認爲指的是舉用被遺落而節行超逸的人才，用人惟才，使俊傑在位。〔註20〕論者李宗定認爲此數語：「重視人民日常生活的各項需求，滿足人民基本生存的條件，這也是爲君所必要者。透過代代的相傳

〔註18〕康義勇著，《論語釋義》（高雄：麗文文化，1993年），頁1595。
〔註19〕康義勇著，《論語釋義》（高雄：麗文文化，1993年），頁1600。
〔註20〕康義勇著，《論語釋義》（高雄：麗文文化，1993年），頁1601。

告誡，使這些經驗傳諸後世。我們很驚訝地看到這樣地主張，其實到今日號稱民主的時代依然適用，不論政策的裁量、謹慎地任免官職或重視人民生計，都是做爲善政的千古不移之根本。」〔註 21〕後漢書〈逸民列傳第七十三〉引用《易》稱「遯之時義大矣哉」。又曰：「不事王侯，高尚其事。」〔註 22〕引《易經》〈遯卦〉爻辭，發揮「逸民」就性分所至，「亦云性分所至而已」，是逸民的人生抉擇，不必盡是親魚鳥而遠人群的隱者。其爲「逸民」的動機，不外憂生憂世之感，「或隱居以求其志，或回避以全其道，或靜己以鎮其躁，或去危以圖其安，或垢俗以動其㮣，或疵物以激其清。」只在審時而動，高尚其志，以全其道而靜己慮。例如〈逸民列傳第七十三〉云嚴光不事王侯，高尚其事。」但對待漢光武帝劉秀，位至三公的侯霸，但盡昔日故人之禮，前引荀卿有言曰：「志意脩則驕富貴，道義重則輕王公。」此嚴光之高風。隱居於富春山，後有嚴陵瀨，嚴陵釣壇等遺跡。

論者劉紀曜分析「道仕」與「身隱」的分別，認爲「道仕」是爲了實現「道」的理想而出仕的觀念、態度。「身隱」是指爲追求個人的養生、適性與逍遙而隱。劉紀曜云：「莊子『身隱』的思想內涵，我們可歸納爲：養生保眞、逍遙自適、全身避辱、不貪辭爵、清靜不競等幾個要點。而這內涵亦是秦漢以後隱逸人物的思想泉源與行爲典範。」〔註 23〕嚴光之流，行爲合於養生保眞、不貪辭爵、清靜不競等觀念。儒醫謝道隆既爲遺民和逸民，清末曾積極參加科舉考試，懷有「道仕」理想。乙未年後，貞隱不仕日人，乃由「道仕」退而「身隱」。

中國傳統士人面對時勢而無力兼濟天下時，退而獨善其身，甚至貞隱以求志，保存以天合天的純眞自然。《新唐書》稱隋末唐初的文人王績。王績（字無功，絳州龍門人，西元五九〇～六四四年），嘗躬耕於東皋，故時人號東皋子。著〈醉鄉記〉以次劉伶〈酒德頌〉，其飲至五斗不亂，又著〈五斗先生傳〉。《新唐書‧隱逸‧王績列傳》云：

> 　　古之隱者，大抵有三概：上焉者，身藏而德不晦，故自放草野，
> 而名往從之，雖萬乘之貴，猶尋軌而委聘也；其次，挈治世具弗得

〔註21〕同前註，李宗定文，頁 6。
〔註22〕范曄著，楊家駱主編，《新校本後漢書并附編十三種》（台北市：鼎文書局，1999 年 4 月二版一刷），頁 2755～2757，卷 83，〈逸民列傳第七十三〉。
〔註23〕劉紀曜著，〈仕與隱──傳統中國政治文化的兩極〉，《理想與現實》（台北：聯經文化公司，1987 年 2 月），頁 292～295、308。

伸，或持峭行不可屈于俗，雖有所應，其於爵祿也，汎然受，悠然辭，使人君常有所慕企，怊然如不足，其可貴也；末焉者，資槁薄，樂山林，內審其才，終不可當世取捨，故逃丘園而不返，使人常高其風而不敢加訾焉。且世未嘗無隱，有之未嘗不旌賁而先焉者，以孔子所謂「舉逸民，天下之人歸焉」。〔註24〕

　　古之隱者，大抵有三槪，所謂上焉者，如許由等人，雖萬乘之貴，猶尋軌而委聘也。其次，如漢初的商山四皓。資槁薄，樂山林，故逃丘園而不返者如隋末唐初的王績。《舊唐書》稱阮籍、王績：「阮嗣宗傲世佯狂，王無功嗜酒放蕩，才不足而智有餘，傷其時而晦其用，深識之士也。」〔註25〕

　　儒醫謝道隆既爲遺民和逸民，其《科山生壙詩集》中的詩人，例如洪棄生等人，也都效法前賢，日治時期貞隱以求治。《科山生壙詩集》中的詩人，吟詠生壙的詩提及像王績之類的隱士，以及阮籍之類的傲世佯狂，實有尙友古人，旌賁而舉逸民之意。洪棄生詠生壙的詩句如「王績醉餘書葬地」、「王無功壙寄河渚」，實借古人酒杯澆自己心中塊壘。唐代王績兄通，字仲淹，隋大業中名儒，號文中子，據《舊唐書》王績琴酒自樂以保眞素。〔註26〕儒醫謝道隆和洪棄生引爲典範。他們因爲臺灣割日，既有社會秩序毀滅失落的悲傷感受，寂寞而思慕古人，藉由歷史經驗與文化價值來處理情緒、以面對人生。印證《莊子・應帝王》中，列子「於事無所親，雕琢復朴。」的生活態度。從日常生活中活出眞趣，中國文人陶潛歸隱田園後的詩作每有相應的情趣。《科山生壙詩集》中的詩人以文會友，以友輔仁，本諸求道立誠的態度，詩作充滿傳統士人憂身憂世之情懷。

第二節　研究方法

　　對作品的詮釋與評價應該採取「文學接受史」的觀點。誠如伊格頓所言：

　　　　從文學歷時與共時的研究，所有讀者都有其歷史與社會的定

〔註24〕宋祁、歐陽修撰，楊家駱主編，《新校本新唐書附索引・列傳第121・隱逸》（台北：鼎文書局，1981年3版），卷196，頁5593～5594。
〔註25〕宋張昭遠等撰，楊家駱主編，《新校本舊唐書附索引・列傳第142・隱逸》（台北：鼎文書局，1976年10月初版），卷192，頁5116。
〔註26〕宋張昭遠等撰，楊家駱主編，《新校本舊唐書附索引・列傳第142・隱逸》（台北：鼎文書局，1976年10月初版），卷192，頁5115～5116。

位，此一事實會深深具體決定他們詮釋文學作品。將文學作品置於其歷史的「視界」，置於作品本源的文化意義脈絡，然後，探討此一「視界」與歷史上讀者不斷變動的「視界」兩者間的變動關係。文學史的重心在不同歷史階段的「接受」所界定和詮釋的文學。〔註27〕

《科山生壙詩集》中的詩人洪棄生云，詩之奇莫奇於李白，然今日視之則平淡矣。〔註28〕此有賴於讀者閱讀李白詩，不斷的發現和詮釋。誠如喬納森・卡勒（Jonathan Culler）所說：「文學教育的悍衛者卻一直希望文學會通過他人的經驗和認同方式使我們成為更優秀的人。」〔註29〕因此，認為關於身份的問題不但重要且不可避免，往往也形成作品中的衝突與張力。〔註30〕中國古典詩以抒情為主者，常是作者俯仰身世的不平之鳴。若詩歌託諸角色，述說故事，常結合角色特有的個性與故事的代表性，使讀者能知人論世，增強說服。

一、取法抒情美典

取法抒情美典以為研究方法，此因身為批評家兼創作者，古典詩人所建立繁複、客觀的觀點，主要是依照中國古典詩的抒情美典。中國古典詩的抒情美典，學者陳世驤認為：「以字的音樂作組織，和內心自白作意旨是抒情詩的兩大要素。」《尚書・舜典》云：「詩言志，歌詠言」，《詩大序》云：「詩者，志之所之也。在心為志，發言為詩。」《漢書・藝文志》云：「故哀樂之心感而歌詠之聲發。誦其言謂之詩，詠其聲謂之歌。」因此，詩人吟詠情志，發而為詩，形諸歌詠之聲，即為詩歌。甚且哀樂所感，形諸歌詠，歌詠之不足，如《詩大序》所謂手舞足蹈，又使聲容成舞。

「以字的音樂作組織，和內心自白作意旨是抒情詩的兩大要素。」中國詩歌「詩言志」、「詩緣情而綺靡」的觀點，誠如陸機〈文賦〉所說：「詩緣情而綺靡」。〈詩大序〉所說：「在心為志，發言為詩；情動於中，而形於言。」「變風，發乎情。……發乎情，民之性也。」沈約《宋書》〈謝靈運傳〉：「民稟天地之靈，含五常之德，剛柔迭用，喜慍分情，夫志動於中，則歌詠外發。」

〔註27〕 泰瑞・伊格頓著，吳新發譯，《文學理論導讀》（台北：書林，2009 年），頁107。
〔註28〕 同前註，《寄鶴齋詩話》，頁 77。
〔註29〕 同前註，卡勒著，李平譯《文學理論入門》，頁 118。
〔註30〕 同前註，卡勒著，李平譯《文學理論入門》，頁 122。

劉勰《文心雕龍·明詩》:「人稟七情,應物斯感,感物吟志,莫非自然。」鍾嶸《詩品·序》:「氣之動物,物之感人,故搖蕩情性,形諸舞詠。」誠如學者廖蔚卿所說,「文學的語言基本是『緣情』的,它表現的是個人內心對經驗世界的感覺、關注和欲望,是一種個別的、特殊的內在的生活及感情的描繪。故詩純粹是感情的洋溢的語言表現,而詩人做此表現的欲望和目的,本質上固然純是個人情緒的心理的慰藉。」〔註31〕本文即從「詩言志」、「詩緣情而綺靡」的觀點來討論。

從抒情以及敘事美學來闡述。學者高友工定義「美學」,焦點放在創作經驗,以及藝術家對之的理解。也就是「藝術家試圖在作品中作什麼?」,「他如何達到(或無法達到)目的?」若從創作經驗的兩個層面:創作行為及創作媒體。兩者的關係在創作行為中當反思的經驗。此經驗包含生活和理解的元素,才能使經驗的溝通因自我詮釋的能力,將經驗昇華至美的滿足,尤其通過形式來提煉及萃取經驗。

相較口語強調溝通,書面文字反思與紀事功能更明顯,兼能傳達和內省。以書面文字此管道論述「抒情美學」,則敘述藝術家著重語言外延照應所形成的創意成品,使之成為行為的外延與重複,抒情藝術家則視創作行為是最卓越的行為,因此抒情美學的兩項特徵為「內化」以及「象徵」,象徵指以代表手法來自我表達,象徵系統可將外界事物與內心狀態結為一體。

此外,藝術媒介的內在系統,如音樂的聲量和速度,形成系統的特質。文學此一藝術媒介的特質,就表現於「抒情風格」而言,即藝術家以想像力在其心理模式中的結構性功能以及象徵物體表層顯現出的風格化形式。藝術家創作時投入自身主觀意識和當下瞬間,作品才能將抒情風格最崇高體現為「和諧」以及「流暢」。和諧是統一的眼視完美融合藝術媒介的各項特質;流暢強調創作與詮釋之際,多元的特質及系統間的互動與交融。高友工舉例律詩聲調的對稱,平仄的對比,形成對聯意象完美互補。律詩結構對稱,以及聲音變化,媲美空間性的精神圖式。而從敘事到抒情的心理模式,則王昌齡(約卒於西元七五六年)《詩格》中三階段的序列以概括詩的世界,即從「物境」關注外在之物;「情境」關注情感狀態;「意境」關注審美意念,即在審

〔註31〕廖蔚卿著,〈論中國古典文學中的兩大主題——從登樓賦與蕪城賦探討遠望當歸與登臨懷古〉,《漢魏六朝文學論集》(台北市:大安出版社,1997年第一版),頁44〜47。

美意念充溢流貫一和諧的視界，以及作品抒情風格展現流暢特質。〔註 32〕此外，就抒情內化的特質，高友工云：

> 抒情特質，創於自我與當下交彙之際，被賦予了個人身世的深度與複雜性，並仰賴記憶與想像力不斷持續著。……Roger Seruton 稱之爲「第三」特質，「唯有具備某種智能以及情緒能力者，才可察覺之。」

抒情美學「內化」以及「象徵」的兩項特徵，可印證陸機〈文賦〉「詩緣情而綺靡」的理論。此一抒情創作的美學理論，乃由於山水詩的發展，自然山水成了精神的歸趨安頓，誠如學者蔡英俊所說：「由是而啓引了『物色』、『形似』等具有時代性與創見性的理論上的反省與構架——至是，『情』的偏勝與『景』的獨出，完全明朗化。」之後「情景交融」理論在劉勰《文心雕龍・知音》強調創作者「情動而辭發」，欣賞者「披文以入情」的「情」、「境」感悟，以及「情以物遷，辭以情發」的創作理念，展開「緣情」、「物色」的批評觀念，〔註 33〕「情景交融」因而形成山水文學的美感特質，比興手法也因「情景交融」而強化抒情美學「內化」以及「象徵」的兩項特徵。

陳世驤認爲：「以字的音樂作組織，和內心自白作意旨是抒情詩的兩大要素。」前者如劉勰《文心雕龍・聲律》：「異音相從謂之和，同聲相從謂之韻。」分別指詩的節奏和詩的韻律。以林朝崧（字俊堂，號癡仙，署無悶道人，西元一八七五～一九一五年）〈念奴嬌〉（原注：《科山生壙集》編成戲題）云：

> 一坏淨土，惹詞壇多少繡腸搜索，畫箇黃冠邱壑裡，頓使山靈生色。薤露歌翻，美人香草，楚些招魂魄。柴桑自祭，笑伊求死難得。
>
> 自古圓石書銘，王官置酒題詠何寥寂。只有侯家西第頌，浪費才人筆墨。網盡珊瑚，士安作序，此集千金直。墓門展讀，壽星正耀南極。〔註34〕

〔註32〕柯慶明、蕭馳編，《中國抒情傳統的再發現》（台北市：臺大出版中心，2009年 12 月）。高友工著，〈中國抒情美學〉，該書頁 587～638。

〔註33〕柯慶明、蕭馳編，《中國抒情傳統的再發現》。蔡英俊〈「抒情自我」的發現與情景要素的確立〉，該書頁 303～371。

〔註34〕林朝崧撰，《無悶草堂詩存（下）》（臺北市：龍文出版社，1992 年），收《無悶草堂詩餘》，頁 3。

以《楚辭》的美人香草來招故國（中國）魂。尤其是屈原的個人處境、人格特質、寫作歷程等，為《科山生壙詩集》中的詩人引為典範。論者柯慶明以司馬遷《史記》〈屈賈列傳〉為例，文中涵蓋內容與形式來作風格的考量，此為「作品的批評」；或是就時代狀況，個人處境、人格特質、寫作歷程等「文學傳記」。以及文體風格如楚辭影響漢賦，更強調賈誼對屈原精神心志的回應。屈原的作品〈離騷〉、〈天問〉、〈招魂〉，關乎個人騷怨，更關涉家國憂思。論者柯慶明引《史記》〈屈賈列傳〉傳文，闡述《史記》對於這部作品，與由此顯現的作者的精神，作了綜合的評述。明白的指出〈離騷〉的比喻象徵的寫作風格與其中所反映的濁世潔行的道德精神：

> 其文約，其辭微；其志潔，其行廉。其稱文小而其指極大，舉類邇而見義遠。其志潔，故其稱物芳；其行廉，故死而不容自疏。濯淖污泥之中，蟬蛻於濁穢，以浮游塵埃之外；不獲世之滋垢，皭然泥而不滓者也。推此志雖與日月爭光可也。〔註35〕

〈離騷〉以香草美人象徵一純粹潔美之群我關係；以遠遊避世，從彭咸之所居，象喻一高邁理想之境界。其窺探人性至深至高，而引用歷史典故、花鳥意象，委婉針砭現實政治、世態人心，又展現世情之複雜與弔詭，所見廣大精微。倘若以〈離騷〉觸及之高深與廣度為一縱橫座標，衡量後代遊仙詩、詠史詩、諷諭詩之成就高低，實可懸為一高古的美學典範。若僅就其中神話意象的用法，援引羅伯特·斯科爾斯的觀點，則是「對於神話的運用則往往突出現實，在那樣的情形中，它們既可作為象徵，以代表某種更高層面的現實（經文闡釋及現代文學的「象徵主義」），當然也可以作為現實本身。」〔註36〕例如《楚辭》〈離騷〉中屈原以飛升彼界的神話運用，代表上下求索、九死未悔的理想追求。

中國文學作品對死之恐懼與生之焦慮刻劃至深者，莫如屈原《楚辭·離騷》「老冉冉其將至兮，恐修名之不立。」將存在的焦慮恐懼，化作上下求索，九死其猶為未悔的人格實踐。誠如齊克果說：「越是偉大的天才，陷溺在疚責中越深。」〔註37〕則〈離騷〉以香草美人象徵一純粹潔美之群我關係；以遠

〔註35〕柯慶明著，《柯慶明論文學》（台北：麥田人文，2016 年），頁 51～52。
〔註36〕同前註，《敘事的本質》，頁 144。
〔註37〕羅洛·梅（Rollo May）著，朱侃如譯，《焦慮的意義》（臺北：立緒文化出版社，2004），頁 45。

遊避世，從彭咸之所居，象喻一高邁理想之境界。其窺探人性至深至高，而
引用歷史典故、花鳥意象，委婉針砭現實政治、世態人心，又展現世情之複
雜與弔詭，所見廣大精微。誠如葛斯汀（Kurt Goldstein）所說，焦慮是有機體
在災難情境下的主觀經驗。羅洛‧梅（Rollo May）闡釋其說，認為有機體無
法配合環境的要求時，便會拋入災難的狀態，自己的存在或對存在至關緊要
的價值，也會因此覺得備受威脅。而「災難情境」指涉的未必是高強度的情
緒，而是一種質性的經驗。相較之下，恐懼有特定的對象，人會有適當的防
衛與極度的關心。焦慮因無特定的對象，常會癱瘓知覺，喪失熱情，使人對
自我與世界的覺察失靈。〔註 38〕而齊克果所謂「真正的慈悲是要以疚責（也
就是責任）之心來面對問題。」〔註 39〕屈原成仁取義之忠烈，又可印證作品，
極具儒家孟子所謂「立命」、「踐形」之意義。屈原窮極呼天，身殉宗國，實
為偉大以及道義上的政治人物典範。

　　《詩經》和《楚辭》等抒情美典，深深影響謝道隆生壙題詩的眾文友。
清末中國的古典詩人，雖然在體製上力求突破，例如黃遵憲主張「我手寫我
口」，以新名詞入詩，語言不避俚俗，但體製上的突破，仍囿限於傳統古典詩
的形式。《科山生壙詩集》中的作品體製皆為古典詩。謝道隆《科山生壙詩集》
中的題詠主題之一，即是遺民情懷。此因日人治臺時，臺日民族間的衝突和
對抗的張力，突顯身分認同的課題。據殖民與後殖民理論分析下的社會身分
認同，謝道隆《科山生壙詩集》中眾多詩人之一，洪棄生日治時期因貞隱不
仕，屬於隸屬團體，他的文章在辯論日本帝國霸權和抵制它的可能性之間的
關係。此為他理論的普遍結構與批評意識的根源。〔註 40〕

二、取法敘事美典

　　取法敘事美典以為研究方法，此因中國文人大都精於經書史籍，無論為
文作詩，取材以為典故，別識會通以見心裁。就史籍敘事的藝術，可與文學
原理相通，例如史籍中「于序事中寓論斷」，以及《春秋》書法義例：「微而
顯，志而晦，婉而成章，盡而不汙，懲惡而勸善。」誠如錢鍾書《管錐編》
所言，要不出修辭學的範疇。學者張高評論《左傳》「具論本事」與解讀經文

〔註 38〕同前註，羅洛‧梅（Rollo May）著，朱侃如譯《焦慮的意義》，頁 58～63。
〔註 39〕同前註，羅洛‧梅（Rollo May）著，朱侃如譯《焦慮的意義》，頁 47。
〔註 40〕「普遍的結構」一詞，借用喬納森‧卡勒著《文學理論入門》，頁 122。

的關係，「猶華嚴宗提示之『理事無礙』觀，又如宋明理學家常談『事外無理，理在事中』。顧炎武《日知錄》論《史記》敘事之優長，所謂『于序事中寓論斷』者，《左傳》『以史傳經』有之。」〔註41〕例如《史記‧平準書》批評桑弘羊等「興利之臣」，以及朝廷重斂，因而民罷疾苦，末言「烹弘羊，天乃雨。」於敘事中寓論斷。

學者張高評闡述《左傳‧成公十四年》故君子曰：「《春秋》之稱，微而顯，志而晦，婉而成章，盡而不汙，懲惡而勸善，非聖人，誰能脩之？」學者張高評依杜預《集解》，折衷諸家之見，略謂：「《春秋》之書法，在措辭簡要，而旨趣凸顯；明載史實，而意蘊深遠；委婉曲折，而順理成章；周眹盡致，而又無所歪曲。此四者，示載筆之體，與懲惡勸善為載筆之用，合稱『《春秋》五例。』」〔註42〕

此外，在傳記敘事中，傳主行動的目的，固然有賴於因果關係的第一手證據，但誠如學者華萊士‧馬丁所說，歷史學家必須推斷而小說家必須想像人物的外界與內心，行動與意圖。〔註43〕因此，敘事美感不但在文章考信典實，更重視回顧內省，想像觀察人性中種種感覺、思想、意圖的變動不居。因而在紀傳體的敘事中，如果以精神分析為藝術手法，誠如華萊士所說：「它從人們那裡誘出自傳，並且通過對被忽略的插曲的發現和事件關係的澄清而幫助改寫它們。」〔註44〕無意識間的動作，罕為人知的軼事，往往為人物傳記提供認識其信念的觀點，也成為敘事的美感。

更重要的是，作品要成為敘事，其必要及充分條件即一個說者（teller）和一則故事（teller）。〔註45〕因此，子部小說類如劉義慶編纂的《世說新語》，狀人敘事，雖片言即可傳神寫韻，偏從人物性情著筆，變史傳板正格套的行狀為意趣橫生的瑣記軼事。

〔註41〕顧氏語見顧炎武著，黃汝成集釋，《日知錄集釋》（長沙：岳麓書社，1996年2月），卷26、頁891，〈史記于序事中寓論斷〉。張高評著，《春秋書法與左傳史筆》（台北：里仁書局，2011年3月），頁383～384。

〔註42〕左丘明著，楊伯峻注，《春秋左傳會注》（高雄：復文書局，1988年1月初版），頁870。張高評著，《春秋書法與左傳史筆》，頁333～334。

〔註43〕華萊士‧馬丁著，伍曉明譯，《當代敘事學》（北京市：北京大學出版社，2006年1月），頁66。

〔註44〕華萊士‧馬丁，《當代敘事學》，頁69。

〔註45〕斯科爾斯、費倫、凱洛格著，于雷譯，《敘事的本質》（南京：南京大學出版社，2015年1月），頁2。

　　至於元代以後戲曲、小說中對人物刻劃的入木三分，以及人物類型的普及庶民，其敘事美學實承襲韓愈、柳宗元等古文家擅長描繪社會眾生相，常以卑下者提煉其個性，化平常爲奇文的妙筆而變化新境。

　　此外，西方文論家如俄國巴赫金將單一民族語言內部發展出不同的「言語共同體」，或不同的說話方式和思考方式稱爲「多音齊鳴」（heteroglossia），認爲小說是與此言語共同體之間的對抗的言語、行爲和寫作。因此，小說作品中的人物可以說出與作者觀點相對立的話。作者刻意模仿各類型人物的種種不同語言，暴露其中飽含各自的利益和價值觀點；片面卻又多元，言語行爲看似虛僞卻又建構一種不同於類型小說（如愛情小說、冒險小說等）的創新變體。相較強調文體統一風格的主張，巴赫金理論強調複雜變化的「多音齊鳴」，可容納現代多元社會眾聲喧嘩的豐富，使敘事的美感更紛繁多變。〔註46〕身處晚清到日治初期，中國古典小說的譴責時事，以及受西方經典小說中譯的影響，誠如棄生的推崇：「新穎者小說也。」經書和史籍等敘事美典，影響棄生文論詩論者。見於日治時期一九一〇年以後，台灣進入留聲機和唱片普及的年代，〔註47〕從傳播方式對人的影響言，聲音情緒性的感染或強過閱讀文字。棄生〈留聲器〉一詩強調「記事比珠哀比絃」，詩不但取法散文或史籍的敘事法，更每援引民間歌謠質樸的語言和活潑複沓的節奏。若是用巴赫金理論強調複雜變化的「多音齊鳴」，身處晚清到日治初期，《科山生壙詩集》中的眾多詩人，因對日本統治臺灣的認同有的肯定或否定；有的選擇與日人合作，有的人則貞隱不仕，容納多元社會眾聲喧嘩的豐富，使敘事的美感更紛繁多變。例如《科山生壙詩集》中收錄台南的穎川原林、鹽水港的佐佐木景明，台北米田一水，和新竹的櫻井勉等四人所作。謝道隆的曾孫謝東漢講述，吳餘德記載，日本官方的態度是：

> 謝道隆發函全島的詩人墨客好友，請他們以生壙作前題，賜詩唱和，共得詩一百七十六首，其中有四首是在台日本官吏所作，台南的穎川原林、鹽水港的佐佐木景明，台北米田一水，和新竹的櫻井勉等四人所作，他們的漢文造詣都很高，所作的漢詩都不錯；他們與謝道隆素昧生平，僅僅知道這是台灣詩壇的盛事，也知道謝道隆曾是一位力挫日軍的勇士，他們不請自來地寄出漢詩來唱酬。謝

〔註46〕華萊士‧馬丁著，《當代敘事學》，頁41～46。
〔註47〕郭麗娟著，《寶島歌聲（之貳）》（台北：玉山出版公司，2005），頁7。

道隆將這些唱和詩篇彙編成《科山生壙詩集》，請丘逢甲撰序，再與《小東山詩存》合為一冊分贈全島的詩友雅士，也有在台灣的日本人來信索取。日本人對《小東山詩存》的評價很高，認為詩文優美又悲壯，他們當然看得出，詩集中隱約的暗示，亡國之痛的無奈與期盼；日本人認為這本詩集不是反詩，祇是反映歷史的一部份，並沒有抵觸法律，因此相安無事。〔註48〕

在台日本官吏所作詩，自然避開謝道隆的亡國之痛的無奈與期盼。例如佐佐木景明〈題謝頌臣先生生壙〉詩云：「嗟余鬢欲絲，海天一薄吏。何時遂幽棲，故山縈夢寐。」〔註49〕藉此發抒宦遊來臺而思念日本的鄉愁。婉轉呈現敘事的另一種美感。

三、取法哲學經典

丘逢甲為謝道隆《科山生壙詩集》作序云：「自古畸人傑士，身丁世變，無可如何，往往斂其悲歌感憤之思，為放達過情之舉，今復於君遇之矣。」畸人傑士的放達過情之舉，寫在詩歌裡，其玄談生死的哲思，思想源自《老子》、《莊子》、《易經》等哲學經典。日治時期，謝道隆隱逸行醫，自然無為卻又能固窮守志。《科山生壙詩集》所收的作品多以陶潛比擬謝道隆，頗為適切。

蕭統所編《昭明文選》推崇陶潛是古今隱逸詩人之宗。論者李辰多分析陶潛的思想，有道家的「自然」和儒家的「固窮」。〔註50〕陶潛質性自然而固窮守節。陶潛的作品自述早年「猛志逸四海」，歸隱田園後「復得返自然」。

道家的「道法自然」和「道通為一」思想，和醫學原理相通。以生活態度言，從《科山生壙詩集》中的詩人洪棄生遭受臺灣割日，深受日人殖民之痛來立論。對於個人的創傷，源自人被不公平的事件所擊垮，而如何處理心裡上的破碎感覺？個人解釋的本質將影響個人對事件的回應，此即受害者的創傷對話。包括對私密經驗或內在經驗的迴避和控制。但學者說得好：「部分

〔註48〕謝東漢、吳餘德著，《徘徊在兩個祖國》（臺北市：謝東漢、吳餘德，2016年12月第一版），頁22～23。

〔註49〕謝道隆著，《小東山詩存》（臺中市：謝文昌再次重印，1974年），頁14。

〔註50〕李辰冬著，《陶淵明評論》（臺北：東大圖書出版公司，1984年9月再版），頁37。

的迴避成效將能使創傷生存者的整體感被切斷。」〔註51〕創傷後受創者的心理特徵，使其無法走出創傷，迴避和麻木是兩個重要的關鍵點。從道德修養言，孔子稱許顏回好學，「不遷怒，不貳過。」遷怒即是情緒的迴避與轉移。重複犯錯的原因有可能是對個人行為反省的麻木，所作所為無能更新改變。而「過多的情緒壓抑（迴避）可能會導致情緒麻木或認知與情緒的解離。」〔註52〕反而擴大負面情緒，經歷事件的時間更拉長。如能以「接納」的方式，其心理治療的主要目的是「對經驗的開放度」，關切注意經驗，完全「擁有」每一片刻，發現其意義，使生命更豐富的方式是專注而非遠離。〔註53〕心理學家的「接納」理論已將生活視為個人獨特、重要且無所謂高低的生命歷程，接近中國禪宗「日日是好日」、「平常心是道」的觀點。也可印證《莊子·應帝王》中，列子「於事無所親，雕琢復朴。」的生活態度。從日常生活中活出眞趣，中國文人陶潛歸隱田園後的詩作每有相應的情趣。論者蔡璧名認為老子以「沖」、「淵」、「湛」三個和水有關的字來象徵「道」，又以列子「於事無所親，雕琢復朴。」展現的生命本眞，扣合醫書《四診新法》以為人把脈前，應該「虛靜凝神，調息細審。」強調醫道同源。〔註54〕

從心理學言，「接納」不是指適應個人或社會不良的行為，生活中的種種問題或個人行為的正當與否，仍須以思維、情緒去感受經驗，理解在社會化和文明方面的價值觀。以回應的能力表達責任，知道責任所在，為自己開放或創造機會以不同的方式做事。這必須仰賴一穩定的「知覺我」，才能從舊經驗中產生新的背景脈絡，使得創傷生存者可從中觀看世界與自我。從家庭治療師維琴尼亞·薩提爾（Virginia Satir）的溝通理論，不以「討好」、「指責」的溝通姿態，而是尊重自己、他人與情境三者，以開放、聆聽、分享、平和，以高自我價值所表現的言行一致。〔註55〕印證《論語·子路》：「子曰：『君子易事而難說也：說之不以道，難說也』。」的求道立誠的態度。

道家的「自然」和「物化」思想，見於生壙詩，例如謝道隆《科山生壙

〔註51〕 Robyn D. Walser & Steven C. Hayes 著，林俊宏譯，〈接納與創傷生存者：適用的主題與問題〉，收於 Follette，Victoria 等著，楊大和等譯，《創傷的認知行為治療》（台北市：心理出版社，2004），頁253～271。

〔註52〕 同前註，〈接納與創傷生存者：適用的主題與問題〉，頁258。

〔註53〕 同前註，〈接納與創傷生存者：適用的主題與問題〉，頁261。

〔註54〕 蔡璧名著，《醫道同源：當老莊遇見黃帝內經》（臺北市：平安文化，2019年3月初版三刷），頁247～254。

〔註55〕 摘自呂旭立紀念基金會（http://www.shiuhli.org.tw/）。

詩集》中的詩人洪棄生〈題謝君生壙八首〉其一、其二云：

> 乾坤老去賸殘身，芻狗芻靈作比鄰。海外已無乾淨土，山中尚
> 有醉眠人。當前斬板蓬蒿滿，此後懸崖日月新。我欲訪君生死路，
> 衡門輸與墓門親。

> 久欲從君起九原，奈他性癖愛邱樊。隨狙杜甫棲同谷，化蝶蒙
> 莊寄漆園。未待人間催薤露，預先地下闢桃源。溪山豈覺吾儒腐，
> 花落無言鳥不喧。

其一「芻狗」意象本自《老子》，暗喻戰亂時代，天地不仁，人命如芻狗。
其二則本自《莊子》物化思想。道家對於心性的定義和修養方法乃離絕知識，
以求取真知的態度。學者顏崑陽云：

> 莊子的認識系統中，有一最基本的原理，就是由離絕知識，而
> 自現真知。〈人間世〉所謂「心齋」、〈大宗師〉所謂「坐忘」，……
> 乃獨取老子「為道日損」的認識方式，並且要「損之又損，以至無
> 為。」莊子〈養生主〉「吾生也有涯」一段，明顯地反對正面追求知
> 識。〈大宗師〉云：「墮枝體，黜聰明，離形去知，同於大通」一切
> 感官知覺的經驗，都不足以得到真知。〈知北遊〉云：「無思無慮始
> 知道」，對真理的通透，甚至連理性的思考都要遣除。然而，道家之
> 離絕知識，並非認識的終極，而只是認識的必要歷程或手段，其極
> 境仍然還是在於真知。因此，離絕乃所以合生，虛空乃所以納成，
> 否定知識乃所以肯定真知。〔註56〕

學者王邦雄詮釋《莊子》中莊周夢蝶，印證青原惟信的修行三關，從周
是周，蝶是蝶，乃「覺」的「迹」；莊周夢蝶的物我為一乃「夢」的「冥」；
最後「周與蝶，則必有分矣。」乃體現「大覺」的「迹而冥」。〔註57〕以此評
論，則文字雖如「鏡花水月」，卻是能窺萬物實相，呈現作者獨到深刻的見解。
就個別主體所擁有美的心境，「從原始自然生命的控制下解脫而擁有形式；並
從感性走向理性、從感覺走向意識、從個體走向普遍、從有限走向無限之際，
讓感性與理性同時起作用、互相揚棄彼此的限定，而成為真正自由的人。」
此德國哲學家席勒關於美感教育的觀點，可相印證。〔註58〕

〔註56〕顏崑陽著，《莊子藝術精神析論》（臺北：華正書局，1985年初版），頁181。
〔註57〕劉千美等合著，《哲學概論》（臺北：五南圖書出版公司，2002），頁410。
〔註58〕王邦雄著，《莊子內七篇·外秋水·雜天下的現代解讀》（台北：遠流出版公
司，2013），頁146。

從原始自然生命的控制下解脫而擁有形式，文學中的詩歌形式，來自節奏與意象經營。以意象經營論「莊周夢蝶」，阿根廷作家波赫士（Jorge Luis Borges，1899～1986）云：以蝴蝶有種優雅、稍縱即逝的特質，用來暗示人生真的是一場夢，此意象爲最佳比喻。〔註 59〕此寓言並從感性走向理性、從感覺走向意識、從個體走向普遍、從有限走向無限。此「物我兩忘」的「化」，學者顏崑陽說是：「主體精神在無分別計較、絕對自由的境界中，當下直覺我即一切物，一切物即我，而不知何者爲物，何者爲我。」此與觀魚之樂得主客合一，皆「物化」而對象已泯除無跡。就審美言，乃以虛靜之心靈直觀物物之自在相。〔註 60〕此又印證席勒所說，讓感性與理性同時起作用、互相揚棄彼此的限定，而成爲真正自由的人。

道家以虛靜之心靈直觀物物之自在相，影響後世的文藝創作理論，例如陸機〈文賦〉「課虛無以責有，扣寂寞而知音。」指創作推敲時，以文字直扣物像的本然。論者席勒所謂從原始自然生命的控制下解脫而擁有形式；並從感性走向理性、從感覺走向意識、從個體走向普遍、從有限走向無限之際，一如《莊子·逍遙遊》云：

今子有大樹，患其無用，何不樹之於無何有之鄉，廣莫之野，彷徨乎無爲其側，逍遙乎寢臥其下，不夭斤斧，物無害者，無所可用，安所困苦哉！

道家的「無」和佛家的「空」，以虛靜心觀照理，以彰顯萬物個別之特性及作用。此外，就《易》理闡釋。王弼（（字輔嗣，魏山陽（今河南焦作市）人，西元二二六（魏黃初七年）～二四九年（正始十年）））得易學思想影響文藝創作理論，主要在「立象盡意，以小見大。」文學作品通過形象表達主題，形象又具有鮮明的個性與意義充分的典型，端賴作家「立象以盡意」。「立象以盡意」一語出自《周易·繫詞上》，王弼對此別有卓見。王弼《周易略例·明象》書：「夫象，出易者也。」唐代孔穎達《周易正義》說：「凡《易》者，象也，以物象明人事，若詩之比喻也。」明代張蔚然《西園詩塵》云：「《易》象幽微，法鄰比興。」清代章學誠《文史通義內篇·易教下》云：「《易》象通於比興。」都肯定《易》立象盡意與詩的表現手法是相通的。《易經》的內

〔註 59〕波赫士（Jorge Luis Borges）著，陳重仁譯，《波赫士談詩論藝》（臺北市：時報文化，2001），頁 40～41。
〔註 60〕顏崑陽著，《莊子藝術精神析論》，頁 270～271。

蘊有象、數、理。《四庫全書‧經部‧易類六》提要云：《易經》主要的內蘊是卦象，就是用卦爻的象來盡意。〔註61〕〈繫詞〉云：「是故易者，象也；象也者，像也。」孔穎達《正義》云：「易卦者，寓萬物之形象。」又云：「謂卦爲萬象者，法象萬物，猶若乾卦之法象於天也。」業師王忠林云：「這裏說明了卦象是法象萬物。至於爻，同樣也是法效萬物之情狀。」如〈繫詞下〉云：「爻也者，效此者也。」《正義》云：「言爻者效此物之變動也。」業師王忠林云：「六十四卦的爻辭，都是用一些具體的事物來譬喻說明各種變動的情狀。因此，爻辭的寫作，多用譬喻手法，而其用作譬喻的事物，多是作辭當時人民日常生活中所常接觸的一些事或物。」王老師舉例如人事、疾患、刑獄、仕宦、軍旅、農事、田獵、寇盜、動物、植物等。又舉例《易經》六十四卦各爻的爻辭中，用動物來取譬的，有龍、鹿、馬、虎、牛、豕、羊、鼫鼠、狐、鳥、雉、鶴、鴻、魚、龜、鮒等十六類，其中有獸，有禽，有禽鳥，有水族。他說：「這可見作爻辭的時代，已有農牧漁獵等生活。而以這些動物取譬的時候，又常以動物的境遇變化，說明卦爻的位勢，充分顯示了《易經》非神異術數之流，而是與人類生活經驗相結合的。……這種以譬喻手法來寫作的文學技巧，與《詩經》多用比是同樣可貴的。」〔註62〕

　　此處，要點在「立象以盡意」，王弼所謂「得意忘言」、「得意忘象」，從立象以言說，由言說以表意。「象」既依文本脈絡而有不同的詮釋，又依詮釋者的體悟而有理解層次的不同，落實在生命實踐過程中，呈現一種「明道若昧」的「後設問題」。所謂「立象以盡意」，即以形而下「觀象制器」的思想，追溯一形而上的道之起源。王弼思想，爲魏晉「經學玄學化」運動的先啓奠基。其《周易注》以象、象等附於卦、爻辭後，以傳解經；於《周易略例》〈明象〉一文，主張「得象忘言」、「得意忘象」，一掃漢人重象數、言互體、變卦等繁瑣之風。王弼認識論主要重點在「得意忘象」，《周易略例》〈明象〉云：

　　　　夫象者，出意者也。言者，明象者也。盡意莫若象，盡象莫若言。
　　　　言生於象，故可尋言以觀象；象生於意，故可尋象以觀意。意以象

〔註61〕紀昀主編，《四庫全書總目提要‧經部‧易類六》（台北：商務印書館，1983年10月初版），第一冊，頁158。

〔註62〕王忠林著，〈易爻辭之以動物取譬〉（高雄：國立高雄師範大學國文學系第十六次教師學術研討會，1993年12月15日），頁10。〈易爻辭之以事取譬——以災患之事爲譬〉（紀念程旨雲先生百年誕辰學術研討會。高雄：國立高雄師範大學國文系所，1994年5月21、22日），頁1。

盡，象以言著。故言者所以明象，得象而忘言；象者，所以存意，
得意而忘象。

此王弼由言通象，由象通意之說。「言」指卦、爻辭等語言，「象」則指
可見之擬象，如乾卦以龍爲象。象的目的在明卦之意，如以龍之象比擬乾卦
剛健之德。欲得卦意，須藉由言、象，卻又必須忘言、忘象，方得其意。論
者江毓奇認爲王弼因爲批評「象數詮釋之封閉不變」，以及「象數詮釋之枝蔓
失原」，回到《周易》「意——象——言」的形成關係中，以〈繫辭傳〉、〈象
傳〉、〈文言傳〉、〈彖傳〉全取附經，再「以傳釋經」，先行融貫後再應用。分
理「《周易》之道與作者之意」的形成問題與「詮釋者」理解與詮釋的辯證關
係。王弼以〈彖傳〉統宗會元，以〈象傳〉觸類合義。以艾德華・薩伊德的
理論，情境和文本客體一樣存在具有表面特殊的層次，文本的功能之一乃是
給自己定位，從而成爲文本。此外，文本自我定位的方式也限制了詮釋發揮
的範圍。「觸類」是注意到情境具有表面特殊的層次，須依照文本客體自我定
位的方式。〔註63〕也就是論者江毓奇認爲由《周易》「意——象——言」的形
成關係來理解，進而用「統而舉之」與「別而敘之」的差異性，以「各隨其
義」之變而玩其辭，從宏觀、微觀的層次性中來詮釋。〔註64〕

王弼主要著作，爲《周易注》及《老子注》等。其《周易注》以象、象
等附於卦、爻辭後，以傳解經；於《周易略例》〈明象〉一文，主張「得象忘
言」、「得意忘象」。其《老子注》則建立「以無爲本」、「舉本統末」的本體論，
以「寂然至無」虛涵形上之理。其以「無」爲本，舉本統末的思想，使萬物
生成變化之中，恆有一「無」之觀照之理，以彰顯萬物個別之特性及作用。《三
國志・魏志》卷二十八〈鍾會傳〉注云：

　　何晏以爲聖人無喜怒哀樂，其論甚精，鍾會等述之。弼與不同，
　　以爲聖人茂於人者神明也，同於人者五情也。神明茂，故能體沖和
　　以通無；五情同，故不能無哀樂以應物。然則，聖人之情，應物而
　　無累於物者也。今以其無累，便謂不復應物，失之多矣。

王弼認爲聖人同於人者五情，故不能無哀樂以應物，較何晏等人之說合

〔註63〕艾德華・薩伊德（Edward W. Said，1935〜2003）著，薛絢譯《世界・文本・
　　　　批評者》（台北：立緒文化，2009），頁62〜63。

〔註64〕江毓奇著，〈從「文本體式」到「詮釋行動」——論王弼學詮釋對《易傳》承
　　　　繼的思維方法〉，《第六屆思維與創作學術研討會論文集》（台南：國立台南大
　　　　學國文學系，2012年9月），頁263〜276。

理。聖人所以能應物而無累於物，正因其神明獨茂，體沖和以通無。聖人有情說，以虛靈沖和之神明爲體，故能以五情應物而不累於物，與陸機《文賦》所言「課虛無以責有，叩寂寞而求音」的「文心」相通。無形中使孔子重「興」之意，重新被注意和強調。「緣情而感發」遂成爲魏晉重要的文學理論。使「興」、「觀」、「羣」、「怨」脫離「邇之事父，遠之事君」的政教美刺等說法之束縛，得以獨立發展爲重要之文藝理論。

此處進一步探討《易經·文言》對乾卦卦辭：「乾，元亨利貞。」的解釋。〈文言〉曰：「元者，善之長也；亨者，嘉之會也；利者，義之和也；貞者，事之幹也。君子體仁足以長人，嘉會足以合禮，利物足以和義，貞固足以幹事。君子行此四德者，故曰：『乾，元、亨、利、貞』。」

「乾，元亨利貞。」的解釋，其建構宇宙生成理論時，兼有涵攝倫理學意蘊。元亨利貞其句式蟬聯而又可自由句讀，蘊含多元的詮釋，但主旨在探索「投注於所有過程（「天」之道）形成」的乾。因此，過程啓動、開展、得利、更新。如論者朱利安所云，「元」：「爲其開頭，如萬物之機，就是當一個形狀才出現就已經看得出它的發展方向。」〔註65〕此方向的開展以「仁」爲發端，以「禮」爲合宜之行爲，此「乾元」乃「和諧的中庸之道」。達致「各正性命，保合大和，乃利貞。」

論者朱利安以實證手段來注解元亨利貞。元、亨、利、貞可視爲「觀察現象形成」的視角，視角盡其所能消除自身也成爲視「角」，此視角是觀察一切觸發啓動的過程及其蔓延的視角，它是在過程的臨到與開展當中被捕捉到的。〔註66〕其思想探索投注於所有過程（天之道）形成的乾，並且與「地」形成兩極，然後順路而行。因此，過程的啓動、發展、得利、更新，其過程不分岔，這就是天之乾德，這德乃是天更新的條件。

論者陳鼓應認爲《易傳》「知幾者，其神乎」的思想源自道家。朱利安析論《老子》所說「道法自然」「遠曰反」，指「道」不是作爲與世界有別的單位，它乃指涉自然，即一切從其生出也返回其中，而且不離過程邏輯的混沌資源。〔註67〕元亨利貞是闡明／澄清世界造化的過程／道。因此，其過程不

〔註65〕朱利安著，卓立譯，《進入思想之門：思維的多元性》（北京：北京大學出版社，2014年7月第1版），頁37〜40。

〔註66〕朱利安著，卓立譯，《進入思想之門：思維的多元性》（北京市：北京大學出版社），頁38〜39。

〔註67〕同上註，頁101。

把造化看作想像有一個主體的行動，即「造物」的施事者，如西方宗教中的人格神，而把造化看作一種操作運用，「變化」而「大」。「大哉乾元」指其廣大不具私人性。道通了，造化過程會自我調節就能無窮地重新觸機啓動。陰陽正反兩方相連而成理，觀念*互纏互賴*。〔註68〕

　　元亨利貞四個字，可以有不同的解釋。論者黃慶萱說：（一）四德說。元、亨、利、貞各有獨立意義。（二）兩段說：元亨一單位，利貞一單位。（三）一貫說，合四字成一句。又根據《象傳》，第四種斷法以元、亨各爲一個單位，利貞合爲一單位。依六十四卦《卦爻辭》的用法，無論獨用連用，皆可分可合，不固執一義。〔註69〕就四德說，論者以世界性的複雜組合的原型（archetypal patterhs），可能是遞進的，引《子夏易傳》配以春、夏、秋、冬，並以加拿大文學理論家傳萊（Northrop Frye）在《本體的寓言》（Fables of Identity, Harcourt, 1963）中，給各種原型階段，以及相當的文學類型加以對比說明，而有「黎明期」、「全盛期」、「日落期」、「黑暗期」之四分。至於三分說，以〈象傳〉乾元即「統貫宇宙萬物運行變化，生物生生不息的一種普遍的創始性能。」人類參贊化育的天人與人天雙向溝通即「亨」。努力遵守自然界的本然法則即「利貞」。

　　兩段說論者黃慶萱引美國總統林肯的名言：「四十歲以後的臉孔，自己負責。」則「元亨」指「初期賦予萬物亨通發展的性能」。「利貞」即自己的修爲，須循常軌正道。屈萬里《周易集釋初稿》所云：「言大亨而利於守其常也。」至於一貫說指「乾之創始的性質與功能，正是這種能夠生長萬物（亨），使萬物順遂（利），而又能無偏無私地成全萬物（貞）的根源與本體（元）。」引《朱子語類》卷六八云：「四德之元，猶五常之仁，偏言則一事，專言則包四者。」朱熹除「一貫說」，又以四字配仁、義、禮、智四德的分立說，以及由春而夏而秋而冬的遞進說：

　　　　元者，生物之始。天地之德，莫先於此。故於時爲春，於人則爲仁，而眾善之長也。亨者，生物之通。物至於此，莫不嘉美。故於時爲夏，於人則爲禮，而眾美之會也。利者，生物之遂。物各得宜，不相妨害。故於時爲秋，於人則爲義，而得其分之和。貞者，生物之成。實理具備，隨在各足。故於時爲冬，於人則爲智，而爲

〔註68〕同上註，頁108。
〔註69〕黃慶萱著，《新譯乾坤經傳通釋》（台北市：三民書局，2009年），頁2～7。

眾事之幹。幹，木之身，枝葉所依以立者也。〔註70〕

朱熹又解貞即「貞固」，固守正道而弗去，所以爲事之幹。《易經》建構宇宙生成理論時，兼有涵攝倫理學意蘊。以及《老子》、《莊子》道家的「自然」和「物化」思想，謝道隆《科山生壙詩集》的詩作思想，引此以爲玄談的資源。

四、援用社會學的族群研究等方法

此外，關於晚清中國傳統的士人，在西方學問輸入後，面對文化危機的問題時，論者余英時以近代學者陳寅恪爲例子，認爲他能以不同文化爲參照系統而發展出自己對於中國文化的認同。此認同綜合了現代的價值，如學術獨立、思想自由、男女平等之類。〔註71〕又引薩伊德的論點，批判褊狹的民族主義者沒有批判精神、沒有思維能力。以鴉片戰爭爲近代中國被西方帝國入侵的恥辱之始，則西方經濟勢力的入侵爲現代中國文化危機的起源，然而中國文化有其內在發展的軌跡，不能完全解釋爲對西方的「回應」。余英時又批判張之洞等人提倡的「中體西用」說是早期對西方認識不深的產物，但嚴復、胡禮垣等人駁斥以後，逐漸無人問津。但此後的學者似乎都不承認自己的文化傳統還能在民族的認同中發揮什麼積極的作用。余英時特別強調民族文化的傳統有看不見的韌力。誠如薩伊德的《文化與帝國主義》中的論點，「有些文化價值即使源於西方，但經過長時間的傳播已爲非西方的民族所廣泛接受，因此便具有世界性了。」余英時的論點要旨如下。

第一、十九世紀晚期到了二十世紀，知識分子以西方社會發展的模式爲所有社會依循的一定的進化階段，且代表社會發展最完美、超前的方式。因而師法西方，認爲依其模式變革，才能進入「現代化」的階段，因而忽略傳統在具體方面的表現和變遷。

第二、民族觀念的界定、釐清和傳播，是知識分子的中心任務。甲午戰後流行的「西學源出中國說」，以及後來維新派如康有爲等人，以及國粹派如章炳麟提倡的「國魂」等說，雖流於附會，卻有加深中國人歷史意識的意外效果。但運用神話、傳說、宗教經典來虛構的歷史，使民族文化的認同和客

〔註70〕朱熹著，《周易本義》，卷1，論《文言》元亨利貞。見王弼、韓康伯、朱熹著，《周易二種》（臺北市：臺大出版中心，2016年7月），頁306。
〔註71〕余英時著，《現代危機與思想人物》（北京：三聯書店，2005年1月），頁32～58，〈中國現代的文化危機與民族認同〉。

觀知識的追求，這兩個價值存在著必然的緊張。

　　第三、晚清中國屢敗於西方帝國主義，受盡屈辱，因而有「羨憎交織」（Resentiment）的心理。其社會學基礎，一方面是一個民族或個人，自認對於它所企羨的對象基本上是平等的。第二是在現實上和對方是處於不平等的地位，以致在理論上存在的平等幾乎沒有可能完成。此如晚清魏源的「師夷之長技以制夷」和馮桂芬的「采西學議」等，都是企羨西方，透過努力學習，使中國趕上西方。這同時也表現對自己民族的過去和未來具有相當堅強的信心。

　　第四、文化多元強調每一文化是獨特的，有其內在的價值標準，但推至極端，會出現文化相對主義的危險。但世界上文化單元雖多，卻有優劣高低之分。各文化之間互相交通、互相了解、互相吸收，才會出現共同的標準。但要靠文化內部自尋途徑、自創方法。也就是每一社會或文化有其特殊性，又有人的普遍性。余英時引用華爾茲（Michael Walzer）的「厚」、「薄」觀念。認為文化背景中，人的普遍性，所謂的「薄」，必須人在日常生活的特殊文化，也就是「厚」之中才能發展。因此，批判亨廷頓專講「文明」或「文化實體」（cultural entity）的衝突，有走入極端的危險。每一個文化中的人自己從內部去尋找最合適的途徑和方式，即「自決」（self-determination），此古今一切文化與社會中都共同承認的核心價值，民主、人權等原則也由此出。

　　德國社會學家馬克思‧韋伯（Max Weber）清楚分辨 race, ethnicity 和 nation 間的概念。第一個（race）是已被發現的原始社群（community），第二個（ethnicity）是主觀的相信一共同的起源，第三個（nation）則有更強烈政治熱情的特點。民族（Ethnicity）這詞源自希臘文 ethnos，意指民族，但也指聚積、眾多、群眾或國家。有其文化的、心理的、社會的特性，因歷史因素結合的不同種族的個體，但不能和國家觀念相混，後者有更深、更顯著的團結。馬克思‧韋伯認為民族社群（ethnic groups）是主觀信仰共同起源的人類團體，信仰表現在已有相似習俗、習慣，或二者皆具，或是在移民或殖民的共同記憶。這種信仰不拘於血緣連繫的存在與否，對社群精神的創造是重要的。因此，民族（Ethnicity）的概念含有三個因素：

　　（1）團體的成員關係：無論是個人的選擇還是表面的強迫加入，然而都指我們和他們的存在，因而有「他者」的概念。

　　（2）團體成員方面對普遍認同的尋同。

（3）感覺其他群體方面因歸屬談論的民族社群（ethnic groups）而或多或少有一致的典型。〔註72〕

洪棄生「用夏變夷」的文化觀，身值晚清西方列強侵略中邦，國勢陵夷，深有「尊王攘夷」的微言大義。

中國歷史關於尊王攘夷的史實，學者論春秋霸主齊桓公攘夷的對象是日益強大的楚國。西元前五九七年，楚莊王擊敗晉軍，終成霸業，楚成了南方大國。另一位霸主秦穆公則兩次參與平定周王室之亂，兩次置立晉君，秦成了西方大國。其後秦孝公用商鞅（約西元前三九〇～三三八年）變法，依法治國，中央集權，獎勵軍功，禁止私鬥。以「耕戰」為手段，使臣民為國建立功勛，使賢者在位，能者出頭。〔註73〕

《春秋公羊傳·成公十五年》標榜「貴華夏，賤夷狄。」「內諸夏而外夷狄」，使「夷夏之辨」自春秋戰國以來，成為華夏人士的民族觀、文化觀與世界觀。春秋齊桓公「尊王攘夷」以尊周室的號召，見《春秋左傳·閔公元年》管仲向齊桓公明言：「戎狄，豺狼，不可厭也；諸夏，親暱，不可棄也。」管仲的逐異族，維護華夏文化，《論語·憲問》孔子肯定云：「微管仲，吾其披髮左衽矣。」此「內諸夏而外夷狄」的思想，把異族稱作「東夷」、「西戎」、「南蠻」、「北狄」，又見《禮記·王制》。儒家雖嚴夷夏之辨，但強調夏可化夷，以道德文化為主的夷夏觀，如《論語·季氏》孔子曰：「遠人不服，則修文德以來之。」《孟子·滕文公》孟子曰：「吾聞用夏變夷者，未聞變於夷者也。」〈離婁下〉云：「舜生於諸馮，遷於負夏，卒於鳴條，東夷之人也；文王生於歧周，卒於畢郢，西夷之人也；文王生於歧周，卒於畢郢，西夷之人也……得志行乎中國，若合符節，先聖後聖，其揆一也。」論者呂春盛認為：「這是一種以道德文化為主的夷夏觀，此後成為異族統治者用以超越種族藩籬，說服華夏人士效命，取得統治正當性最有效的方法。」〔註74〕

呂春盛引用劉琨致書羯族石勒，勸其降晉，倡言「自古以來，誠無戎人而為帝王者。」石勒反駁「事功殊途，非腐儒所聞。」匈奴族劉淵也以「夫

〔註72〕Edited by Kumar David, Santasilan Kadirgamar《Ethnicity : identity, conflict and crisis》（Hong Kong : Arena Press, 1989），P.94～96。

〔註73〕張分田著，《秦始皇傳》（臺北市：臺灣商務，2004 年），頁 31～48。

〔註74〕呂春盛著，〈從臺灣觀察「夷夏之辨」在中國歷史上的變態〉。收於向陽等作，《《臺灣文化之進路文集》——莊萬壽及其文化學術》（臺北市：吳三連臺灣史料基金會，2019 年 1 月），頁 181～197。

帝王豈有常哉？」舉禹出於西戎為說。因此，承繼宋、遼、金的元朝，自然
為中國之主。元、明易代之際，許多漢族士人，以忠於元室為其選擇。把元、
明鼎革視為民族革命，是後代的民族主義想像。至於清朝帝王雍正等，也引
經據典，指出禹、文王等人出於夷狄，為其統治正當性辯護。至於明代遺民
黃宗羲、顧炎武、王夫之因親歷種族殘殺，視夷夏是先驗的氣質之異，「以野
蠻來對付野蠻人，是正當的合法手段。」清末排滿思想高張，革命派以種性
建構國族。例如一九○一年武昌革命成功，丘遠甲勸說粵督張鳴岐接受條件，
促成廣東獨立，被舉為廣東革命軍政府教育司司長。丘〈謁明孝陵四首〉其
三云：「將軍北伐逐胡雛，並告徐常地下知。破帽殘衫遺老在，喜教重見漢威
儀。」〔註75〕即是以種性建構國族。

　　呂春盛論「夷夏之辨」在東亞國際關係上的變態，以日本為例，在南朝
宋順帝升明二年（西元四七八年）「向宋自稱倭國『獲加多支鹵大王』，卻自
稱『治天下大王』，此『天』是以倭國為中心的天，這被認為是日本形成自己
的中華意識之始，其『天下』範圍，大致涵蓋倭國及朝鮮半島南部等區域的
周邊各國。」又提到江戶時期，一六六九年山鹿素行的《中朝實錄》，放棄對
中華思想的敬意，顛覆華夷之辨，以日本為中國、中朝，以古道和神道為聖
教。此「日本型華夷思想」。論者稱山鹿素行為德川時代第一流的兵學儒者，
充分展現近世日本儒者善於利用內外資源，使儒學與各實學，如兵學、醫學、
藥學、法制、經濟貿易等結合。〔註76〕因此，當日本面對西方列強威脅，高
唱「攘夷」，但因西方文明的先進，有主張奉西方為「華」，又有福澤諭吉的
「脫亞入歐論」，積極學習歐洲文明。隨著日本強盛，原本以日本為首，連合
提攜亞洲，抵禦西方列強侵略的「亞洲主義論」，轉變為日本「大東亞共榮圈」
的主張。〔註77〕

　　明朝鼎革，朝鮮經歷由尊明反清到政治上對清臣服。例如朝鮮使者見明
亡後，衣冠滅裂，痛心疾首云：「大抵元氏雖入帝中國，天下猶未剃髮，今則
四海之內，皆是胡服，百年陸沉，中華文物蕩然無餘，先王法服，今盡為戲
子輩玩笑之具。」朝鮮自豪仍服舊明衣冠，視清朝人著蠻夷服飾，「甚至覺得

〔註75〕同上註，呂春盛文。丘逢甲著，王惠鈴選注，《丘逢甲集》（臺南市：台文館，
　　　　 2012年），頁679、987。
〔註76〕傅偉勳著，《佛教思想的現代探索：哲學與宗教五集》（臺北市：東大圖書，
　　　　 1995年），頁31。
〔註77〕同前註，呂春盛文，頁194～196。引川本芳昭、李永熾等人見解。

『明朝後無中國』，或自居『小中華』，是中華的繼承者。」〔註78〕

　　尊王攘夷的思想在秦帝國統一六國後，形成大一統的思想。論者張分田引《春秋公羊傳‧莊公四年》：「國君何以爲一體？國君以國爲體。諸侯世，故國君爲一體也。」指「大一統」以君、家、國爲基本特徵。君權世襲才能保證最高權力的合法性。「君統」是實現大一統的基本條件，君國一體表現爲政權世襲。由此立「王制」，行「王道」，以「王道」一天下，即遵循道義。《荀子‧解蔽》云：「王也者，盡制者也。……案以聖王之制爲法。」形成文化一統。秦統一六國，始皇統一文字、統一風俗即是。進而求華夷一統，秦始皇拓土開疆，促使多民族國家融合統一，即「華夷一統」。理想則是天下一家。秦始皇「大一統」的帝國，集權中央和移民邊境以開發文化，拓植疆土。論者張分田言「華夷一統」云：

> 《公羊傳》及其歷代注疏者認爲：禮義是華夏的精髓，是華夷之別的關鍵；「尊王攘夷」、「華必統夷」、「以夏變夷」是「春秋大義」之所在，而「尊王攘夷」的目的是維護以華夏王權爲天下共主、華夷一統是由政治統一逐步達到文化統一、民族統一的過程。最理想的境界是天下一家，遐邇一體。「大一統」論的這種認識有利於兼容併包，民族融合，對中華民族和多民族統一國家的形成發揮過積極的作用。〔註79〕

　　《公羊傳》於《春秋》「隱公元年，春王正月。」云元年，春，王正月。元年者何？君之始年也。春者何？歲之始也。王者孰謂？謂文王也。曷爲先言王而後言正月？王正月也。何言乎王正月？大一統也。」

　　何休〈公羊解詁〉云：「夫王者始受制改制，布政施教於天下，自王侯至於庶人，自山川至於草木昆蟲，莫不一一繫於正月，故云政教之始也。」強調大一統之概念甚切。而春秋者，於王正月條，特書大一統之論。云王者受制改制，布政施教，周行天下，其始則受之於天，故持書王正月者，以天下之定於一也。

　　而尊王攘夷之論，《春秋》每有非我族類之說，《詩經‧魯頌‧閟宮》所謂「戎狄是膺，荊舒必懲。」以其殊類華夏民族，未可與居處，此正《左傳‧成公四年》季文子引史佚之志，所謂：「非我族類，其心必異。」《國語》定

〔註78〕同前註，呂春盛文，頁195。
〔註79〕張分田著，《秦始皇傳》，頁286～290。

王告士季語云：「血氣不治，若禽獸焉。」因此春秋義例，在《公羊傳・公十五年》所謂：「內其國外諸夏，內諸夏而外夷狄。」即楚子稱王，夫子書曰「子」，則其非吾族之類特明。又如《春秋》隱公二年載：「公會戎于潛。」《穀梁傳》云：「會者，外爲主焉爾，知者慮，義者行，仁者守，有此三者，然後出會，會戎，危公也。」此云會戎，危公也，當爲譏公之輕出，然而諸戎之肆亂，由此可明矣。

此外，當代研究全球化移民和僑民的社會學家羅賓・柯恩（Robin Cohen，西元一九四四～）對身份與移民之間關係的分析。使用類型學，比較和共同特徵的方式，運用古老的僑民概念來豐富對當今跨國移民流動的研究。羅賓・柯恩分析僑民（Diaspora）時，援用「四散」、「特別形式的旅行」意義的（Diaspora），依照英文字典的解釋，其意涵應指猶太人受巴比倫人放逐後之散居世界各地。或是使徒時代未居住於巴勒斯坦之猶太籍基督徒。因此和某種程度的強迫有關。社會學家因此指征服、殖民、奴役、有契約的勞工體系、驅逐、迫害、戰爭或政治鬥爭，以及因經濟因素而來的移民潮。重要的概念不只是藉由從原始中心到另一處時，那被重新定位、四散、分散的社群功能。這社群終究感到他們的旅行並未眞的定下來或被所謂的寄居社會完全接納。因此，（Diaspora）一詞幾乎單指「流放」和猶太民族的四散。他們持續的離散至「巴勒斯坦」以外的世界，所以之後，以色列持續這種情況至現代紀元。但猶太人一直認爲他們自己是單一民族，其猶太人的核心文化和價值使猶太人即使離散幾多世紀，仍能結合。另一方面，以同化方式，猶太人在生活的個別國家發展出牢固的連結。不過，這樣的同化並不能使猶太人不被視爲「陌生人」，即使有權留在一個特定的國家，即使在那裡活了許多世紀，他們仍是被視爲「局外人」。

此外，論者以〈桃花源記〉乃「文學是『空物』」，與現世的事物不必產生對應，自成形式與天地。文中「忽逢」的無分別心，以及「不復得」的分別心，印證《莊子・齊物論》「古之人其知有所至矣」一段哲理，漁人「不復得」的分別心，因爲以知識分歧的意識，放逐隔絕到無分別前的純樸世界之外。而對理想世界的失落的「匱缺」，是此文桃花源世界對比讀者本身經驗的社會互相對比。桃花源居民避秦來此，乃「避難放逐」而失去故土。又因漁人誤入桃花源，所自來的時代和世界，對比桃源人而有強烈的疏離和文化的陌生而加深放逐感。漁人事後的追敘和重尋，以及劉子驥的欣然規往，都不

復再到桃源，後世遂無「問津者」，可視為作者陶潛以想像抗拒內心的枯竭落
寞。陶潛以文字追求超越時空的價值，但寫作的內在放逐及心靈的無以自處。
對應〈桃花源詩〉末云：「願言躡輕風，高舉尋吾契。」嚮往卻遭來放逐，此
放逐有桃花源（理想社會對比此世），居民和漁人（自足對比嚮往），有心人
（文字、心機的，如劉子驥），以及作者自己。而後世讀者在時空、語言、心
靈也與作者無奈的奇想疏離，領會到無由問津的放逐。〔註80〕

五、援用神話學的方法

　　從神話和儀式的角度研究，論者李豐楙以神話、巫俗、原始宗教與《騷》
的關係，從此世之憂到彼世之遊，遊仙文學的「上昇」主題，仙境遊歷說的
出發、探求與回歸，追索《楚騷》的文學啟發在哪？源頭何在？引用伊利亞
德（Mircea Eliade）《宇宙與歷史：永恆回歸的神話》一書中「永恆回歸」的
說法，〔註81〕回歸一最原初、豐盈世界，即宇宙中心點。尤其是薩滿（Shaman）
教祝祭時靈魂出殼，升入天穹，巫溝通人我，神降身巫，巫出魂而遊。最原
始的宗教意義，薩滿傳統的靈魂之遊。神遊從宗教儀式的遊到文學的想像的
遊。人藉神話及儀式回歸「中心點」，即宇宙秩序所建立的「中」，為人與天
交通之處，如世界大山、終界的山「崑崙」，世界大木「建木」。除了神山崑
崙在西，扶桑在東，道教又造洞天福地，乃在天下名山。道教的三品仙，乃
由地仙至天仙，同於《騷》之回歸。屈原作品〈離騷〉裏表達回歸的願望，
因現世時間的無常，空間的狹隘，憂生憂世成為探求回歸的動機。〈離騷〉寫
飛天神遊「崑崙」此一樂園的永恆希冀，形成後世文學「士不遇」的主題，
如漢代士不遇賦到後來的遊仙詩。例如魏晉小說《搜神記》中怪異、非常的
筆記，有超常的神仙，反常異常的精怪，但凡人要成仙必須變化，除非轉化
凡質為仙質。因此，道教強調煉而變化，探求與回歸為其終極關懷。其中如
阮肇誤入仙境，再回歸人間，實強調修道成真，而所以誤入，不過是仙界不
經意中開了一個孔，使人超凡入聖而再求修練。〔註82〕

　　論者陳麗桂分析齊文化的闊達、誇誕與譎怪與荊楚之人尚鬼無巫，好想

〔註80〕廖炳惠著，《解構批評論集》（臺北市：東大，1995年），頁31～38。
〔註81〕伊利亞德（Mircea Eliade）著，楊儒賓譯，《宇宙與歷史：永恆回歸的神話》
　　　　（台北：聯經出版社，2000年6月）。
〔註82〕李豐楙著，《誤入與謫降：六朝隋唐道教文學論集》（臺北市：臺灣學生，1996
　　　　年），頁314。

像而文化細膩、約柔不同。荊楚雲夢氤氳迷濛的地理環境，人民情緒多柔靡、細膩、俳惻、纏綿而富情緻。齊地有廣海崇山，與務實的經貿產業，尚功騖利的傳統習性。相較荊楚的陰柔深入，齊文化屬陽性的誇誕與譎怪。經貿活動伴隨交通發達、資訊流通，不免引入千奇百怪、五花八門的訊息與事物。〔註83〕

　　《史記・封禪書》中的三神山爲隔絕的神聖空間。更完整記載見《列子・湯問》云：

> 渤海之東，不知幾億萬里，有大壑焉，實惟無底之谷，其下無底，名爲歸墟。八紘九野之水，天漢之流，莫不注之，而無增無減焉。其中有五山焉：一曰岱輿，二曰員嶠，三曰方壺，四曰瀛洲，五曰蓬萊。其山高下周旋三萬里，其頂平處九千里。山之中間相去七萬里，以爲鄰居焉。其上臺觀皆金玉，其上禽獸皆純縞。珠玕之樹皆叢生，華實皆有滋味，食之皆不老不死。所居之人，皆仙聖之種，一日一夕飛相往來者，不可數焉。而五山之根無所連著，常隨潮波上下往還，不得暫峙焉。仙聖毒之，訴之於帝。帝恐流於西極，失群聖之居，乃命禺彊使巨鼇十五舉首而戴之。迭爲三番，六萬歲一交焉。五山始峙。而龍伯之國有大人，舉足不盈數步而暨五山之所，一釣而連六鼇，合負而趨，歸其國，灼其骨以數焉。於是岱輿、員嶠二山流於北極，沈於大海，仙聖之播遷者巨億計。帝憑怒，侵減龍伯之國使阨，侵小龍伯之民使短。至伏羲、神農時，其國人猶數十丈。

　　論者高莉芬分析此文本詳盡。相較《史記》，《列子》此處多出岱輿、員嶠二山。並將《史記》中的「方丈」寫成「方壺」，成了東方海域上的神聖空間，一不老不死的仙境樂園。論者高莉芬分析中國大地潛水的創世神話。前引「大壑」位於極遠的東海之外，爲眾水所歸的無底之谷，又見《山海經・大荒東經》、《莊子・外篇・天地》。以及〈遠遊〉：「上至列缺兮，降望大壑。」寫無天無地，混沌「視儵忽」、「聽惝怳」，詩人無見無聞，至「超無爲」二句，進入創世之初的混沌之道。〈天問〉有「東流不溢，孰知其故？」因「大壑」是「地不滿東南」、故「水潦塵埃歸焉」，江河東南傾注入海的地理環境，表

〔註83〕陳麗桂著，《漢代道家思想》（臺北市：五南圖書，2013 年 11 月初版一刷），頁 30〜31。

現在《淮南子・天文》「昔者，共工與顓頊爭爲帝，怒而觸不周山。天柱折，地維絕。天傾西北，故日月星辰移焉；地不滿東南，故水潦塵埃歸焉。」

相對於西方高山「崑崙」。高莉芬認爲蓬萊神仙的空間型式是「谷型」宇宙海中凸起的山岳，具有伊利亞德所謂「中心象徵」的「宇宙軸」象徵。高莉芬又以「巨鼇負山；龜馱大地與宇宙創建」分析〈天問〉「鼇戴山抃」，以龜爲負地之巨靈，引王逸所引《列仙傳》曰：「有巨靈之鼇，背負蓬萊之山而抃舞，戲滄海之中，獨何以安之乎？」東海負蓬萊山爲巨黿或巨鼇。與《列子・湯問》帝令禹疆使巨鼇負山，都是世界性的神話母題。若結合《淮南子・覽冥》女媧鍊石補天，「斷鼇足以立四極」，則女媧補天與共工破壞的神話，主題意義均在宇宙秩序的創始生成、破壞及重整。而龜奉命爲使者背負大地，龜足立於四極，支撐圓天，是初民「天圓地方」、「地載水而浮」宇宙觀的神話象徵。

至於蓬萊神話中，龍伯大人釣鼇而破壞宇宙樂園，後世文人卻以此象徵現世秩序的重整。例如詩人李白詩屢用「釣鼇」典故可證。而前引《山海經》鯀竊帝之息壤以堙洪水。《淮南子・時則》赤帝祝融令以息壤堙洪水之州，〈墜形〉又云：「禹乃以息土填洪水，以爲名山。」此潛水取土造地神話母題，息壤生生不息所形成之名山，與海上他界的蓬萊神山，象徵宇宙形成時，世界海洋「原水」創生具有「初地」、「始地」的性質。

至於《隋書・經籍志》「史部・地理類」的《海內十洲記》結構首尾乃漢武帝與東方朔對話。書內「巨海之中」羅列海內洲島，依序爲：祖洲、瀛洲、玄洲、炎洲、長洲、元洲、流洲、生洲、鳳麟洲、聚窟洲、滄海島、方丈洲、扶桑、蓬丘、崑崙。其中洲島的自然景觀及地景皆具有神聖性。「海內」一詞，李豐楙認爲承自鄒衍大九州之說，此書十洲三島等仙境傳說是六朝時期道教思想類筆記小說，《十洲記》後題爲《海內十洲記》的原因與道教典籍中的宇宙觀有關。此書將「蓬萊」神山改作「蓬丘」，先民居此以避洪水，視爲水中可棲止生息處，保留生民所居陸地是由水中敷陳而出的神話。高莉芬進而闡明〈天問〉「洪泉極深」四句，是對古代神話「大地從洪泉中填寞而出」的疑惑。蓬萊神山或《海內十洲記》的洲島，其地理空間元素「土」與「水」及其地貌形式「島嶼」，隱喻宇宙原始創生神話的聖顯，即世人對原初世界的美好想像，伊利亞德所謂「永恆回歸」的神話。蓬萊仙山實現從「此界」到「彼界」的過渡轉換，象徵生命超越與神聖回歸，爲人類集體潛意識中永恆的原

鄉想像。高莉芬稱此「樂園」不同於「烏托邦」的動態、積極、入世,「樂園」乃「靜態性、消極、出世及強調放任、無爲、獨善其身的心態。」〔註84〕其性質如伊利亞德說得好:

水域象徵各種宇宙實質的總結;它們是泉源,也是起源,是一切可能存在之物的蘊藏處,它們先於任何的形式,也「支持」所有的受造物。其中一種受造物的典範之像,就是突然出現在海中央的島嶼。另一方面,在水中的洗禮,象徵回歸到形成之前(Preformal),和存在之前的未分化狀態結合。自水中浮出,乃重複宇宙形式上的創生顯現的行爲:洗禮,便相當於一種形式的瓦解。這也就是爲什麼水域的象徵同時指向死亡,也指向再生。〔註85〕

蓬萊神話的思維,成了洪棄生詩的象徵意象。乙未年(西元一八九五年)臺灣割讓給日本,棄生〈臺灣淪陷紀哀〉開頭云:「天傾西北度,地傾東南方。蛟龍激海水,淪沒蓬萊鄉。鼇波沸巨浪,白日黯無光。山俏牽木魅,土怪鞭石梁。顚簸王母闕,震拆禹皇疆。洪水湮部洲,燹火及崑岡。嗟哉武陵客,坱漭失康莊。避秦無源路,仰首望蒼蒼。天心方有醉,西眷彌不遑。玄枵淫歲紀,鶉首賜扶桑。戈船起海岱,毒弩橫汪洋。」〔註86〕起首便以蓬萊神話思維,引用共工破壞,巨鼇負地等典故。又以〈桃花源〉避秦典故,諷日人如暴秦。又用「秦醉」典故,出自張衡〈西京賦〉:「昔者天帝悅秦繆公而覲之,饗以鈞天廣樂,帝有醉焉,乃爲金策,錫用此土,而翦諸鶉首。」鶉首本十二星次分野說,分野主秦,屬雍州,見《晉書‧天文志》。「秦醉」因而指僥倖取得政權,以此暗諷日人治臺。

〈天問〉「登立爲帝」四句,單獨指女媧事蹟。《山海經‧大荒西經》云:「有神十人,名曰女媧之腸,化爲神,處栗廣之野,橫道而處。」論者高莉芬以女媧腸化生神人的神話,是世界創世神話中的「神體化生」型神話。引李豐楙論先秦變化神話:「根據鄭玄注語中所反映的先秦,兩漢人的觀念,清楚表明凡是種、類相生即是生、或是生產,而非類相生則爲化、爲變。」萬物非類,因而是神聖女「女媧」所化。《山海經》中的女媧具有強大的生殖力,

---

〔註84〕高莉芬著,《蓬萊神話:神山、海洋與洲島的神聖敘事》(臺北市:里仁書局,2008 年 3 月 20 日初版),第三章。

〔註85〕伊利亞德著,楊素娥譯,《聖與俗:宗教的本質》(臺北:桂冠圖書,2001 年),頁 173。

〔註86〕洪棄生著,《寄鶴齋詩集》(南投:臺灣省文獻委員會,1993 年),頁 135。

民間信仰將其視爲生殖女神來崇拜信仰。〔註87〕洪棄生〈地震行〉云：「六鼇斷足爲黃能，媧皇一見心爲哀。」前一句用巨鼇負山的神話，誇寫地震震災嚴重，猶如陸沈。後一句用女媧神話，哀痛震災罹難者眾。

論者高莉芬分析〈楚帛書・甲篇〉云：「爲禹爲萬，以司堵襄，咎天步數。」文中「萬」即商契。《史記・殷本記》「契長而佐禹治水有功。」《山海經・海內經》「禹、鯀是始布土，均定九州。」「帝乃命禹卒布土以定九州。」《詩經・商頌・長發》：「洪水茫茫，禹敷下土。」大禹治水是世界創世神話中「大地潛水者創世」的類型。禹爲創世造物主，功績即治水布土，均定九州，此神話乃是「撈泥造陸」的神話母題，禹從水中撈取泥土（息壤）鋪在水上而爲大地造物主。創世神話另一母題即「丈量大地」，此「創世主丈量大地」的記載，如《山海經・海內東經》云：「帝命豎亥步，自東極至于西極，五億十選九千八百步。豎亥右手把算，左手指青丘北。一曰禹命豎亥。一曰五億十萬九千八百步。」《淮南子・墜形》云：「禹乃使太章步，自東極至于西極，二億三萬三千五百里七十五步；使豎亥步自北極，至於南極，二億三萬三千五百里七十五步。」步算天數之功歸大禹，禹、萬爲有序宇宙的創世神祇。〔註88〕但在洪棄生〈後地震行〉云：「共工巨顱撼不周，豎亥大步移方里。」豎亥和共工成了宇宙破壞，象徵震災傾倒位移的神話意象。

第三節　研究範圍、論文架構與預期成果

謝道隆《小東山詩存》分三個單元。一是謝道隆的詩，收在「小東山詩存」。謝道隆的詩依體裁分類，七絕有四十題，五十二首。五律有兩題兩首。七律有十題十三首。五絕有三題三首。共有五十五題，共七十首詩。

接著「唱和詩詞」，收錄謝道隆友人酬贈詩。「唱和詩詞」的作者有兩人。一是丘逢甲，一是林癡仙。丘逢甲七古有一題一首。五古三題四首。七律五題五首。五律四題十四首。七絕三題七首。共有詩作十六題，三十一首。林癡仙有七古兩題兩首。七律三題四首。五律兩題三首。七絕四題五首。共有詩作十一題十四首。又有詞一闋。

第三部分是《科山生壙詩集》。《科山生壙詩集》的詩詞，收錄謝道隆詩

〔註87〕同前註，高莉芬書，頁 200～201。
〔註88〕同前註，高莉芬書，頁 206～210。

七絕四題五首。加上《全臺詩》所收七絕四題九首，七律兩題兩首，謝道隆詩共有六十五題八十六首。

《科山生壙詩集》五古同題作品，作者有易順鼎、洪月樵、鄭汝南、謝秋石、鄒嘯淇、楊雲程、羅秀惠、林湘沅、穎川原林、鄭濟若、沈江梅、莊嘯皋、王盤之、簡秀椿、佐佐木景明。其中洪月樵四首，鄭濟若五首，其他人各一首。五古詩作共有二十二首。

七古同題作品，作者有陳槐庭、洪月樵、莊伊若、賴紹堯、林厥修、洪以南、李耀卿、蔡啓華、黃雲翔、王石鵬、黃子清、魏潤菴、鄭十洲、李廉五、許紫鏡、白玉簪、陳基六、傅錫祺、楊昭若、黃旭東、陳滄玉、陳聯玉、黃紹謨、林濱石、趙雲石、胡南溟、謝霽綠、謝旭齋、海濱居士。以上諸人詩各一首。七古詩作共二十九首。

五律同題詩作。作者有林熙堂一首，連雅堂八首，莊玉波一首，郭風友一首，林癡仙一首。五律詩作共有十二首。

七律同題詩作，作者邱瑞甲、黃子清、莊鶴如、吳淑堂、林友竹、米田一水、黃金鏞、黃旭東、陳滄玉、陳基六，以上諸人各一首。周紹祖、黃維崧、林朝宗、林克弘、楊煥章、莊從雲、林南強，以上諸人各兩首。王學潛、張麗俊各三首。蔡啓運四首，洪月樵八首。七律詩作共有四十二首。

五絕同題詩作，作者林熙堂、林耀亭各一首。五絕詩作共兩首。

七絕詩作，作者張銘三、黃服五、謝世觀、林獻堂各一首。黃南琚、黃爾廉、櫻井勉、陳挹泉、江登墢、袁炳修、林仲衡各兩首。林耀亭、王炳南各三首。王呈瑞、羅祿、張升三、李玉斯各四首。葉篤軒、林載昭各五首。傅錫祺六首。林癡仙十首。七絕詩作共有六十六首。末收錄林癡仙詞一闋。

《科山生壙詩集》共有詩作一百七十三首。作者加上謝道隆，共八十三人。詩集前有丘逢甲〈科山生壙詩集序〉。又有〈科山生壙圖說〉。因此，共有八十四位知名作者。《科山生壙詩集》大要如下表，表中作者人數是尚未扣除重複者的統計。

詩體	篇數	作者人次（不含丘逢甲、謝道隆）	起迄頁數
五古	二十二	共十五人	6～14
七古	二十九	共二十九人	14～35
五律	十二	共五人	35～36
七律	四十二	共二十一人	36～44

五絕	二	共二人	44～44
七絕	六十六	共二十一人	44～52
詞	一	共一人	52～53

論文架構以《論語・陽貨》子曰：「小子何莫學夫詩？詩，可以興，可以觀，可以群，可以怨；邇之事父，遠之事君；多識於鳥獸草木之名。」孔子論詩的功能如此。以「興」、「觀」、「群」、「怨」立各章要旨。以《詩經》爲例，《詩經》情足理足，渾然大雅，故讀者興發志氣，感動至深，誠如學者林耀潾闡述「讀詩之興」異於「作詩之興」云：

> 夫情事蕃變，若以迫切質實之概念把捉之，必有時而窮，遂藉眼前之物象以烘託之、比喻之，而作者之情由此而凝，讀者之情亦由此而起，豈非「詩可以興」之謂乎？是知比興同可以興，非必興體而始能使人興起也。即若刻露直敍，一瀉無餘之賦體，固可以申其怨刺想望，讀之者亦可以生其喜怒師範之心。「投我以木瓜，報之以瓊琚。匪報也，永以爲好也。」此賦體也，而未嘗不可興起朋友相善，會文輔仁之心；「出其東門，有女如雲，雖則如雲，匪我思存。縞衣綦巾，聊樂我員。」亦賦體也，而未嘗不可興起不棄糟糠，專情於壹之義；「衡門之下，可以棲遲，泌之洋洋，可以樂飢。」亦賦體也，而未嘗不可興起安貧樂道，君子困窮之志。以是知，詩可以興非僅比興然也，賦體亦可以興起鼓舞人向善之心也。

〔註89〕

〈衡門〉「衡門之下，可以棲遲，泌之洋洋，可以樂飢。」亦賦體也，然讀後感動至深。誠如嚴粲《詩緝》評《詩經・陳風・衡門》一詩：「窮處山澗之中，而成其槃樂者，乃是碩大之賢人。其心甚寬裕，雖在寂寞之濱，而無枯瘁之色，戚戚之意，易所謂肥遯也。」洪棄生稱許此詩「入理而不俚，入情而不近，眞乃所以爲經。」強調士君子樂道安貧而心甚寬裕，詩語亦不俚不近，即宋代歐陽修去俗之說。歐陽修《六一詩話》云：「詩句義理雖通，語涉淺俗而可笑者，亦其病也。」

學者林耀潾闡述孔子詩教，引用《論語・泰伯》孔子之言曰：「興於詩，立於禮，成於樂。」朱熹注於「興於詩」句下云：「興，起也。詩本性情，有

〔註89〕林耀潾著，〈「詩可以興」淺釋〉，收於陳立夫發行，《孔孟學報》第23卷第2期（臺北：中華民國孔孟學會，1984年10月），頁21。

邪有正，其爲言既易知，而吟咏之間，抑揚反覆，其感人又易入。故學者之初，所以興起其好善惡惡之心，而不能自已者，必於此而得之。」《論語・陽貨》子曰：「詩可以興，可以觀，可以群，可以怨。邇之事父，遠之事君。多識於鳥獸草木之名。」朱熹注「興」爲「感發志氣」。朱熹於此二處之注，其解「興」字雖異其詞，而內涵實相通。蓋朱熹論詩重其教化之意義，《詩集傳序》曾言：「修身及家，平均天下之道，其亦不待他求而得之於此矣。」欲使學者「即是而有以考其得失，善者師之而惡者改焉。」此「詩可以興」之微旨也，此「興」指「讀詩者之興」。

學者林耀潾闡述，然「作者用一致之思，讀者各以其情而自得」，「詩無達詁」，未嘗不可引而用之，以興起鼓舞向善之心，此「讀詩者之興」也。而詩乃出於性情之作，「作詩之興」必繫於情而後能感人，「讀詩之興」必繫於情而後能受用，此《論語・爲政》孔子所謂「詩三百，一言以蔽之，曰思無邪。」思無邪者，誠之謂也，得性情之正也。〔註90〕

《國語・周語》召穆公諫厲王弭謗一文，召穆公以「防民之口，甚於防川，川壅而潰，傷人必多」爲喻，提出爲政者應該要讓百姓「宣之使言」的主旨，而云：「故天子聽政，使公卿至於列士獻詩，瞽獻曲，史獻書，師箴，瞍賦，矇誦，百工諫，庶人傳語，近臣盡規，親戚補察，瞽史教誨，耆艾修之，而後王斟酌焉，是以事行而不悖。」獻曲以反映民情，賦和誦指朗誦詩文，輔以百姓表達的心聲，以及左右近臣的規諫。補察教誨、修整、斟酌等臣工應盡之責，方使事行而不悖。此外，先秦典籍如《尚書・堯典》、《左傳・襄公二十七年》都有「詩言志」的說法。〈詩大序〉云：「詩者，志之所之也。在心爲志，發言爲詩。」以美刺諷諭說詩，詩三百篇皆有序，稱爲小序，說明詩旨。〈詩大序〉則爲儒家之詩論。其論詩要旨如詩言「情」「志」，在〈詩大序〉中，情、志二字無分別，至六朝始區別焉。志指抱負、意圖，指人後天之理想。情指喜、怒、哀、樂、愛、惡等感情，多是本能的，見《禮記・禮運》。志指對人羣之關懷。詩表現情志，此爲詩創作根源。無論寫自己或別人之情志，都要如實，得其眞。「詩三百，一言以蔽之，曰：思無邪。」就作者和讀者而言都思無邪，蓋作者之情志是如實而得其眞，即無僞，則無邪。故溫柔、敦厚，詩教也，即在無僞且眞實。論者顏崑陽指「詩，可以興。」

闡述「興」為「感發志氣」，乃詩的功用與本質。〔註91〕因此，本書分為九章。論文目次及各章重點如下。

壹、緒論

第一章、謝道隆生平與生壙徵詩：謝道隆營建生壙，營成於西元一九〇六年（光緒三十二年，日本明治三十九年），西元一九〇七年（光緒三十三年，日本明治四十年）重九後二日，主人邀櫟社諸子林幼春、林癡仙、林獻堂等人攜妓飲酒嬉遊於此。道隆其與友朋唱和詩，後裒為《科山生壙詩集》。此章分析此事始末。

第二章、謝道隆交遊與酬詠詩作：此章分析酬詠詩作，以知人論世，分析日治初期的台灣詩社興起原因。

第三章、興感諷諭，遺民心事：分析謝道隆的生壙徵詩「興感諷諭」，書寫「遺民心事」。《科山生壙詩集》開頭，收錄謝道隆四首詩。〈九月十一日諸子攜妓飲予生壙二首〉其二云：「壯年歲月任蹉跎，閱遍滄桑鬢既皤。此日墓門花酒會，不妨醉倒美人馱。」遺民滄桑為生壙徵詩的主旨。

第四章、觀身蟬蛻，貞隱行醫：謝道隆的生壙題詩，寫詩徵應的文友作品，要旨以觀身蟬蛻來關照生死，以自然無為，貞隱求志，稱許謝道隆能善盡醫者職責，期能以逸民自終。《科山生壙詩集》開頭，收錄謝道隆另一首〈壙成自輓〉云：「聞歌蒿里黯魂消，大暮歸來不復朝。莫問他年誰下馬，白楊墓上自蕭蕭。」曠達看待生死，隱逸行醫以貞隱求志。

第五章、群集文人，生壙徵詩：謝道隆隱於田家，以行醫維生。寂寞詠詩自樂，燈前課子孫，籬落栽花木，直到生壙徵詩，杯酒攜妓邀文友聚於此地，方有日後題詠盛事。此即《科山生壙詩集》開頭，收錄謝道隆另一首〈邀朋飲生壙作〉云：「自卜佳城興頗饒，壙高坐受萬山朝。邀朋過此同歡宴，勝過他年把酒澆。」另一首〈自題生壙〉云：「與妻商共穴，傍祖可安墳。待到黃泉日，依然聚首欣。」自營生壙以安祖穴，此慎終追遠之孝思。

第六章、怨世哀時，志士情懷：乙未年（西元一八九五年）臺灣人抵抗日人的占領，初期中北部的抗日活動，其中尤以客家族群作戰最力，客家人最積極，犧牲也最慘烈。謝道隆是客家戰士、抗日英雄，也是守土有責的志士。返回臺灣原鄉的謝道隆，詩時時暗寓登臨以望故國的憂時哀感。此即《科

〔註91〕顏崑陽著，《詮釋的多向視域：中國古典美學與文學批評系論》（台北：聯經出版社，2017年3月初版），頁82。

山生壙詩集》開頭，收錄謝道隆另一首〈九月十一日諸子攜妓飲予生壙二首〉
其一云：「招集詩家一代豪，重陽既過始登高。壽堂借作龍山會，雞酒攜來曆
老饕。」登高以望故國，重九又有登高避難的傳說，婉轉抒發志士情懷。

　　第七章、敘事與抒情技巧：以敘事美學言議論識見。以抒情美學「內化」
以及「象徵」的兩項特徵，論敘事與抒情技巧。

　　第八章、餘論：風格分析。以「詩窮而後工」的觀點，討論謝道隆詩與
生況徵詩的風格，並做結論。

　　預期的研究成果，闡發遺民兼儒醫謝道隆其人及其詩藝，也深入闡釋其
生壙徵詩作品中，台灣仕紳的遺民情懷，以及日治初期台灣詩社興盛之原因，
一窺時代真貌與士大夫的家國憂騷。

第一章　謝道隆生平與生壙徵詩

謝道隆的生平行誼，引自學者廖振富、楊翠著，《臺中文學史》，以及謝道隆的曾孫謝東漢講述，吳餘德記載的謝氏家世。

第一節　謝道隆的生平

據謝道隆的曾孫謝東漢講述，吳餘德記載的謝氏家世，謝道隆祖先屬於廣東省東山寶樹堂，是客家族。來臺開基祖謝開勳是秀才出身，有薄田數畝，在村內開了一家藥舖，當起郎中爲人看病。謝開勳的祖居地人口爆炸，爲了好的未來，毅然離開故居而移民臺灣。〔註1〕謝開勳渡海來臺後，先期居住在葫蘆墩（今台中市豐原區）街，再跋涉到了苗栗，開墾山旱田。〔註2〕家族居住於謝家大厝，厝院的大門門楣上寫看「東山寶樹堂」和「耕讀第」。〔註3〕

謝開勳懸壺行醫，店號取名「桃源藥舖」，其眾多孫兒中排行第三，叫做「運扶」的最爲聰慧，「運扶」是謝開勳的長子謝景運的大兒子，謝運扶在十五歲中了秀才，卻選擇追隨他的祖父，勤研醫理成了名醫。謝運扶的妻子生了五男一女，其中的四男生於咸豐二年（一八五四年）取名「長聰」，號道隆，字頌臣；丘氏兄長丘龍章的次子名「逢甲」，號滄海，生於同治三年（一八六四年），與其表兄謝道隆很投緣，丘逢甲稱呼謝道隆爲四哥，這對姑表兄弟情同親兄弟一樣。〔註4〕

〔註1〕謝東漢、吳餘德著，《徘徊在兩個祖國》（臺北市：謝東漢、吳餘德，2016 年 12 月第一版），頁 1～4。

〔註2〕同上註，謝東漢、吳餘德著，《徘徊在兩個祖國》，頁 5～6。

〔註3〕同上註，謝東漢、吳餘德著，《徘徊在兩個祖國》，頁 6。

〔註4〕同上註，謝東漢、吳餘德著，《徘徊在兩個祖國》，頁 6～7。

　　謝道隆和丘逢甲負笈遊學筱雲山莊，主持老師是舉人出身的吳子光。謝道隆全家後又遷到東勢角，又遷到葫蘆墩，在葫蘆墩街買了一間店舖開診所取名「桃源藥舖」，住家就在離街四五里的烏牛欄自己的田莊，謝道隆將此地命名爲田心（在田的中央，現爲豐原市田心里）。〔註5〕

　　謝道隆（西元一八五二～一九一五年），祖籍廣東而在臺灣出生。幼名長聰，字頌臣，亦作頌丞，因排行第四，親友常以「謝四」代稱，田心仔莊（今豐原）人。謝道隆早年受學於苗栗謝錫明，後入吳子光門下，與筱雲山莊呂家昆仲往來密切，又爲丘逢甲表兄，兩人交情深厚，在當時中部文壇同享盛名。與丘逢甲爲世表親，大逢甲十二歲。頌臣的表妹呂氏爲逢甲側室，即逢甲子丘念台之母呂夫人。頌臣二十三歲以第五名考進台灣府學爲貢生。

　　光緒元年（西元一八七五年），謝道隆以第五名入臺灣府學。光緒十六年（西元一八九〇年），於田心仔莊自宅開設書房「養閒軒」，日治中部著名詩人傅錫祺、張麗俊，此時入其門下受業。張、傅二人日後爲櫟社社員。光緒二十年（西元一八九四年），上楓樹腳（今大雅上楓村）張泉源聘爲西席，講學於「學海軒」，張氏子弟入門受業，著名者有張書炳、張德林、張曉峰等人。是年甲午戰爭爆發，丘逢甲奉臺撫唐景崧之命組練，募義軍，謝氏亦與之。

　　乙未年（西元一八九五年）清廷因甲午戰敗與日本簽訂馬關條約而割讓臺灣，台灣人民不願淪爲日人臣民，群起抗日。丘逢甲倡立台灣民主國，受命組建團練，募得誠信十營義軍，出任義軍統領，並以謝道隆素饒兵略爲由，委任爲「誠」字正中營之首，駐守頭前莊（今桃園縣蘆竹鄉）。據謝道隆曾孫謝東漢先生的敘述，謝道隆嫻於兵務，乙未抗日從香港購進槍枝，包括毛瑟槍等。〔註6〕無奈義軍敗退，遂諫丘逢甲曰：「臺雖亡，能強祖國則可復土雪恥，不如內渡也。」〔註7〕丘逢甲當台灣民主國崩潰，丘、謝二人倉皇內渡。謝道隆因謀生不易，於明治二十九年（西元一八九六年）由廣東回到臺灣，於葫蘆墩（今豐原）開設泰和藥舖行醫濟世，並出任葫蘆墩支廳棟東上堡鳥

〔註5〕同上註，謝東漢、吳餘德著，《徘徊在兩個祖國》，頁9～10。

〔註6〕筆者請教謝東漢先生電話訪談西元二〇一九年十二月三日星期二下午三點到四點。

〔註7〕廖振富、楊翠著，《臺中文學史》（臺中市：臺中市政府文化局，2016年7月）。引用自丘逢甲著，《嶺雲海日樓詩鈔》（臺灣文獻叢刊第70種，臺北：臺灣銀行，1960年），頁397。

牛欄庄第一保保正一職。〔註8〕丘逢甲則在廣東從事教育和革命工作。〔註9〕

　　謝道隆的曾孫謝東漢講述，吳餘德記載的謝氏家世，一八九六年三月謝道隆返臺回到了葫蘆墩後，日本官方的態度是：

　　　　日本官方知道謝道隆是一名曾經統領抵抗過日軍的勇士，又是對地方有貢獻，深得人望的地主階級的高級知識份子，因此對他很尊重。葫蘆墩的日本籍街長（今鎮長），帶領街役場（鎮公所）的日籍管區警察和通譯，到田心謝家拜訪謝道隆，日籍街長對謝道隆說了些久仰大名，和歡迎歸來之類的客套話之後，就向謝道隆宣示，台灣總督府對台民過去抗日所作所為，既往不究的「寬大措施」，希望謝先生做街民的表率，繼續造福鄉里。這其實是一個客氣的警告，告訴你要乖乖地作一個聽命的良民，以後不得有反日的行為。謝道隆感傷的寫下〈歸台〉：「腥風吹到劫灰飛，海島孤懸困四圍。避地人因驚鶴唳，覓巢鳥為戀雛歸。重分社肉情猶洽，再整門楣事已非。無奈深山狼虎穴，夷齊難採首陽薇。」〔註10〕

　　謝道隆將臺灣比做深山狼虎穴，欲做夷齊採首陽薇已不可能。乙未戰亂，謝道隆出任丘逢甲幕僚，實際參與乙未抗日義軍的籌建，最終難挽傾頹之勢，舉家內渡避難。其留有〈割臺書感〉一首，記錄下臺灣割讓、被迫離鄉的悲憤心緒：

　　　　和約書成走達官，中原王氣已凋殘。牛皮地割毛難屬，虎尾溪流血未乾。傍釜游魚愁火熱，驚弓歸鳥怯巢寒。倉皇故國施新政，挾策何人上治安。〔註11〕

　　論者廖振富分析此詩作首聯記錄馬關條約簽訂割臺，清廷下令在臺官員

〔註8〕轉引自廖振富、楊翠著，《臺中文學史》（臺中市：臺中市政府文化局，2016年7月），頁70～71。《南部臺灣紳士錄》，頁456。收錄於「臺灣人物誌」資料庫，網址：http://gbmc.ncl.edu.tw:8080/whos2app/servlet/whois?textfield.1=%E8%AC%9D%E9%81%93%E9%9A%86&go.x=40&go.y=16，登站日期：2014年9月26日。格式依此書照錄，不做更改。

〔註9〕張麗俊《水竹居主人日記》（一）1906年2月24日日記之附註，P.23。中央研究院近代研究所。民國89年11月初版。

〔註10〕謝道隆著，《小東山詩存》（臺中市：謝文昌再次重印，1974年），頁5。謝東漢、吳餘德著，《徘徊在兩個祖國》（臺北市：謝東漢、吳餘德，2016年12月第一版），頁19。

〔註11〕廖振富、楊翠著，《臺中文學史》引用全臺詩編輯小組，《全臺詩》第拾壹冊，頁54。

內渡返國之事，讓謝道隆不禁哀嘆國運之凋落衰敗。頷聯先後引用兩則軼聞典故，首先是荷蘭人牛皮借地，詐騙原住民的傳說，其次是荷軍數度討伐虎尾溪流域「華武社」的血腥歷史。此處是以荷蘭人的狡詐與嗜血，喻指同為入侵者日本人，也將如此蹂躪可憐的臺灣百姓。頸聯則自剖離臺心情，「傍釜游魚」為即將下鍋之活魚，指的是率領義軍守桃園的自己。而「愁火熱」三字，則傳達出當時日軍佔領臺北即將南下，義軍崩解形勢危急，若不走避則「傍釜游魚」勢成「釜內之魚」的無奈。又以「驚弓歸鳥」形容避敵南下的自己，刻劃出驚惶不安的神態，再加上「怯巢寒」三字，讓戰慄之情溢於紙面，忠實反映了離臺避禍的心緒。末聯則感嘆清國在戰敗簽約後，才急忙施行新政，嘗試振興國勢，同時又不禁疑惑誰有能力匡扶社稷。〈割臺書感〉可以說是謝道隆最著名的代表性詩作，反映了臺灣人在時代動盪下的無可奈何。據謝秋濤所述，謝道隆生前曾經囑咐：「吾沒後，倘河山還我，必家祭以告」，〔註12〕詩人在殖民體制下的抑鬱可見一斑。〔註13〕〈割臺書感〉「怯巢寒」三字，反映了離臺避禍的心緒。又呼應丘逢甲〈離臺詩六首〉其一：「扁舟去作鴟夷子，回首河山意黯然。」的不甘和悔恨黯然。〔註14〕

謝道隆歸臺後，與櫟社詩人林癡仙等人以詩相酬詠。謝道隆的曾孫謝東漢講述，吳餘德記載的謝氏家世，提到謝道隆於大正四年（西元一九一五年）五月三十一日故世，享年六十三，好友林癡仙也於十月七日抑鬱以終。謝道隆的子孫，依據謝道隆的曾孫謝東漢講述：

> 謝道隆妻呂氏於同年十二月一日相隨故去。生前共有六子四女，長子春池開糖廍，並掌管家計，結果把家產全賠光；次子秋涫台灣總督府醫學校畢業，三子春淳夭折，四子秋濤台灣總督府醫學校畢業，五子春源閒賦家中。六子秋汀南滿中學堂畢業後經商。四個女兒分別嫁到豐原、潭子頭家厝、烏日石螺潭等地的望族。秋涫在一九一一年（民國元年）赴滿洲，之後秋濤也去滿洲；秋汀在豐原公學校畢業之後，也去滿洲追隨兄長，這三兄弟在中國滿洲，都開創了一片他們的天地；尤其是六子秋汀，天生的豪邁草莽性格，

〔註12〕廖振富、楊翠著，《臺中文學史》引用謝秋濤，〈小東山詩存跋〉，頁456。

〔註13〕轉引自廖振富、楊翠著，《臺中文學史》（臺中市：臺中市政府文化局，2016年7月），頁72～73。

〔註14〕丘逢甲著，黃志平、邱晨波主編，《丘逢甲集》（湖南長沙：岳麓書社，2001年12月第1刷），頁145。

在滿洲的二十年生涯中，有著無數的傳奇軼事。〔註15〕

謝春池的哲嗣謝文達（西元一九〇一年三月四日～一九八三年一月六日）為飛行員先驅。西元一九一九年畢業於公立臺中中學校（臺中市立臺中第一高級中學前身）。西元一九二〇年十月十七日以自購的飛機，在臺中練兵場進行首次「鄉土訪問飛行」，為臺灣人在原鄉的首次飛行紀錄。謝文達的哲嗣即謝東漢先生。謝道隆的曾孫謝東漢講述，吳餘德記載：謝道隆年近花甲之時，林烈堂就將他家的幼嫻（做細活的婢女）蔡氏紫薇，送與謝道隆為妾。蔡紫薇十五歲歸謝家，十九歲謝道隆過世後守寡。他的兒子就是謝秋汀。

妾蔡紫薇所生子秋汀，秋汀哲嗣謝文昌。謝文昌回憶其父謝秋汀在滿州從事抗日的地下工作云云。〔註16〕

第二節　生壙徵詩

生壙是指生前預造的墳墓。清趙翼《陔餘叢考・生壙》云：

> 司空圖作生壙，每春秋佳日，邀賓友遊詠其上，事見《唐書》。然不自司空生始也。《後漢書・趙岐傳》：岐自為春秋藏，圖季箚、子產、晏嬰、叔向四像導賓位，自畫其像居主位，皆為讚頌，此生壙之始也。《唐書》姚勖自作壽藏於萬安山，署兆曰寂居穴，墳曰復真堂，剜土為床，曰化台，而刻石告後世。盧照鄰隱具茨山下，預為墓區，偃臥其中。李適營墓樹十松，未病時，常往寢石榻上，置所撰《九經要句》及素琴於前。此皆在司空圖之先。〔註17〕

生壙也叫壽域、壽藏，是生前預營的墓穴，見《後漢書・趙岐傳》。「岐自為春秋藏」一句，《後漢書》作「壽藏」。關於生壙典故，《科山生壙詩集》所收作者詩作，多用司空圖的典故來比擬謝道隆築生壙，邀友朋同遊於此，佐以絲竹伎樂。唐末司空圖（字表聖，本臨淮人），見朝廷微弱，紀綱大壞，乃稱疾不仕，隱於中條山之王官谷。嘗擬白居易〈醉吟傳〉為〈休休亭記〉，以三事為例。自謂宜休於山林，又為〈耐辱居士歌〉，耐辱自警，效陶潛、白居易之高節。預為壽藏終制，故人來者，引之壙中，賦詩對酌。布衣鳩杖，

〔註15〕同上註，謝東漢、吳餘德著，《徘徊在兩個祖國》，頁23。
〔註16〕筆者請教謝東漢先生電話訪談西元二〇一九年十二月三日星期二下午三點到四點。
〔註17〕趙翼撰，《陔餘叢考》（台北市：新文豐書局，1975年），卷32。

出則以女家人鸞臺自隨。〔註18〕關於古人自營生壙或豫作銘，民國初年學者
葉昌熾云：

> 今人自營生壙或豫作銘。徵之於古，如唐大中九年襄州別駕韓
> 昶自為墓誌。歿後其孤子書而納之於壙。（錢竹汀云：陶元亮有自祭
> 之文，《舊唐書》載嚴挺之自為墓誌，非昶所創也。）〔註19〕

《舊唐書・嚴挺之傳》記嚴挺之自為墓誌，墓誌云：「陵谷可以自紀，文
章焉用為飾。遺文薄葬，斂以時服。」嚴挺之篤信釋教，事僧甚虔，以祈求
死後有靈祐。遺文薄葬，斂以時服。有釋教簡素之風，有如季札葬子，斂以
時服，便於體也。〔註20〕嚴挺之自為墓誌，蓋古人墓誌銘埋壙中，趙翼《陔
餘叢考・墓誌銘》云：

> 《莊子》云：『衛靈公卜葬於沙丘，掘之得石槨，有銘曰『不
> 憑其子』，靈公乃奪而埋之。』則春秋以前已有銘於墓中者矣。」春
> 秋以前已有銘於墓中，而《陔餘叢考・墓誌銘》云碑表、誌銘之別，
> 碑表立於墓上，誌銘則埋壙中，此誌銘與碑表之異制也。……又夫
> 婦合葬墓誌，近代如王遵岩、王弇州集中，皆書曰「某君暨配某氏
> 合葬墓誌」，識者非之，以為古人合葬，題不書婦，今曰「暨配某者」，
> 空同以後不典之詞也。而考唐、宋書法，則並無合葬字，但云「某
> 君墓誌」而已。其妻之祔，則於誌中見之。此書法之宜審者也。……
> 杜子夏臨終作文曰：「魏郡杜鄴立志忠款，犬馬未陳，奄先草露，骨
> 肉歸於土，魂無所不之，何必故丘然後即化，長安北郭，此焉宴息。」
> 王阮亭引之，以為此又後人自作祭文及自撰墓誌之始也。又《後漢
> 書・趙岐傳》：「岐久病，敕兄子可立一員石於墓前，刻之曰：『漢有
> 逸人，姓趙名嘉，有誌無時，命也奈何。』此亦與杜子夏臨終作文
> 同也。〔註21〕

謝道隆自營生壙既葬其祖母，左右並營己身與妻之生壙，又手撰兩聯鑴
之墓石。以古人言，陶淵明有自祭之文。臨終作文則有杜子夏、趙岐。陶淵

〔註18〕劉昫撰，楊家駱主編，《舊唐書・文苑列傳第一百四十》（台北：鼎文書局，
　　　　1980），卷190，頁5084。

〔註19〕葉昌熾撰，柯昌泗評，《語石・語石異同評》（北京市：中華書局，2005年4
　　　　月第2刷），頁237。

〔註20〕劉昫著，《舊唐書》（北京：中華書局，1997年），〈嚴挺之傳〉頁3103～3106。

〔註21〕趙翼撰，《陔餘叢考》（台北市：新文豐書局，1975年），卷32。

明〈飲酒二十首〉其十一云：「顏生稱爲仁，榮公言有道，屢空不獲年，長飢至於老。雖留身後名，一生亦枯槁；死去何所知，稱心固爲好。客養千金軀，臨化消其寶。裸葬何必惡，人當解意表。」不以裸葬爲惡，但願活著的時候稱心就好。死亡有沒有意義，必須從日常生活中去追尋，孔子所謂「未知生，焉知死。」提醒人珍惜生命，活得充實。

南宋詩人范成大（字致能，號石湖居士，平江府（今江蘇蘇州市人，一一二六～一一九三年）〈重九日行營壽藏之地〉云：

> 家山隨處可行楸，荷鍤攜壺似醉劉。縱有千年鐵門限，終須一箇土饅頭。三輪世界猶灰劫，四大形骸強首丘。螻蟻烏鳶何厚薄，臨風揶掌菊花秋。

其〈得壽藏於先隴之傍，俯酬素願，感慨交懷〉云：

> 密邇松楸地一隅，會心何必問青烏。元宗雖愧鄭公子，沒世尚從先大夫。京兆漢阡賢問望，邢山鄭冢儉規模。家庭遺訓煮菖在，不學邵卿畫古圖。〔註22〕

句用《左傳》「亡曹國社稷」之鄭公子。「京兆」典故見《漢書·原陟傳》。「邢山」典故出自《晉書·杜預傳》：

> 預爲遺令曰：「吾往爲臺郎，嘗以公事使過密縣之邢山，山上有冢，問耕夫，云是鄭大夫祭仲冢，或云子產之冢也。歷千載無毀，儉之致也。」

明代遺民築生壙者如黃宗羲（字太沖，號南雷，一號梨洲，浙江餘姚人。生於明萬曆三十八年（西元一六一〇年），卒於清康熙三十四年（西元一六九五年），得年八十六）自營生壙乃因明末知識分子身遭國亡之痛。明亡之後，他堅守遺民氣節，不仕清朝。誠如黃宗羲在〈謝時符先生墓誌銘〉說：「遺民者，天地之元氣也。然士各有分，朝不坐，宴不與，士之止於不仕而已。」〈謝時符先生墓誌銘〉說：「宋遺民如王炎武者，嘗上書速文丞相之死，而己亦未嘗廢當世之務。是故種瓜賣卜，呼天搶地，縱酒祈死，穴垣通飲饌者，皆過而失中者也。君之所處爲得中矣。」此「得中」之態度，即不仕清朝，但與出仕的人保持聯繫和交往，也不反對子弟和學生去應試，出仕。〔註23〕康熙

〔註22〕范成大著，《范石湖集》（上海市：上海古籍，1981 年），頁 390～391。
〔註23〕黃宗羲著，李廣柏注譯，《新譯明夷待訪錄》（台北：三民書局，2011 年 2 月初版二刷），導論。

二十七年，黃宗羲七十九歲，自知不久於人世，預在化安山其父墓旁，爲己造一墓穴，裡面安放一石床，囑咐家人：「吾死後，即以次日抬至壙中，一被一褥，安放石床，不用棺槨。」死後其子遵其遺命，將他「不棺而葬」，其內心隱痛，如全祖望在其〈神道碑文〉說：「公自以身遭國家之變，期於速朽。」全祖望（字紹衣，號謝山，浙江鄞縣人，西元一七〇五～一七五五年）〈梨洲先生神道碑〉云：

> 公於戊辰冬，已自營生壙於忠端墓旁，中置石床，不用棺槨。
> 子弟疑之，公作〈葬制或問〉一篇，援趙邠卿、陳希夷例，戒身後
> 無得違命。公自以身遭家國之變，期於速朽，而不欲顯言其故也。
> 〔註 24〕

趙邠卿即漢代趙岐，陳希夷即陳摶（字圖南，亳州眞源縣人），趙宋太宗皇帝賜號希夷先生。〔註 25〕生不廢當世之務，汲汲以三代聖君之事爲念，繼絕學、承道統以開萬世之太平，誠爲知識份子之典範。謝道隆自營生壙，又親署葬詩壙，或如黃宗羲以生壙寓無盡哀感，或如明末清初吳偉業（字駿公，號梅村，江南太倉人，西元一六〇九～一六七二年）云：

> 吾一生遭際，萬事憂危，無一刻不歷艱難，無一境不嘗辛苦，
> 實爲天下大苦人。吾死後，斂以僧裝，葬吾於鄧尉靈巖相近，墓前
> 立一圓石，題曰：「詩人吳梅村之墓」。〔註 26〕

謝道隆乃效法黃、吳二人，築生壙以寓臺灣割日之悲痛。清方苞〈兄百川墓誌銘〉：「弟林先兄十歲卒，兄欲於近郊平疇買小丘自爲生壙，而葬弟於其側。」〔註 27〕方苞兄方舟（字百川，號錦帆，安徽桐城人，西元一六六五～一七〇一年）以制藝（八股）文名士，爲邑庠生。方苞此文云：「自以時文設科，用此名家者僅數十人，皆舉甲乙科者。以諸生之文而橫被六合，自兄始。」方舟雖僅是秀才，卻不甘以八股文自限，有高遠的用世之志。〔註 28〕

〔註 24〕全祖望撰，朱鑄禹彙校集注，《全祖望集彙校集注》（上海：上海古籍出版社，2000 年 12 月第 1 版），頁 221。

〔註 25〕脫脫撰，《宋史·隱逸列傳第二百十六》（台北：藝文印書館，出版年不詳）卷 457，頁 5526。

〔註 26〕吳偉業撰、吳翌鳳箋注，《足本箋注吳梅村詩集》（台北市：廣文書局，1982年），書前顧湄撰〈吳梅村先生行狀〉。

〔註 27〕方苞撰，鄔國平、劉文彬注譯，《新譯方苞文選》（台北市：三民書局，2016年 6 月），頁 411。

〔註 28〕同前註，方苞撰，鄔國平、劉文彬注譯，《新譯方苞文選》，頁 407～408。

　　清代文人袁枚（字子才，號簡齋，晚號隨園老人，又號小倉山居士。西元一七一六～一七九七年）於乾隆三十四年己丑（西元一七六九年），在隨園西爲兆域。袁枚〈隨園六記〉云，因有形家來，謀於隨園西爲兆域。袁枚請於其母，以其先父骨骸厝於隨園。〔註29〕又引《晉書·王祥傳第三》，認同王祥子王芬隨葬的曠達，認爲「隨」之時義通乎死生晝夜，而推恩錫類，即《論語·爲政》孟懿子問孝。子曰：「無違。」「生，事之以禮；死，葬之以禮，祭之以禮。」〔註30〕曠達以視生死，又有「愼終追遠，民德歸厚矣。」的孝思。

　　謝道隆自廣東返臺，以醫自給，佯狂遁世，日與詩酒爲伍，偶亦參加櫟社活動。晚年築小東山草堂於大坑村，又稱「小東山別墅」，並營生壙於大甲溪右岸、東勢角西北之山村鍋底窩西面山上。既葬其祖母，左右並營己身與妻之生墳。手撰兩聯鐫之墓石。一曰：「與妻商共穴」、「傍祖可安墳」。一曰；「自營埋骨地」、「人謂葬詩墳」。〔註31〕謝道隆《小東山詩存》中收錄〈科山生壙圖說〉云：

　　　　大甲溪右岸有山村，曰鍋底窩（或稱睦督科），位於東勢角西北距東勢角約數里，四面皆山如仰釜，然村名蓋象形也，其中西山獨高，斂然爲四山之主，謝頌臣先生道隆出金買之。築壙於山半，葬其先祖母左右，並營兩壙，即爲先生夫婦之生墳。墳成，立石爲碑。中鐫其先祖母姓氏，而先生夫婦附之。又手撰兩聯，鐫之墓石。一曰：「與妻商共穴」「傍祖可安墳」，一曰：「自營埋骨地」「人謂葬詩墳」，試立壙上，迴環四顧，則高平在後者如屏，環拱於前者如帳。而左右兩山，則又狀若旗鼓。壙於其間，宛如將軍坐帳，故先生名其地曰：「大帥觀兵」云。〔註32〕

　　謝道隆營造墓地，完成後擇日將盛著祖先骸骨的金斗甕葬入墓穴，並預留墓穴二處，供以後與妻合葬陪伴父母；謝道隆並手撰兩聯鐫之於墓石，其

〔註29〕袁枚著，《袁枚全集（貳）》、《小倉山房文集》卷十二（江蘇：江蘇古籍出版社，1997），頁209。

〔註30〕房玄齡等撰，楊家駱主編，《晉書·王祥列傳第三》（台北：鼎文書局，1980），卷33，頁990。

〔註31〕引自楊哲宏著，〈滄海桑田事萬變，中間不變故人心──談丘逢甲與謝道隆的情誼〉。收於《台灣文學觀察雜誌》第8期。1993年9月出版。謝道隆著，《小東山詩存》（臺中市：謝文昌再次重印，1974年），〈科山生壙圖說〉。

〔註32〕同前註，謝道隆著，《小東山詩存》，《科山生壙詩集》頁1。

一：「與妻商共穴　傍祖可安墳」。其二：「自營埋骨地　人謂葬詩墳」。〔註33〕
謝道隆的曾孫謝東漢講述，吳餘德記載的謝氏家世，提到謝道隆的小東山草
堂，即「小東山別墅」位置在今天台中市大坑風景區，北屯區民政里芎園巷
四十一號的亞哥花園內。謝道隆頗精於勘輿之術：

> 謝道隆頗精於勘輿之術，他在石岡仔的北岸科山（大甲溪之北
> 岸）鼎底窩附近，找到了一處鷹穴，將它買下，該地地勢雄偉，遠
> 望恰似鶼鷹做沖天之姿，穴之北方（正背面）山勢高聳好像鷹的身
> 軀，東西兩向的山勢較低，像鷹的雙翼，正南面的群山之中，橫隔
> 大甲溪成祭壇。謝道隆的想像力很豐富，他將鷹穴的雙翼，比方為
> 兵陣中的左右翼，拱衛著中央的主帥（墓穴）；（這左右翼，又像兵
> 陣中列陣左右的旗鼓，墓穴在中央宛如將軍坐帳，大帥觀兵），謝道
> 隆就將此墓穴稱作「大帥觀兵地」（由此可見謝道隆的兵書看得不
> 少，照理說謝家的後代子孫，應該出很多的高級將領）。鷹類多半不
> 在其巢的附近覓食，多半是飛到很遠的地方去覓食，所以謝道隆說：
> 「我的子孫一定要強很遠的地方發展，他們一定能成功，一定能飛
> 黃騰達」。〔註34〕

謝道隆營建生壙，應營成於西元一九〇六年（光緒三十二年，日本明治
三十九年），西元一九〇七年（光緒三十三年，日本明治四十年）重九後二日，
主人邀櫟社諸子林幼春、林癡仙、林獻堂等人攜技飲酒嬉遊於此。〔註35〕謝
道隆〈九月十一諸子攜妓飲予生壙〉云：「此日墓門花酒會，不妨醉倒美人馱。」
極為風光旖旎。〔註36〕效法唐末司空圖攜妓遊生壙的放達。其與友朋唱和詩，
後裒為《科山生壙詩集》。丘逢甲作序云：

> 自古崎人傑士，身丁世變，無可如何，往往斂其悲歌感憤之思，
> 為放達過情之舉，今復於君遇之矣。君自營生壙，無時月不往。春
> 秋佳日，屢為高會，東山攜妓，饒有先風。而哀樂過人，固非忘身
> 世之感也。已自為歌詩張之，而遺民之能歌詩者，凡與會與不與會

〔註33〕同前註，謝東漢、吳餘德著，《徘徊在兩個祖國》，頁22。
〔註34〕同前註，謝東漢、吳餘德著，《徘徊在兩個祖國》，頁22。
〔註35〕賴志彰編撰，《台灣霧峰林家留眞集》（近、現代史上的活動1897～1947）》（。
　　　　台北：自立報系文化出版部，1989年6月初版）。觀前註，張麗俊《水竹居主
　　　　人日記》（一）1907年農曆九月十一日所記。
〔註36〕同前註，《科山生壙集》，頁1。

者，亦同而張之。託於歌詩，以逃斯世之悲苦，乃遺民無聊之極思。〔註37〕

　　廖振富提到日治時期台灣文人作品的傳播方式，以公開徵詩爲例。一九〇七年五月三十日，謝道隆將丘逢甲爲他寫的〈科山生壙詩序〉拿給櫟社社長傅錫祺欣賞。一九〇八年七月十九日，傅錫祺草擬文章，公開向全臺文人徵詩。傅錫祺負責中部的台灣新聞社，由「台灣新聞」社發布新聞五十枚，其中四十五枚交由陳槐庭發布。又以連雅堂、傅錫祺、林癡仙、林幼春、陳槐庭聯名，於《漢文台灣日日新報》公開徵詩。傅錫祺公布徵詩後，提到作品將彙帙付梓，藉傳不朽。一九〇九年六月十五日，謝道隆的《科山生壙詩集》正式付梓出版。〔註38〕學者廖振富、楊翠著，《臺中文學史》提到謝道隆的《科山生壙詩集》云：

　　　　日治後，謝道隆與弟子傅錫祺、張麗俊等往來密切，又與林癡仙爲忘年之交，因三人皆爲櫟社成員，如林幼春、連雅堂、林獻堂等也多有文學互動。明治三十九年（1906 年），謝道隆選定大坑清濁水口構建別墅，並取謝安東山高臥之意，命名爲「小東山別墅」，常與文友在此聚會吟詠。明治四十一年（1908 年），又於大甲溪畔鍋鼎窩山自營生壙，並柬邀親友，歡飲壙前。文友傅錫祺、林癡仙、林幼春、陳槐庭、連雅堂等五人聯名徵詩，島內文壇傳爲盛事，名流大家紛紛寫詩題贈，詩作於隔年結集，題名爲《科山生壙詩集》。〔註39〕

　　謝道隆選定大坑清濁水口構建別墅，命名爲「小東山別墅」，常與文友在此聚會吟詠。取自東晉名相謝安（字安石，陳郡陽夏（今河南省太康縣）人，西元三二〇～三八五年）東山高臥之意。謝安文治武功均爲後人稱頌，尤其是淝水一戰打敗前秦符堅，收復失地，又急流勇退，乃「高潔」典範。儒者出處大義以此爲準，東山高臥每每成爲歌詠隱逸者的典故。謝道隆也取用謝

〔註37〕同前註，《科山生壙集》，頁 1。

〔註38〕廖振富著，《以文學發聲：走過時代轉折的台灣前輩文人》（台北市：玉山社，2017 年 11 月），頁 43～44。

〔註39〕〈徵詩文啓〉，《臺灣日日新報》，1908 年 8 月 5 日。同前註，廖振富、楊翠著，《臺中文學史》，頁 70～71。《南部臺灣紳士錄》，頁 71。收錄於「臺灣人物誌」資料庫，網址：http://140.120.81.240/ddn/ttswork/-T9.pdf，登站日期：2014 年 9 月 30 日。格式依此書照錄，不做更改。

安東山攜妓的典故以自比擬。謝安好清談，能爲洛下書生詠，簡文帝說：「安石既與人同樂，必不得不與人同憂。」生壙徵詩切合生死憂樂與以文會友的情事，引用謝安典故，誰曰不宜？〔註40〕

此外，《科山生壙詩集》的付梓出版，以詩寫遺民滄桑悲痛，又公開徵詩，島內文壇傳爲盛事。謝道隆與文友傅錫祺、林癡仙、林幼春、陳槐庭、連雅堂等人爲櫟社社員，以此保存宣揚漢文化。現今國家圖書館臺灣記憶（國圖登錄號 LG0000065），收錄由林癡仙編著的《科山生壙詩集》，出版時地是明治四十二年（西元一九〇九年）臺中廳。

丘逢甲與謝道隆乙未年的抗日義舉，也成爲《科山生壙詩集》中，全台文人與名流大家寫詩題贈的重要內容，洪棄生的詩作即再三致意。關於謝道隆乙未年的抗日義舉，營建的生壙，以及身後的文學作品，大正元年（西元一九一二年），謝道隆四子謝秋濤，自臺灣總督府醫學校畢業，將赴東北分發。學者廖振富、楊翠著，《臺中文學史》提到，謝道隆手錄詩作，交付謝秋濤保存，命名《小東山詩存》頗有睹詩思親之意。《小東山詩存》一書包含三個部分，首先是收錄謝道隆詩作的《小東山詩存》；其次是收錄謝道隆、丘逢甲、林癡仙等三人唱和作品的《唱和詩集》；最後則是《科山生壙詩集》，爲明治四十一年（一九〇八年）徵詩所得作品。《科山生壙詩集》共有詩作一百七十三首。作者加上謝道隆，共八十三人。詩集前有丘逢甲〈科山生壙詩集序〉。又有〈科山生壙圖說〉。因此，共有八十四位知名作者。大正四年（西元一九一五年），謝道隆辭世，因總督府公布「臺灣林野調查規則」，嚴格限定葬墓地區域，遂放棄科山生壙，改葬於葫蘆墩下南坑的新塚埔。〔註41〕

一九四五年，謝秋濤在瀋陽刊印謝道隆交付的《小東山詩存》。一九七四年，謝道隆之孫謝文昌再次重印，成爲目前廣爲流傳的底本。《小東山詩存》收錄詩作大多爲日治時期作品，清領時期者相對較少，依內容大抵可以劃分爲「生命情懷」、「交誼唱和」與「乙未戰亂」等三個範疇。〔註42〕

〔註40〕房玄齡等撰，《晉書・列傳第四十九》（北京：中華書局，1997 年），卷 79，頁 2074～2076。

〔註41〕廖振富說謝道隆手錄詩作一百一十首，統計上應有錯誤。廖振富、楊翠著，《臺中文學史》引用謝秋濤，〈小東山詩存跋〉，收錄於《臺灣詩鈔》，臺灣文獻叢刊第 280 種，臺北：臺灣銀行，1970 年，頁 456。

〔註42〕同前註，廖振富、楊翠著，《臺中文學史》，頁 70～71。

一九七四年謝道隆之孫謝文昌再次重印的《小東山詩存》，書序提到收謝道隆詩百十首及友朋唱酬之作，並說謝道隆於中日甲午之戰，清廷議割台澎與日本：「曾刺血上書，誓守國土，並與表叔祖丘逢甲先生等愛國志士聯合抗日，不幸失敗」云云。筆者所參考者即此版本。

若從讀者的層次論生壙詩的作者，徵詩以文會友，讀者就有許多層次。若是將讀者的分為五種，這五種分法主要依據修辭性闡釋。所謂修辭性闡釋，假設在「作者效能、文本現象（包括互文關係），以及讀者反應之間存在著一種循環關係。作者設計文本，以獨特的方式感染讀者，那些文本設計要得以表達，就必須借助於詞彙、技法、結構、形式，以及文本的互文關係，讀者反應作為文本設計過程中所產生的一種功能，能夠指導作者如何通過文本現象對文本加以設計。」〔註43〕

第一種讀者是有血有肉的讀者或實際的讀者，這些人具有個體性，以及共同的人類稟賦。〔註44〕因此，不同時空的讀者各有其喜好與品味。但一代一代讀者接受文本的過程，見證共同的人類稟賦。這類讀者包括謝道隆、洪棄生等人，及此次徵詩活動的主人與所有題詩的作者，以及詩集付梓後的讀者。

一是作者的讀者，即作者的理想讀者。修辭性模型以為：「有血有肉的讀者力圖進入作者的讀者當中，以領會敘事作品為讀者參與所提供的各種激勵因素。」〔註45〕例如以屈原作品為主的《楚辭》，收錄宋玉等人的作品。賈誼、宋玉力圖進入屈原的讀者當中，仰挹其文華詞芳，以再創作楚辭為激勵因素。這類讀者包括謝道隆、洪棄生等人，及此次徵詩活動的主人與所有題詩的作者。讀而有感，感動而發之為文。

一是敘述讀者。「指有血有肉的讀者在敘事世界所採取的觀察者立場。在小說中，我們所採取的這一立場使得我們對人物的真實性深信不疑。這種進入敘述讀者的能力，作為一個重要原因，解釋了我們為什麼可以對虛構性敘事做出情感上的反應。」〔註46〕誠如泰瑞・伊格頓所說，文學援引某個真實脈絡來形構想像世界，但想像世界的意義並未被真實脈絡所限。讀者「想像」

〔註43〕《敘事的本質》，頁315。
〔註44〕《敘事的本質》，頁315。
〔註45〕《敘事的本質》，頁315。
〔註46〕《敘事的本質》，頁315。

出這些事實，從這些事實中建構出想像的世界。例如「小說被置入某個脈絡
之中，它的真實或虛假因此不再是重點。真正要緊的是，小說如何在作品的
想像邏輯裡行動。反映事實與反映人生是兩回事。」〔註47〕前引「觀察者的
立場」，就是指從小說的脈絡，觀察小說如何在作品的想像邏輯裡行動。題生
壙詩這類的讀者中，例如台灣的故老遺民，例如洪棄生〈再題謝君生壙詩後〉
詩以敘事世界中的臺灣故老遺民的觀察者立場，雖以歷史人物做虛構敘事，
但譬喻中國山川地理如墟墳，讓讀者從文字的脈絡，觀察詩歌如何在作品的
「遺民」想像邏輯裡行動。

　　另一種讀者是「受述者」，即敘述者的發話對象，他既可能是人物化的，
亦可能是非人物化的。例如《莊子》中的寓言，「受述者」有些是非人物化的
動植物。題生壙詩這類的讀者例如洪棄生，以文會友因與謝道隆結文字情緣，
洪棄生的寓言詩的「受述者」還包括天帝、方外之人，以及洪棄生題生壙詩
作中繁於用典的歷史人物。而〈生壙詩歌第七〉末云：「我作生祭王炎午，恨
無生氣文天祥。」更暗指清廷當朝政要，生不知效法古人節操，成了棄生諷
刺的「受述者」。

　　另一種是「理想的敘述讀者」。「敘述者心目中所假想的完美讀者，他被
寄希望於敘述者所傳達的每一點精微之意都能做到心領神會。這種理想的敘
述讀者與實際的受述者之間可能會，也可能不會碰巧發生重合，而且對於修
辭性闡釋而言，它既可能是，也可能不是一個重要的組成部件。」

　　因此，理想的敘述讀者，如泰瑞·伊格頓提到亨利·詹姆斯的小說《鴿
翼》中迂迴曲折的文字，使讀者為了解開作者的意義，「必須與作者布置的扭
曲句法奮戰。」〔註48〕兩相比較身為作者的讀者與理想的敘述讀者，兩者近
於劉勰《文心雕龍·知音》強調要做好文學作品鑒賞和評論的方法：

> 凡操千曲而後曉聲，觀千劍而後識器；故圓照之象，務先博觀。
> 閱喬岳以形培塿，酌滄波以喻畎澮。無私於輕重，不偏於憎愛，然
> 後能平理若衡，照辭如鏡矣。是以將閱文情，先標六觀：一觀位體，
> 二觀置辭，三觀通變，四觀奇正，五觀事義，六觀宮商。斯術既行，
> 則優劣見矣。

〔註47〕泰瑞·伊格頓著，黃煜文譯，《如何閱讀文學》（臺北市：商周，城邦文化出
　　　版，2014年1月），頁192～193。
〔註48〕泰瑞·伊格頓著，《如何閱讀文學》，頁198。

「操千曲而後曉聲」是身爲作者的讀者，所謂「六觀」，則又近於理想的敘述讀者了。前述身爲作者的讀者包括謝道隆、洪棄生等人，及此次徵詩活動的主人與所有題詩的作者。理想的敘述讀者，例如洪棄生〈生壙詩歌第七〉末云：「我作生祭王炎午，恨無生氣文天祥。」既諷刺清廷當朝政要，也希望讀者能因讀詩作而針砭起行。讀洪棄生此類詩作，必須與他布置的典故奮戰，但棄生詩古樸坦率之情，希冀有知音之賞。文天祥詩歌主張直承《詩經》以來的傳統云：「詩所以發性情之和也。性情未發，詩爲無聲；性情既發，詩爲有聲。閟之無聲，詩之精；宣於有聲，詩之跡。」性情既發，詩爲有聲。當時反元志士如太學生王炎午寫了〈生祭文丞相文〉，敦促文天祥速死，以全大節。元至元十六年（西元一二七九年），元軍押送文天祥北上燕京，文天祥被囚四年。元人勸降不成，終在至元十九年（西元一二八三年）十二月九日殺了他。因此，洪棄生詩句「我作生祭王炎午，恨無生氣文天祥。」暗指清廷當朝政要，成了棄生諷刺的「受述者」。也希望讀者能因讀詩作而針砭起行，祈求有知音之賞，找尋理想的敘述讀者。張麗俊〈題謝頌臣先生生壙三首〉云：

其一

山水原來樂此翁，天生勝地甲溪東。屏開侍衛苞桑固，帳坐將軍細柳雄。達識人皆服莊子，預謀我又見司空。年年杖履頻來往，管領從今屬謝公。

其二

登臨絕頂卜幽棲，樹色嵐光入眼迷。穴應三臺孫祖共，堂開八面鼓旗齊。參天墓木人親種，鐫石碑文手自營。樂得門前詩酒會，流連直到夕陽西。

其三

大地生成一穴高，先除五患正堪褒。封崇馬鬣閒思孔，吉卜牛眠笑學陶。萬仞瑤封聯玉笏，滿林皓月湧銀濤。他年傍祖安居處，多士登臨意氣豪。〔註49〕

其一將謝道隆比擬爲莊周和司空圖，謝道隆是先賢文章「理想的敘述讀者」，能上法古人。其二言謝道隆「鐫石碑文手自營」，則末二句「樂得門前

〔註49〕謝道隆著，《小東山詩存》（臺中市：謝文昌再次重印，1974 年），頁 41。

詩酒會，流連直到夕陽西。」其中文人屬於敘述讀者。其中有臺灣的故老遺民，在謝道隆作品的想像邏輯裡行動。張麗俊〈重九後二日飲於謝頌臣先生生壙三首〉云：

其一

風雅如公素罕聞，頻邀士女造生壙。尋常未解高人意，漫把清狂笑謝君。

其二

車聲轆盡甲溪邊，安步徐行傘影連。最愛清陰垂路曲，秋光滿眼壽壙前。

其三

巾釵列坐綺筵開，疊嶂重巒拱夜臺。短唱低吟人散後，餘音猶繞碧山隈。〔註50〕

其一張麗俊自認是謝道隆作品的「理想的敘述讀者」，感嘆「尋常未解高人意」。讀者是「受述者」，即敘述者的發話對象，例如其三末云：「餘音猶繞碧山隈」，山河大地彷彿成了「受述者」。

〔註50〕謝道隆著，《小東山詩存》（臺中市：謝文昌再次重印，1974年），頁50。

第二章　謝道隆交遊

　　謝道隆《科山生壙詩集》中，臺灣傳統文人爲傳承漢學，對抗日人殖民統治，遂組織詩社以廣吟詠、以通聲氣。懷抱遺民騷情，隱逸以求志者，當推櫟社詩人。櫟社成立於日治時期，享有「臺灣第一影響力詩社」美譽。學者廖振富考證，櫟社核心成員積極參加日治時期的政治運動。此社約在一九〇一年由林家下厝的林朝崧（一八七五～一九一五），林幼春（一八八〇～一九三九）叔侄，與彰化人賴紹堯（一八七二～一九一七）發起。一九〇三年三月該社在臺中「瑞軒」集會，以九人爲共同發起人，組織成社，帶動全臺詩社的興起。之後臺南「南社」，成立於一九〇六年。臺北「瀛社」成立於一九〇九年。與櫟社合稱「三大詩社」，此爲臺灣詩社最著者。〔註1〕以下論謝道隆《科山生壙詩集》中，詩作作者隸屬櫟社、南社、瀛社等全臺詩社的社員，擇要言之。櫟社與日本當局的關係，廖振富云：

> 　　綜合而言，櫟社第一代的組織成員，幾乎都是舊學背景出身的傳統文人，思想背景多半具有深厚的漢族意識殆無可疑，但在現實環境中，基於各種複雜的考量，使得社員的政治立場十分多元。例如林獻堂、林幼春、蔡惠如等人是積極以行動抗日的民族運動領導人；而前後兩任社長：賴紹堯與傅錫祺，乃至陳瑚、陳槐庭、林仲衡、吳子瑜、張麗俊等人，則從未選擇與日本官方站在對立面，反而不排斥與執政者適度合作妥協。尤其傅錫祺擔任社長將近30年（1917～1946），是該社的靈魂人物之一，但他對日本治台當局的態度，向來在「抗拒」與「妥協」之間擺盪游移，並不贊成政治運動；

〔註1〕廖振富、楊翠著，《臺中文學史》（臺中市：中市文化局，2016年7月二版），
　　　頁83。

另外，蔡啓運、王石鵬、林耀亭、連橫等人，分別曾在不同階段對
日本當局採取較爲明顯的迎合態度。〔註2〕

單就台灣傳統文人與日本治台官員的詩歌唱和來說，論者吳毓琪考察南
社資料發現：一九一八到一九三六年是台灣總督的文官時代，此期間台灣總
督爲拉近傳統文人的距離，也爲達到粉飾昇平的目的，乃召開翰墨宴。而南
社在這段期間因受總督府之邀約，遂派員參加。日治時期統治者與台灣傳統
文人，在各取其利的因素之下，遂促成詩社的蓬勃發展。〔註3〕論者吳毓琪論
述一九二七年三日二十一日，第十一任總督上山滿之進邀集正在參與「全島
聯合吟會」之各社詩友，參與總督府官邸雅集，參加者有趙鍾麒、連橫、黃
溪泉、楊宜綠、洪坤益。

其實更早之前如館森鴻、尾崎秀眞編著《鳥松閣唱和集》。此集出版地台
北府，出版者《臺灣日日新報》，西元一九〇六年出版。當時臺灣的民政長官
後藤新平（號棲霞，陸中國膽澤郡鹽釜村（今日本岩手縣）人，西元一八五
七～一九二九年），其〈鳥松閣偶蹄二首〉之一云：

> 我官邸庭園有鳥松兩株，凝清積翠，鬱然蔽空，蓋臺北城中最
> 古樹而爲秦松漢柏之亞，因榜書室曰：「鳥松閣」。賦七絕二首。

> 山繞江城氣勢雄，青天白日斷長虹。鳥松盤鬱開高閣，風景居
> 然入畫中。

謝道隆詩作〈敬和棲霞先生鳥松閣作〉云：

> 松聲吹地怒濤雄，雨霽遙天見斷虹。小閣公餘閑植笏，觀音山
> 色落窗中。

> 使節分藩海外天，騷壇牛耳執詩權。淡江風月吟難盡，畫手還
> 須覓自然。〔註4〕

此詩收在館森鴻、尾崎秀眞編著《鳥松閣唱和集》。此二詩自然是應酬之
作，但可看出謝道隆並非毫不接觸日本官員。據謝道隆曾孫謝東漢先生的敘
述，謝道隆的遺照中，有他留辮與日本人合照的照片，可以證實。〔註5〕

〔註2〕廖振富著，《櫟社研究新論》（臺北市：國立編譯館，2006 年 3 月初版），頁
304。

〔註3〕吳毓琪著，《南社研究》（臺南市：南市文化中心，1999），頁 120。

〔註4〕同前註，施懿琳主編，全臺詩編輯小組編撰，《全臺詩》第拾壹冊，頁 66。

〔註5〕筆者請教謝東漢先生電話訪談西元二〇一九年十二月三日星期二下午三點到
四點。

　　論者吳毓琪認為日治時期以臺南地區詩人為主的南社，是繼承臺南詩文社之發展。追其肇始，本自明末清初流寓臺灣的明朝遺民沈光文等人籌組的「東吟社」，影響所及遂有崇正社、斐亭吟會、浪吟詩社在台南成立及活動，故而南社之所以成立，亦即沿襲著臺南詩社之地方傳統而來的。吳毓琪將南社之前的臺南各詩社分述如下：（一）崇正社。創立者許南英，創立於西元一八七八年（清光緒四年），邀集與同里士人於竹溪寺鬥韻敲詩，如：陳望曾、施士浩、汪春源、丘逢甲等人，崇正社被譽為清代臺南詩社之濫觴。〔註6〕（二）斐亭吟會。創立於西元一八八九年（清光緒十五年），臺灣兵備道唐景崧，將當時臺南道署舊有的斐亭，葺而新之，輒邀僚屬作文字飲。〔註7〕當時參與者有：羅大佑、唐贊袞、施士洁、林啓東、汪春源、蔡國琳等人。論者吳毓琪認為正因斐亭吟會中台灣傳統文士烹酒吟詩，如同魏晉名士之蘭亭佳敘，名士風流漸次薰染著台島士紳，臺灣詩社聚會之風氣由是蓬勃。〔註8〕（三）從浪吟詩社到南社

　　浪吟詩社的成立，論者吳毓琪認為西元一八九一年（清光緒十七年）許南英南歸，奉命辦理墾土化番事宜，因而懇辭蓬壺書院山長一職，轉薦蔡國琳。「當時許南英趁閒暇邀集蔡國琳、趙鍾麒（雲石）、胡殿鵬（南溟）、謝維巖（石秋）其他詩友，組織浪吟詩社，欲藉其浪漫狂吟，猶如楚大夫之假託風騷。」〔註9〕日治時期，西元一八九七年（明治三十年）更邀連雅堂、李少青等入杜，重振浪吟詩風，當時社員約有十人，月必數會，會則賦詩，春秋佳日，復集於城外之古刹，遂使台南名勝古刹無不有浪吟墨瀋。然隨著詩友相繼凋零，有感於浪吟詩杜日漸沈寂，蔡國琳、趙鍾麒、連橫、謝維巖、楊宜綠、陳渭川等人欲重振詩風，於西元一九〇六年（明治三十九年丙午）冬改創南社。連橫〈臺灣詩社記〉裡清楚記述此段掌故：

　　　　耆舊凋零，騷壇減色，然而運會之來，莫可阻遏，台灣詩社以
　　　是起焉。……余歸自滬上，鄉人士之為詩者漸多，而應祥忽沒，乃
　　　與瘦痕、吳楓橋、張秋濃、李少青等結浪吟詩社，凡十人。月必數
　　　會，會則賦詩，春秋佳日，復集於城外之古刹，凡竹溪、法華、海

〔註6〕吳毓琪著，《南社研究》（臺南市：南市文化中心，1999），頁72。
〔註7〕連橫著、黃美玲選注，《連橫集》（臺南市：台灣文學館，2012年12月），頁244。
〔註8〕吳毓琪著，《南社研究》（臺南市：南市文化中心，1999），頁72。
〔註9〕吳毓琪著，《南社研究》（臺南市：南市文化中心，1999），頁72。

會諸寺，靡不有浪吟詩社之墨瀋。朋簪之樂，無過於斯。乃不十數
年，相繼徂謝，今其存者唯余與蔡老迂而已。回首前塵，寧無悲痛。
始丙午冬，余以社友零落，復謀振起，乃與瘦痕邀趙雲石、謝籟軒、
鄒小奇、楊宜綠等改創南社。〔註10〕

　　論者吳毓琪認爲：「由是可知，浪吟詩社乃臺南前清文人雅集朋簪的詩酒
之會，平日聚集古蹟名刹，課題賦詩，直到一九〇六年社員相繼徂謝，始由
連橫等人改創南杜，而浪吟詩社亦告功成身退，以南社接續此文化之大業。」
〔註11〕

　　西元一九〇六年（光緒三十二年，明治三十九年），原浪吟詩社社員蔡國
琳、胡殿鵬、趙鍾麒、謝維巖、陳渭川、連橫等人，再邀集楊鵬搏、羅秀惠、
連城璧等詩友，於是年冬天創立南社，凡十餘人。「迨己酉（一九〇九年）間，
入社者多至數十，奉蔡玉屏（國琳）先生爲長。嗣玉屏逝，改奉雲石（趙鍾
麒）。辛亥春，開大會於兩廣會館，全臺之士至者百人。鯤鯓、鹿耳間，聞風
而起者以百數。斐亭鐘聲，今繼響矣。」論者吳毓琪認爲，自此南社成爲台
南詩壇之中堅，直至民國四十年（一九五一年）併入延平詩社爲止。〔註12〕
吳毓琪認爲：「台灣傳統文人創設詩社，非但能振興地方文風，亦期在日本統
治者壓制台人之際，發揚傳統漢文化。因之，南社之所以成立與殖民統治的
時代環境密切相關。日人治台期間對於漢民族的文化習俗多加以管制，導致
漢文化衰頹不振，影響所及，傳統社會的群德觀念因此淪落，使傳統知識份
子憂心忡忡，遂紛紛倡組詩社，欲振此弊。」〔註13〕

　　論者吳毓琪分析，日治時期，南社中屬於士紳階級的社員，被日人延聘
任事者有：蔡國琳任台南縣參事；趙鍾麒任台南法院通譯；羅秀惠曾出任「揚
文會」幹事；楊鵬搏任台南第一區、東區區長及台南廳參事；黃欣擔任過的
公職極多，除任台南西區區長及地位極高的台灣總督府評議委員，尚有其他
公職頭銜。〔註14〕論者吳毓琪分析南社社員的職業，有商人黃欣，曾任教職
者有：

〔註10〕連橫著、黃美玲選注，《連橫集》（臺南市：台灣文學館，2012 年 12 月），頁
　　　　245。
〔註11〕吳毓琪著，《南社研究》（臺南市：南市文化中心，1999），頁 74。
〔註12〕吳毓琪著，《南社研究》（臺南市：南市文化中心，1999），頁 74〜75。
〔註13〕吳毓琪著，《南社研究》（臺南市：南市文化中心，1999），頁 77。
〔註14〕吳毓琪著，《南社研究》，頁 136。

　　蔡國琳、趙鍾麒、胡殿鵬、王來、林馨蘭、羅秀惠、謝國文、林逢春、許子文及韓子明。蔡國琳曾任書院教諭，趙鍾麒、胡殿鵬、王來、林馨蘭、林逢春（珠浦）、許子文、韓子明在鄉間設帳授徒，擔任塾師。羅秀惠、謝國文及林逢春則任公學校漢文教師。南社社員中曾設帳垂教者實為數不少，他們通過教育，教授漢文，於日本統治者施行同化教育的同時借此以保存漢文命脈。〔註15〕

　趙鍾麒、胡殿鵬、林馨蘭、羅秀惠都因謝道隆生壙徵詩而題贈。至於南社社員中以記者為業的，依據吳毓琪分析

　　再者，一九○○年連橫主《台南新報》時，曾廣邀南社社員任漢文部記者，當時加入者有：謝維巖、胡殿鵬、陳渭川、王來、楊宜綠、林馨蘭、蔡佩香、黃得眾、趙雅福等人。一時間《台南新報》漢文主筆者幾乎為南社社員，也因此《台南新報》中「詩壇」專欄，似乎成為南社社員詩作的發表園地。除此之外，有關南社或其他詩社的活動消息，該報都有所刊載；甚至，也開闢「支那文學史」專欄，專門介紹中國古典文學史。屬於日本官報的《台南新報》，一九○○年後在這群傳統文人經營下，饒富中國古典文學氣息，但在日本殖民強權的壓迫之下，這股文學氣息僅維持到一九二二年五月三十一日，而後該報的漢文版縮減為一版，僅留小版面刊登詩作，其餘的訊息便相當罕見。

　　頗值得注意的是，南社社員參與日本官報《台南新報》及《台灣日日新報》編務者甚多，這群地方鄉紳在「不願仕倭」的觀念下未任公職，但又不得不聽命日本統治者的刻意安排，在此兩難的情況下，他們選擇擔任官方報紙的記者。報紙是發表言論的地方，也是新聞傳播的媒體，儘管在殖民強權之下言論不得自由，但主持官方報紙的漢文部筆政，卻可使其在夾縫中尋求發展傳統文學的空間。〔註16〕

　論者吳毓琪分析南社社員中，謝維巖因謝道隆生壙徵詩而題贈。謝維巖、謝鯉魚之父謝四圍，自營糖粉，兼業鹽、煙，商號為英泰行，為郡治巨富。此外，生壙徵詩又收錄南社社員楊雲程（鵬摶），其父名在仁，從商致富。南

〔註15〕吳毓琪著，《南社研究》，頁 137～139。
〔註16〕吳毓琪著，《南社研究》，頁 137～139。

社首任社長蔡玉屏（國琳），其家世代皆得功名，乃書香世家。〔註17〕南社社員除了以新聞傳播的媒體在夾縫中尋求發展傳統文學的空間。因詩友間的徵詩活動而題贈，也是以文會友，以友輔仁，互通聲氣的方式。

至於北部瀛社成立於西元一九〇九年。成員如林馨蘭（字湘沅，又署湘畹，號六四居士，又號壽星，生於臺南後壁，後遷居今臺南市青年路，同治九年庚午（西元一八七〇年）～一九二三年十二月三十日），為清代遺儒。二十六歲遭遇臺灣割日，隨父攜眷避難內渡。日治後三年回到臺南，後來看到日人施政，終將消滅臺人固有文化，乃出任全臺日報記者，繼任《台南新報》記者。西元一九〇六年（光緒三十二年，明治三十九年），趙雲石、謝籟軒、連橫等倡創南社詩社，推其師蔡國琳為社長，趙雲石為副社長，幹事楊鵬搏、謝賴軒，而林馨蘭為社員之一。後來謝汝銓（字雪漁，前清秀才，臺南油行尾街人，南社社員，著有《詩海慈航》上下二卷）引薦下，轉職《台灣日日新報》。謝汝銓主該報中文部筆政。謝和林兩人於西元一九〇九年己酉（清宣統元年，日明治四十二年）倡設詩社瀛社。於此年四月五日（舊閏花朝）假艋舺平樂遊旗亭開創立大會，推洪以南為社長，謝汝銓為副社長。林馨蘭和謝道隆的詩作酬贈，如〈賀謝頌臣先生之令郎秋濤君花燭〉云：

> 風和水泮近陽回，鳳管鸞笙雅奏催，從此向平願漸畢，第三玉樹又開花。

> 連日笙歌響畫堂，椿萱並茂喜添長，烏衣門巷今猶昔，乳燕雙飛變鳳凰。

> 送君歸去慶團圓，喜得嫦娥正少年，他日重來修學業，定知卻扇有新篇。

> 料得連朝酧應忙，賓朋團坐賦催粧，羈身未得躬趨賀，遙寄洞房樂一章。

四首詩堂皇喜慶，歌詠謝頌臣先生之令郎秋濤君新婚琴瑟和鳴，並有賀壽添好的美意。《全臺詩》所收謝道隆詩七絕四題九首，七律兩題兩首。〔註18〕其中〈合歡床〉云：

> 宜家宜室好姻緣，七寶裝成八尺懸。繡幕揭時成眷屬，錦幃放

〔註17〕吳毓琪著，《南社研究》，頁 132～134。
〔註18〕施懿琳主編，全臺詩編輯小組編撰，《全臺詩》第拾壹冊（臺南市：臺灣文學館，2008 年 3 月），頁 49～67。

處護團圓。鴛鴦枕上欣交頸，花燭光中喜共眠。珍重預將婚禮祝，願祈瓜瓞慶綿綿。

此詩收在徐青山《青山吟草》，題云：「祝徐青山先生令郎瀛洲先生與采貞女士聯婚典禮擊缽吟會會上所作。」〔註19〕風格和林馨蘭詩相似，堂皇喜慶，並祈願新婚夫妻早生貴子。此外，林馨蘭〈頌臣前輩偕植亭、癡仙、錫祺、獻堂聯袂北上遊席上賦呈〉云：

> 詩仙聯袂步玉墀，天風吹落淡江湄，企求聲應辦香拜，雲龍上下願追隨；康樂騷壇老盟主，忘年下交友兼師，同來弟子稱高足，袖得董狐筆一枝；吾宗一門稱極盛，聲律雅洽吹塤箎，更有閉門工索句，艷體爭傳樓十宜；不才飽落愧剪陋，聞聲早已切想思，神交十載一聚首，聚首曾無十日期；縱俟上壽臻百歲，如斯歡會能幾時，斗酒傾盡且莫辭，古來百事不可知；梓澤邱墟蘭亭已，一飲不醉何其癡，酒酣興發歸來晚，屋梁月落影參差。〔註20〕

此詩寫櫟社詩人北上參加瀛社活動。以康樂謝靈運比擬謝道隆，推為詩壇盟主，固然是應酬語。然詩人雅集，追蹤蘭亭高風，詩興深濃。

自一九二四年初春開始，有全台詩社大會之活動，其緣起據連橫〈台灣詩社大會記〉言，自一九二四年初春開始，台中開中嘉南聯合吟會，北部詩人亦有至者，乃議聯合全台吟社，歲開大會一次，以孚聲氣，眾皆贊同。〔註21〕據王則修〈祝光文吟社創立典禮〉一文所述詩社大會乃採輪流舉辦方式：「每年唱開大會一次，始南社、繼櫟社、終瀛社。有時自南而北，有時自北而南，輪為大會東道主。」〔註22〕在此之前，櫟社詩人北上參加瀛社活動，詩友文會的作品如謝道隆〈往台北林湘沅以詩見贈次韻答之〉云：

> 洞仙窟裡酒杯傾，瀛北推君負盛名。老去文通才欲盡，偏師未敢撼長城。〔註23〕

〔註19〕同前註，施懿琳主編，全臺詩編輯小組編撰，《全臺詩》第拾壹冊，頁65。
〔註20〕盧嘉興原著，呂興昌編校，《臺灣古典文學作家論集》（臺南市：南市藝術中心，2000年11月版），頁617～680。
〔註21〕吳毓琪著，《南社研究》（臺南市：南市文化中心，1999），頁127。連橫編撰，《台灣詩薈》上冊（南投：台灣省文獻委員會，1992年），頁267～268。
〔註22〕吳毓琪著，《南社研究》（臺南市：南市文化中心，1999），頁127。此文載於盧嘉興著，〈日據時期南縣詩文大家王則修〉，收錄於《台灣研究彙集》第十集（臺南市：臺灣製鹽總廠，1970年8月），頁3～18。
〔註23〕謝道隆著，《小東山詩存》（臺中市：謝文昌再次重印，1974年），頁11。

推崇林馨蘭是詩界的長城。〈在洪以南詩仙窟席上〉云：

　　主賓歡笑一樽同，置酒花間喚小紅。只恐風光不相稱，少年場

裡白頭翁。〔註24〕

詩酒文會又有小紅侑酒，以少年場裡白頭翁自嘲。〈台北諸友開歡迎會於平樂遊〉云：

　　今宵詩酒會群英，平樂樓頭月正明。愧我頹唐疎筆墨，間遊到

此也歡迎。〔註25〕

櫟社詩人參加瀛社活動，雅集盡興，主賓盡歡。以下先敘述丘逢甲和林癡仙，兩人與謝道隆交情甚篤。謝道隆是丘逢甲表兄。再敘述櫟社、南社、瀛社等全臺詩社的社員。

一、丘逢甲

丘逢甲（譜名秉淵，因出生於甲子年，又名逢甲，又名倉海，滄海，字仙根，號蟄仙，又號仲閼，蟄庵，離臺後則常自署倉海君、南武山人、海東遺民等，祖籍廣東鎮平（今蕉嶺），台灣苗栗縣人。一八六四～一九一二年）丘逢甲一族於乾隆年間來臺，初居於東勢角，至丘逢甲祖父時，遷居葫蘆墩經營布莊為業，不料遭逢戴潮春事件，舉家避難遷居淡水廳銅鑼灣（今苗栗縣銅鑼）。

論者廖振富敘述丘逢甲生平，丘逢甲父親邱龍章，謀求科舉出身，於咸豐六年（一八五六年）補臺灣府學生員，兩年後再補廩貢生。此後，以設帳講學為生，常受聘擔任世家大族之西席教師，形跡輾轉於現今臺中、苗栗、新竹一帶。丘逢甲自四歲起便由父親教讀，六歲能吟詩作對，七歲能夠撰寫文章，聰穎異常而有神童之譽。同治十一年（一八七二年），邱龍章受聘至三角莊（今神岡）魏家設教，丘逢甲亦伴隨讀書。因地緣關係，邱龍章結識時在神岡呂家勾留的吳子光，兩人交誼甚篤，丘逢甲也因此機緣拜入吳子光門下求學，進而與呂氏昆仲三人往來密切。〔註26〕

光緒三年丁丑（一八七七年），丘逢甲虛齡十四，其父丘龍章親自帶他去府城臺南應童子試。按規定考試要寫一賦、一詩、一詞。是科賦題為〈窮經

〔註24〕謝道隆著，《小東山詩存》（臺中市：謝文昌再次重印，1974 年），頁 11。

〔註25〕謝道隆著，《小東山詩存》（臺中市：謝文昌再次重印，1974 年），頁 12。

〔註26〕轉引自廖振富、楊翠著，《臺中文學史》（臺中市：臺中市政府文化局，2016年 7 月），頁 73。

致用賦〉，要求考生以題中五字爲各段的韻，撰寫一篇策論。丘逢甲在首段以漢代名儒董仲舒爲例破題：「半窗月白，一盞燈紅。正其誼而不謀其利，明其道而不計其功。初曾治遍春秋，會心獨遠；後果見諸事業，應用無窮。」此外，考試的詩題是〈賦得「天容海色本澄清」，得清字七言八韻〉。丘詩八句云：

> 偶然信步上高城，一片空明入望平。只覺天容眞潔淨，但看海色最澄清。微雲散後鵬收翼，巨浪低時雁有聲。遍覽乾坤借眾士，春風得意馬蹄輕。

此外，考試的詞題是〈窮經致用・調寄西江月〉，丘詞是：

> 興起八叉才健，吟成七步才雄。更兼經史滿懷中，只覺大材適用。
>
> 欲布知時甘雨，願乘破浪長風。他年位若至三公，定有甘棠雅頌。

丘逢甲此試的表現深受考官謝怡吾，以及主考官，時爲福建巡撫兼學臺丁日昌的稱譽。丁氏目其爲「奇童」，拔爲是科院試第一名，除舉爲案首，刻「海東才子」印贈之以嘉其才學。〔註27〕光緒四年（西元一八七八年）中舉，翌年中進士，授工部虞衡司主事，不久便辭官還鄉，主講各地書院。丘逢甲曾參與臺灣民主國抗日運動，光緒二十一年乙未（西元一八九五年）割臺之際，曾任副總統兼民軍統領，在日軍登陸六日後，即西渡返回鎮平祖居地。民國成立之初，被選爲廣東省參議員，不久病逝，得年四十八歲。一生詩作達五千多首，今存二千餘首，各體兼備而語言圓熟，風格多樣，其內渡後作品大多懷念臺灣、感憤時事，慷慨悲痛，最爲感人。在臺詩作有《柏莊詩草》，離臺之後著有《蟄庵詩存》、《柏莊詩草》、《羅浮遊草》等，合輯爲《嶺雲海日樓詩鈔》。梁啓超譽爲「詩界革命鉅子」、「天下健者」。柳亞子則讚道：「時流競說黃公度，英氣終輸倉海君。」

丘逢甲昆仲與霧峰林家結姻親之好。丘逢甲寫於一九〇二年（光緒廿八年壬寅）〈恭祝誥封恭人林大母羅太恭人八旬開一壽序〉的祝壽文系爲林獻堂之祖母亦即林文欽之母八十一大壽所撰之祝壽文。林文欽曾於西元一八八五年光緒十一年（時年三十一）與丘逢甲同赴福州考舉未果，光緒十九年才中舉。而丘逢甲爲光緒十四年中舉，次年入春闈。林文欽于一九〇〇年亡故，享年四十六歲。林獻堂爲其長子。丘逢甲娶的是林獻堂的堂姊、名爲卓英之

〔註27〕徐博東、黃志平著，《丘逢甲傳》（台北市：海峽學術出版社，2003 年），頁18～21。

靈位。而其三弟丘樹甲公娶林金盞，亦是林獻堂堂姊。林金盞後隨丘樹甲至
大陸，日治時曾返臺，於大陸老逝。〔註28〕

　　丘逢甲〈離臺詩六首〉爲七言絕句，收於清光緒二十一年（一八九五年）
《嶺雲海日樓詩鈔》卷一，〈乙未稿〉。〈離臺詩六首〉詩序云：

　　　　將行矣，草此數章，聊寫積憤，妹倩張君，請珍藏之，十年之
　　後，有心人重若拱璧矣。海東遺民草。

其一

　　　　宰相有權能割地，孤臣無力可回天！扁舟去作鴟夷子，回首河
　　山意黯然。

　　此詩宰相指李鴻章，孤臣指丘逢甲自己。回天比喻扭轉難以挽回的局勢。
鴟夷子指春秋時代越國大夫范蠡。范蠡離開越國後，乘舟至齊國，並更改姓
名，自號鴟夷子皮。丘逢甲以范蠡自比，有自責無力守土，只能離臺避禍的
愧疚，心神因此沮喪黯然。丘逢甲率義軍抗日失敗後，準備攜家內渡，臨行
作離臺詩六首，本詩前兩句以有權的「宰相」和無力的「孤臣」對比，帶出
作者深沉的悲憤；後兩句以范蠡自比，暗示離臺避禍的自責心情。全詩激越
感憤，更覺沉鬱深厚。據學者研究，〈離臺詩六首〉作於乙未年六月初四日（公
元一八九五年七月廿五日）晚，丘逢甲率臺中義軍抗日事敗，內渡大陸的前
夕。六月初四夜，丘氏與謝道隆等急行至臺中大雅鄉上楓村張曉峰家，叩開
私塾「學海軒」大門，索箋未得，便在《增補全圖足本本草備要》一書的後
頁空白處，倉卒題寫了這六首詩，詩稿交妹夫張曉峰收藏。次日搭乘由張家
「源發」商號提供的帆船，自塗葛堀港啓航內渡（一九一二年，受山洪暴發
和海潮倒灌的夾擊，此港已被淹毀）。〔註29〕

　　丘逢甲於乙未年（西元一八九五年）之前，所作詩〈柬頌臣〉爲七言律
詩，收入《柏莊詩草》，詩云：

　　　　一榻眠雲自在身，米鹽中饋任艱辛。臥添佳句何嫌病？食有先
　　疇不算貧。妙語解吟花姊妹，古方能辨藥君臣。應知屢負遊山約，
　　昏嫁年來已累人。（原注：君少作有佳句云：「姊妹同看姊妹花。」

〔註28〕同前註，丘逢甲著，黃志平、丘晨波主編，《丘逢甲集》，頁830～834。
〔註29〕同前註，丘逢甲著，黃志平、丘晨波主編，《丘逢甲集》，頁145～146。張明
　　　正著，《丘逢甲進士內渡與燒紅炮考》（臺中市：逢甲大學編印《丘逢甲與臺
　　　灣歷史文化》學術研討會論文集，1996年）。吳宏聰、李鴻先主編，《丘逢甲
　　　研究——一九八四年至一九九六年專集》（廣東：廣東人民出版社，1997年）。

與君累約游山不果，聞今春將嫁女云。）〔註30〕

此詩言謝道隆長於歧黃之術，以及春來將嫁女等家事。〈病起戲柬瑜玉頌臣〉為七言律詩，收入《柏莊詩草》，詩云：

> 春風一月臥繩床，約束詩情怕放狂。未許看花邀夢得，苦教秤藥累眞長。（原注：瑜玉屢給藥物，頌臣並爲定方。）悶懷借遣「天中記」（原注：時閱唐宋人小說，擬爲類集。），急效旁求海上方（原注：兼用西醫藥。）。自是消摩能愈疾，人間惜少杜蘭香。〔註31〕

用《太平廣記・七仙女・杜蘭香》仙女杜蘭香的典故也，杜蘭香於洞庭包山降張碩家，蓋修道者也。不知張碩仙官定何班品。漁父亦老，因益少，往往不食。亦學道江湖，不知所之。出《墉城集仙錄》。仙人不可求，人間疾患當求良醫良方，方有療效。〈謝四以蹭蹬詩見示即次其韻〉收入《柏莊詩草》，詩云：

> 詩境居然似放翁，窮愁時節句尤工。莊周有論難齊物，殷浩無書不向空。送炭人稀深巷雪，破帆天厄截江風。中年憂樂君家感，但解豪吟也自雄。〔註32〕

此詩言謝道隆中年憂樂，雖窮愁而書空咄咄，然詩窮後工，詩境轉似陸游。〈送頌臣之臺灣八首〉其六，收於光緒二十二年（一八九六年）〈丙申稿〉。詩云：

> 親友如相問，吾盧榜念臺。全輸非定局，已溺有燃灰。棄地原非策，呼天儻見哀。十年如未死，捲土定重來。〔註33〕

丘逢甲的住所標榜著「思念臺灣」的字樣。一定要捲土重來，收復故土，遺民悲憤溢於言表。〈春愁〉收於光緒二十二年（一八九六年）〈丙申稿〉。詩云：

> 春愁難遣強看山，往事驚心淚欲潸。四百萬人同一哭，去年今日割臺灣。〔註34〕

四百萬人指臺灣當時總人口。去年今日指一八九五年四月十七日，清王朝與日本簽訂喪權辱國的馬關條約，將臺灣割讓給日本。

〔註30〕同前註，丘逢甲著，黃志平、丘晨波主編，《丘逢甲集》，頁100。
〔註31〕同前註，丘逢甲著，黃志平、丘晨波主編，《丘逢甲集》，頁101。
〔註32〕同前註，丘逢甲著，黃志平、丘晨波主編，《丘逢甲集》，頁139。
〔註33〕同前註，丘逢甲著，黃志平、丘晨波主編，《丘逢甲集》，頁197。
〔註34〕同前註，丘逢甲著，黃志平、丘晨波主編，《丘逢甲集》，頁199。

丘逢甲〈中秋夕烏石崗眺月同三弟崧甫作〉七律，收於清光緒二十一年（一八九五年）《嶺雲海日樓詩鈔》卷一，〈乙未稿〉。崧甫，即丘樹甲（一八七三～一九〇〇），早慧能詩，甲午秋協助丘逢甲籌建臺灣義軍抗日，事敗內渡。與逢甲兄弟情深，詩云：

> 秋風送暑夜光寒，高會依然似子桓。彈指仙凡相隔易，（原注：崗爲楊子仙師舊遊地）稱心人月並圓難。榴香客裏新詩卷，潮滿天涯舊將壇。猶有山河留影在，不妨千里且同看。〔註35〕

烏石崗，在今廣東蕉嶺城東南四里，東山楊子仙師廟側。「潮滿天涯舊將壇」，「猶有山河留影在」，回首乙未抗日事，心懷悵惘。崧甫原作云：

> 萬里秋光澈廣寒，神仙洞府好盤桓。幾人豪氣傾杯樂，一曲高歌行路難。當日防秋眞畫餅，（原注：客歲隨家兄奉命辦全臺義軍，於中秋前後辦起。）今宵覓句費登壇。故山同此團欒月，獨向紅羊劫裏看。

其弟丘樹甲「當日防秋眞畫餅」，直言當年戰事空有謀略而徒成畫餅之譏。謝道隆的和作云：

> 巢鵲初安尚覺寒，偶逢佳節且盤桓。一腔熱血因秋冷，九轉枯腸索句難。昔日仙人揮塵地，今宵詞客作騷壇。傷心祇爲團欒月，獨在他鄉把酒看。

謝道隆末句寫與丘氏昆仲千里遠隔，適逢中秋而望月思人。丘逢甲〈送謝四之桃源二首〉收於清光緒二十一年（一八九五年）《嶺雲海日樓詩鈔》卷一，〈乙未稿〉。送謝道隆還歸大陸客家原鄉。〈重送頌臣〉收於《嶺雲海日樓詩鈔》卷二，清光緒二十二年（一八九六年）〈丙申稿〉：

> 惻惻重惻惻，行人適異域。華夷忽易地，何處爲鄉國？車馬多離聲，川原帶行色。同來不同往，欲語涕沾臆。論交本世好，古誼吾所式。結髮論文字，廿載忘形迹。海氛忽東來，義憤不可抑。出君篋中符，時艱共戮力。書生忽戎裝，誓保臺南北。當時好意氣，滅虜期可刻。何期漢公卿，師古多讓德。忽行割地議，志士氣爲塞。刺血三上書，呼天不得直。北垣遽中亂，滿地淸兵賊。此間非死所，能不變計亟。親在謀所安，況乃虜烽迫。乾坤已中變，萬怪競荒惑。人情易翻復，交舊成鬼蜮。君亦挈家來，航海期不忒。得君意中慰，

〔註35〕同前註，丘逢甲著，黃志平、丘晨波主編，《丘逢甲集》，頁152～153。

歸粵途始即。卜居家再遷，山中事稼穡。與君此偕隱，山水況奇特。
君言暫歸視，尚有舊廬室。來如潮有期，信在期不失。聞君言未畢，
哀淚弗能拭。翹首滄海東，蒼波渺無極。昔時乾淨土，卵育長鯨鯢。
吾兄去秋往，三春阻消息。因君速歸駕，異類安可慝？願君信如雁，
勿竟誓成鯽。歸途逼炎景，珍重慎眠食。到時常寄書，千里若門闥。
書來君不來，累我長相憶。形影爲君單，語言爲君默。我欲從君往，
天不假羽翼。時因西風夕，吹夢到君側。送君詩盈幅，難展腸結轖。
詩成復自寫，不辨淚和墨。願君置懷袖，長鑑此惘惘。〔註36〕

　詩首敘交情，次言乙未抗日事，「交舊成鬼蜮」指乙未抗日，部將呂某叛降倭事。以下寫兩人於兵敗後均攜家內渡。末幅寫思念殷切，困於亂世，不得奮飛；思極成夢，醒則做詩盈幅，送贈卻難解衷腸結轖。「不辨淚和墨」，深有思念親友卻不得相見的愁怨。〈得頌臣臺灣書卻寄〉七律二首，收於《嶺雲海日樓詩鈔》卷四，清光緒二十四年（一八九八年）〈戊戌稿〉：

其一

　同洲況復是同文，太息鴻溝地竟分。尺籍已成新國土，短衣誰憶故將軍？刀環空約天邊月，尊酒愁吟日暮雲。猶喜強亞近開會，不須異域悵離群。

其二

　故人消息隔鄉關，花發春城客思閒。一紙平安天外信，三年夢寐海中山。波濤道險魚難寄，城郭人非鶴未還。去日兒童今漸長，燈前都解問臺灣。〔註37〕

　其一乃謝道隆歸臺後，丘逢甲寄詩問候。頷聯對回憶臺灣割日事，當年投筆從戎，如今徒留還相約定，卻只是以酒澆愁，末句安慰故人，莫要悵恨於日人統治，又各自離隔於海天一方。丘逢甲〈寄臺灣櫟社諸子兼懷頌丞二首〉，收於《嶺雲海日樓詩鈔》卷八，清光緒二十七、二十八年（一九〇一、一九〇二年），〈辛丑、壬寅稿〉：

其一

　柏莊誰拾燹餘文，櫟社重張劫後軍。九十九峰依舊好，盡攜豪筆寫秋雲。

〔註36〕同前註，丘逢甲著，黃志平、丘晨波主編，《丘逢甲集》，頁198。
〔註37〕同前註，丘逢甲著，黃志平、丘晨波主編，《丘逢甲集》，頁270～271。

其二

《月泉》詩卷憑誰定？還待當時晞髮人。遙憶參軍謝皋羽，西

臺朱鳥獨傷神。〔註38〕

柏莊，為丘氏在臺灣省臺中故宅，後為日軍所燬。九十九峰，為臺灣名

勝。〔註39〕參軍謝皋羽，比擬謝道隆的志節不讓宋代遺民謝翱。

二、林朝崧

林朝崧（字俊堂，號癡仙，署無悶道人，西元一八七五～一九一五年），

原籍福建漳州府平和縣五寨墟莆坪社，後移居阿罩霧（今台中縣霧峰鄉），為

建威將軍林文明之螟蛉子，福建水師提督林文察（剛愍）之從子，以排行第

十，故詩友亦稱「林十」。年僅四十一歲。〔註40〕據《無悶草堂詩存（上）》

導言：

（林朝崧）幼即耽詩，年十九為邑諸生，不日課舉子業而課詩，

以詩文驚其長老。日人踞臺，避亂晉江，轉遊滬上，徧歷名山大川。

越數年，遵母命歸臺，目睹故鄉瘡痍，眷懷故國文化，因於光緒二

十八年創設「櫟社」，與社友唱酬，以宣洩抑鬱無聊之氣。晚年築「無

悶草堂」，縱情酒色，以四十一歲之壯年，鬱鬱而終。

癡仙以詩終其一生，所作生前未刊。捐館後，越十七年，「櫟

社」社友傅錫祺、陳懷澄、陳貫等始輯其遺作，由從弟林獻堂總其

成，按年編次，始自光緒二十一年乙未，迄於民國四年乙卯，釐為

五卷，附〈詩餘〉一卷，集曰《無悶草堂詩存》，於昭和八年排印行

世。〔註41〕

癡仙約於光緒十七年（西元一八九一年），也就是十七歲時考取生員。自

幼聰慧，過目成誦。其母素企羨儒風，送其讀書，諄諄不倦〔註42〕，奠下癡

〔註38〕同前註，丘逢甲著，黃志平、丘晨波主編，《丘逢甲集》，頁525。

〔註39〕同前註，丘逢甲著，黃志平、丘晨波主編，《丘逢甲集》，頁525。

〔註40〕同前註，程師玉凰撰，《洪棄生及其作品考述》（新店市：國史館，1997年），
頁205。

〔註41〕林朝崧撰，《無悶草堂詩存（上）》（臺北市：龍文出版社，1992年），頁116
～117。

〔註42〕洪棄生撰，〈公輓林母陳太孺人文〉。收入林癡仙哲嗣林陳琅所編之《先考林
俊堂公遺蹟彙纂》。此轉引自廖振富撰，《櫟社三家詩研究——林癡仙、林幼
春、林獻堂》（國立台灣師範大學國文研究所博士論文，1996年5月），頁37。

仙學問之基礎。癡仙幼即耽詩，後無意於舉子業而日課詩，性情志趣迥異當時士風。乙未割台，癡仙初避亂泉州，光緒二十三年（西元一八九七年）曾短暫回台，停留數月，乃再赴泉州。次年（西元一八九八年），由泉州移居上海。是年，正式返台定居。〔註43〕

　　西元一九○二年，癡仙與其姪林幼春、其友賴紹堯（悔之）三人始結詩社，並以「櫟」為名，正式成立「櫟社」。其後蔡啓運、陳滄玉、呂厚菴、陳槐庭、陳基六、沈祝澄等人，亦同聲相應。由西元一九○二年至西元一九○五年，櫟社尚未正式組織化，集會的時間和方式可能較隨性，以社員偶然互訪酬唱為主。〔註44〕乙巳年（西元一九○五年）林癡仙〈贈謝丈頌臣〉云：

　　　　同著白冠瘴海涯，白頭好事汝堪誇。杏林榜賣君臣藥，槐市班
　　聯姊妹花。表聖山居生有壙，王濛水厄老耽茶。應憐謀食東陵拙，
　　辛苦青門學種瓜。〔註45〕

　　頷聯稱許謝道隆為醫者兼儒者，欲為國治病。頸聯寫謝道隆生壙，以司空圖比擬之。末以東陵種瓜的典故，點出謝道隆隱逸不仕異族的高風。乙巳年（西元一九○五年）〈步頌臣題帳眉原韻〉云：

　　　　燕寢香凝寶篆灰，鳥啼窗外轉幽哉。先生不作封侯夢，懶向邯
　　鄲借枕來。〔註46〕

　　謝道隆〈題帳眉〉云：

　　　　垂老功名志既灰，擁衾閒臥自優哉。五更夢斷還思續，那肯聞
　　雞起舞來。〔註47〕

　　謝道隆原題寫功名無望後的優閒隱居。林癡仙步韻詩則引用邯鄲一夢，夢中借枕，婉諷世人追求功名是夢中追夢，活用典故，思致深婉。〈次和邱仙根水部見示之作兼呈頌臣秀才〉云：

　　　　生意婆娑殷仲文，蕪城才盡鮑參軍。年來結社東林下，不負青
　　山與白雲。戎馬十年耆老盡，邱公去作嶺南人。眼中唯有謝康樂，

〔註43〕同前註，廖振富一書，頁39～40。
〔註44〕同前註，廖振富書，頁42。
〔註45〕林朝崧撰，《無悶草堂詩存（上）》（臺北市：龍文出版社，1992年），卷2，頁39。
〔註46〕林朝崧撰，《無悶草堂詩存（上）》（臺北市：龍文出版社，1992年），頁38。
〔註47〕謝道隆著，《小東山詩存》（臺中市：謝文昌再次重印，1974年），頁10。

五字韓亡泣鬼神。〔註48〕

詩應作於櫟社倡立以後，謝康樂借指謝道隆。乙巳年（西元一九○五年）林癡仙〈陪謝文游鴛鴦湖觀邱水部種花處今已犁為田矣感而成詠〉云：

鴛鴦湖上種花人，一去韓江過十春。陳迹已湮君莫歎，柏莊書籍亦灰塵。

回首乙未臺灣割日後，十年間丘逢甲陳迹已湮。「書籍亦灰塵」以秦火焚書暗諷日人暴政。謝道隆〈山居〉云：

賣藥餘資為買山，結廬小隱在宕間。中年祇愛幽栖好，俗慮應將次第刪。芳草溪邊堪薄採，晴雲嶺上伴長閒。牧童叱犢歸村去，空谷黃昏且閉關。〔註49〕

謝道隆寫中年祇愛幽栖，頸聯和末二句寫山居耕讀歲月，閒適淡懷。癡仙〈次韻和謝頌臣先生山居詩〉云：

一邱自號謝家山，垂老筅裘卜此間。薇洞花開攜妓賞，豆田草長課兒刪。身除賣藥何曾出，心為敲詩未得閒。時有門生來問字，月明林下叩柴關。〔註50〕

頷聯誇揚其攜妓賞景與課兒農耕。頸聯和末二句寫行醫做詩，授徒課業。癡仙〈訪謝先生頌臣再次前韻奉贈〉云：

身伴浮雲偶出山，訪君杖屨向田間。酒逢知己情難禁，交到忘年禮可刪。剪燭座聯嬌客密，煎茶吟對好花閒。笑余也似堂前燕，每歲春來一歔關。〔註51〕

忘年知己，情洽禮簡，詩茶飲酒，末二句卻見君子淡交，友誼彌長。謝道隆〈山居〉（原題重疊，重疊前首詩題和押韻字）云：

生平笠屐愛登山，守拙惟應老此間。檻外野花皆可賞，庭前細草不須刪。心如出岫雲常淡，身比歸巢鳥更閒。只恐滿林煙月好，夜來有客叩柴關。〔註52〕

〔註48〕林朝崧撰，《無悶草堂詩存（上）》（臺北市：龍文出版社，1992年），卷2，頁29。

〔註49〕謝道隆著，《小東山詩存》（臺中市：謝文昌再次重印，1974年），頁8。

〔註50〕林朝崧撰，《無悶草堂詩存（上）》（臺北市：龍文出版社，1992年），卷3，頁14。

〔註51〕林朝崧撰，《無悶草堂詩存（上）》（臺北市：龍文出版社，1992年），卷3，頁15。

〔註52〕謝道隆著，《小東山詩存》（臺中市：謝文昌再次重印，1974年），頁9。

　　首二句自述天性愛登山。頷聯呼應首二句，誇揚守拙無心於世事，一任花開草長。頸聯和末二句寫身心遠於人境，頗有陶淵明〈飲酒詩〉的風味。謝道隆〈山居〉（原題三疊，重疊前首詩題和押韻字）云：

　　　　堂成自署小東山，廉讓居然得此間。繞砌青苔經雨濕，滿林楓葉任風刪。鋤爪荷鍤身猶健，別火烹茶意自閒。高臥只愁啼鳥聒，更無車馬到柴關。〔註53〕

　　末二句寫山中習靜而深隱，以謝安高臥東山自比。謝道隆〈自題小東山〉云：

　　　　三家雞犬自成村，萬壑千峰恰對門。漫說邱樊寥落甚，樵歌牧笛送黃昏。〔註54〕

　　雖寫邱樊寥落，然而避世遠隱，有陶淵明〈桃花源記〉的自足自樂。謝道隆詩詠田園生活者如〈春耕〉云：

　　　　水田裙伴綠簑衣，稻壟春耕土且肥。已下牛羊日將夕，且隨飛鳥一齊歸。〔註55〕

　　隱居處多良田，春耕易耨，日出而作，日路而息的田家生活，如陶淵明所說：「身有餘勞，心有餘閒。」謝道隆〈避暑小東山〉云：

　　　　三間茅屋傍楓林，綠葉成陰暑不侵。臥起北窗無箇事，涼風拂面聽蟬吟。〔註56〕

　　山中氣候稍寒，早秋楓林，涼風蟬吟。以綜合摹寫，由視覺聽覺和觸覺，寫避暑之樂如羲皇上人。癡仙〈小東山草堂歌〉（原注：在揀東上堡大阬村）云：

　　　　謝先生有好奇癖，避喧誅苑向絕壁。堂成自署小東山，希風乃祖老安石。堂前秫田類泉明，堂後橘園如李衡。山居兼有生計事，豈徒浪博高隱名？有時憑高作伎樂，山水絲竹音俱清。中年哀樂藉陶寫，一任俗儒嘲風情。先生行樂不知老，逢人便誇東山好。暮春三月山花開，傾家買酒延客來。林中掃地置磐石，平穩可以安樽罍。紅粧當筵勸盡醉，諸君何可辭深杯。東山調絲西山應，猿鳥驚啼夜不定。坐久殘月衣上明，相屬拈題盡餘興。余亦東山客，請賦東山

〔註53〕謝道隆著，《小東山詩存》（臺中市：謝文昌再次重印，1974年），頁9。
〔註54〕謝道隆著，《小東山詩存》（臺中市：謝文昌再次重印，1974年），頁8。
〔註55〕謝道隆著，《小東山詩存》（臺中市：謝文昌再次重印，1974年），頁8。
〔註56〕謝道隆著，《小東山詩存》（臺中市：謝文昌再次重印，1974年），頁8。

歌。東山草木盡識我，去年此際曾來過。重遊但作信宿計，匆匆難免山靈呵。唯願主賓長健在，年年觴咏山之阿。〔註57〕

金代詩人元好問認為隱居者須有「高」與「廉」，即其人具有高識與廉潔。謝道隆「山居兼有生計事，豈徒浪博高隱名？」營求生計以保廉潔，可見其為人處事有高明的識見。中年哀樂藉絲竹陶寫，行樂延客，以紅粧當筵勸盡醉，深厚友誼見於杯酒風流。小東山別墅山下有水分為清濁雙流。謝道隆〈清汶水口〉云：

清濁溪頭雨乍收，緩拖籐杖且來遊。激揚到底誠難事，分出泉源復合流。〔註58〕

不再激揚標榜個人的清識節操，頗有和光同塵，安時處順的智慧哲思。乙巳年（西元一九〇五年）癡仙〈陪謝丈游小東山別墅賦呈〉云：

別墅雲梯上，肩輿入薜蘿。新晴巖氣暖，積雨瀑流多。好鳥啼芳樹，游魚戲綠波。物情欣有託。余亦憩山阿。

君愛東山好，云堪避世氛。樵歌清悅耳，稻隴綠侵雲。勝地難同隱，斯游過所聞。回車愧流水，涇渭此中分。（原注：山下有水分為清濁雙流。）〔註59〕

謝道隆於小東山別墅以文會友，癡仙詩寫其欲避世氛，不免有愧於經未清濁之分，乃知音賞會之言。謝道隆的曾孫謝東漢講述，吳餘德記載：

謝道隆年近花甲之時，有回與林癡仙林烈堂兄弟談笑，林癡仙笑他留鬚寶刀未老，林烈堂就將他家的幼嫻（做細活的婢女）蔡氏紫薇，送與謝道隆為妾。……蔡紫薇是一名孝女，因父喪無錢殮葬，遂賣身葬父，入林家為婢。蔡氏紫薇嫁入謝家時，正是花樣的年華，十五歲的美麗少女；她極有女德，毫無怨言地服侍謝道隆，使得謝道隆的晚年過得愉快，這有謝道隆的詩為證。〔註60〕

林癡仙〈頌臣謝丈留鬚余戲贈兩絕，有「長鬚國裏如求婿，跨鳳乘龍屬

〔註57〕林朝崧撰，《無悶草堂詩存（上）》（臺北市：龍文出版社，1992 年），卷 2，頁 55。

〔註58〕謝道隆著，《小東山詩存》（臺中市：謝文昌再次重印，1974 年），頁 8。

〔註59〕林朝崧撰，《無悶草堂詩存（上）》（臺北市：龍文出版社，1992 年），卷 2，頁 46。

〔註60〕謝東漢、吳餘德著，《徘徊在兩個祖國》（臺北市：謝東漢、吳餘德，2016 年 12 月第一版），頁 21。

此髯。」之句。後余弟烈堂果贈一姬。喜拙詩竟成佳讖，因次前韻，再賦二章以博妝臺雙笑〉云：

老人星畔小星添，繞喙諸毛恐見嫌。便與枕邊談故事，朝雲曾不厭蘇髯。

燈前卻扇尚生疎，鏡檻相偎曉起餘。笑撚吟髭成八字，宮眉畫出比何如？〔註61〕

吳餘德評論：「此詩將宋朝蘇東坡納王朝雲為妾，知己唱和的膾人韻事，比喻這段贈妾之事。」至於謝道隆〈讀書燈〉一詩為證：

胸懷卓犖向丹鉛，焚得蘭膏照簡編。坐對三更風雨後，相親十載綺窗前。光能動壁疑鄰鑿，心解生花入夜妍。冷燄欲殘思舉燭，適來小妾又催眠。〔註62〕

吳餘德評論：「為此連遠在故國的丘逢甲都來詩作調笑。」丘逢甲〈調頌丞四首〉收於《嶺雲海日樓詩鈔》卷十，清光緒三十一年至三十三年（西元一九〇五～一九〇七年），〈乙巳、丙午、丁未稿〉。

其一

新得佳人與護持，不愁撚斷苦吟時。但妨說有談空口，怒觸河東夜半獅。

其二

我見猶憐況老奴，傾城顏色固應殊。不知鏡裏新郎面，已似桓公蝟磔無。

其三

梅花開送隔林香，鬱鬱寒松色半蒼。若解嫦娥愛年少，龍宮先檢驗鬚方。（原注：妾妻為霧峰林氏青衣。）

其四

海外戈船憶異軍，虯髯消息斷知聞。李郎一妹空惆悵，不見東風起戰雲。〔註63〕

其一河東獅用蘇軾調侃其友陳季常的典故。其二用《世說新語》李勢妹

〔註61〕林朝崧撰，《無悶草堂詩存（上）》（臺北市：龍文出版社，1992年），卷2，頁36。
〔註62〕謝道隆著，《小東山詩存》（臺中市：謝文昌再次重印，1974年），頁7。
〔註63〕同前註，丘逢甲著，黃志平、丘晨波主編，《丘逢甲集》，頁566。

的典故。其三的第一、第三句寫謝道隆新納妾，第二、第四句寫謝道隆，妙以景含情，風趣又蘊藉。癡仙〈病中呈謝四先生〉，詩曰：

> 微病繫公憂，馳顧不待車。足明忘年交，親切如一家。雨餘溪路險，苔滑石又斜。蹉跌出無心，衣履沾泥沙。入門笑語我，健步老已差。坐定施刀圭，霍然病頓瘥。先生懸葫蘆，買藥人如麻。女子識韓康，名滿毘舍耶。屈駕肯相就，又屏騶從譁。自揣農家流，得此已光華。為我愛惜費，此念尤可嘉。顧茲一蹶驚，不啻我所加。平生相厚意，感愧欲自摑。我病動煩公，二事為根芽。爛腸因魔湯，伐性由煙花。悔過苦不早，禍發方號呀。自今立嚴戒，洗心皈釋迦。六淫無從染，免勞長者嗟。聞公好登山，矯健追麢麚。此後願自愛，腳力何自誇。竹兜以代步，請鑒此溪涯。投詩永為好，聊用此木瓜。

〔註64〕

此詩前幅寫謝道隆為癡仙病，出診之急如對急診，也說明醫生的日常是面對病患的非常、失常和無常。不寫己病，反而對面著筆，從謝道隆的著急蹉跌看出兩人友誼之深，情真而幽默。末幅面對醫生自述病症，「爛腸因魔湯，伐性由煙花。」自悔沉溺酒色而傷身。又以謝道隆好登山而身手矯健的養生之道，既是自愛，也稍脫感愧而深感謝道隆平生相厚意。一次謝與林同遊小東山，歸途中謝以詩戲諷林癡仙。〈遊小東山歸途即事戲贈林痴仙〉云：

> 醉臥籃輿作睡鄉，青楓樹下午陰涼。醒來不見東山妓，歸路空教對夕陽。〔註65〕

以風流事相調笑，不拘禮教形跡的任達之作。〈即事寄呈謝文三用倒疊韻〉云：

> 風滿幽林雨滿山，籃輿何事過溪還。已愁往路春泥滑，復惜空齋塵尾閒。日午炊煙生竹裡，天寒飢雀噪簷間。此時不共圍爐飲，惆悵蓬門獨自關。〔註66〕

頷聯所見寫人與萬物困於天寒飽飢間，惆悵蓬門，寂寞掩關。林癡仙有

〔註64〕謝東漢、吳餘德著，《徘徊在兩個祖國》（臺北市：謝東漢、吳餘德，2016年12月第一版），頁21。林朝崧撰，《無悶草堂詩存》（上）（臺北縣：龍文出版社，1992年3月重印初版），卷3，頁23。

〔註65〕謝道隆著，《小東山詩存》（臺中市：謝文昌再次重印，1974年），頁9。

〔註66〕林朝崧撰，《無悶草堂詩存（上）》（臺北市：龍文出版社，1992年），卷2，頁40。

七絕〈題謝頌臣先生生壙十首〉。光緒三十三年丁未年（一九○七年，日本明治四十年）重九後二日，主人邀櫟社諸子林幼春、林癡仙、林獻堂等人攜技飲酒嬉遊於生壙。此年癡仙〈頌臣先生招飲小東山生壙〉云：

> 生前自擇長眠地，曠達如君有幾人？斗酒隻雞翻酌我，墓門車過不嫌頻。〔註67〕

詩推許謝道隆的曠達，引用曹操車過喬玄墓，以雞酒酹祭，此處反用典故，別見趣味。謝道隆過世，林癡仙〈哭謝頌臣先生〉云：

> 我欲哭謝公，匝月詩不成。失我忘之老友，使我執筆未下淚先零。公在甲乙間，攘臂隨武夫。中興慕羅李，恥作章句儒。失志走閩越，嶺海窮崎嶇。金盡復歸來，父子畊山隅。少從潛翁遊，青烏早研究。又熟仲景書，云是仲山授。方技一以精，車馬門輻輳。避名名轉盛，多才深自咒。我昨居揀東，隣近時相覓。頃又徙詹園，未疏來往迹。登堂出妻子，過飯忘主客。蕭然勢利外，意氣相感激。櫟社會文間亦至，小詩往往饒壯氣。菽園詩話錄兩篇，中原才人識謝四。我詩骯髒公獨嗜，高歌每擊唾壺碎。嘗言平生文字交，後有林十前邱二。嗚呼往事在眼前，公乎齎恨已長眠。一生刀圭起人死，無藥自療寧非天？我歸自東未及訪，素車會葬叢塚邊。歎公生壙手自築，官山令嚴竟捨斿。大坑坑東科山上，舊遊處處固無恙。百年魂魄不復返，溪山一望一惆悵。海外耆舊遂凋謝，結交少年誰可仗。人生知己能幾人，臨風痛哭聲一放。〔註68〕

林癡仙哀悼忘年之老友，蓋棺論定謝氏抗日的節操。「少從潛翁遊」以下言謝氏精於醫理與堪輿。櫟社文會以及新加坡文人邱煒萲《菽園詩話》所錄詩兩篇，彰揚其詩名遠播。「嘗言平生文字交，後有林十前邱二。」謝氏生前與丘逢甲和林癡仙既是文字，更是知交。又言生壙在謝道隆過世後，礙於法令而捨棄，師友家國哀情、摯友悲悼以及海外耆舊凋謝的感慨。

三、林獻堂

林獻堂為恩科舉人林文欽之長子。字大椿，號灌園，臺中霧峰人。少從

〔註67〕林朝崧撰，《無悶草堂詩存（上）》（臺北市：龍文出版社，1992年），卷3，頁22。

〔註68〕林朝崧撰，《無悶草堂詩存（下）》（臺北縣：龍文出版社，1992年3月重印初版），頁253～254。

白煥圃學習經史。年二十二而任霧峰區長。梁啓超（字卓如，一字任甫，號滄江，又號飲冰室主人，廣東新會人，西元一八七三～一九二九年）受到林獻堂邀請，於西元一九一一年（明治四十四年，宣統二年）來臺。葉榮鐘認爲梁任公給林獻堂個人的影響最大的一點，是關於臺灣民族運動的方法問題，也就是任公啓示他效法愛爾蘭人之抗英，厚結日本中央顯要以牽制總督府對臺人之苛政。關於此點，林獻堂於西元一九二一年（大正十年，民國十年）向日本帝國議會提出「設置臺灣議會請願書」，展開「臺灣議會設置請願運動」以及成立臺灣文化協會，實受到梁啓超的影響。西元一九二三年（大正十二年，民國十二年），日本頒布「治安警察法」，該年十二月十六日，總督府以「臺灣議會期成同盟會」有違反該法之嫌，對該會核心分子進行逮捕，即所謂「治警事件」。被捕的櫟社社員如林幼春、蔡惠如（名江柳，字鐵生，清水鎮人，西元一八八一～一九二九年）等。〔註69〕林獻堂曾任彰化銀行監察人、董事、董事長等職。對民族運動極爲熱心。先後被推爲臺灣議會設置請願運動，及文化協會主持人。本省光復後，歷任臺灣省議會議員、臺灣省政府委員、顧問，及臺灣通志館館長等職。民國四十五年九月八日病逝日本東京。著有《灌園詩草》。〔註70〕

四、林仲衡

　　林仲衡（名資詮，以字行，號壺隱，生於清光緒三年（西元一八七七年）十一月十一日，因糖尿病卒於昭和十五年（西元一九四〇年）新曆一月十日，享年六十四歲）。〔註71〕仲衡出身霧峰林家下厝，祖父林文察，父親林朝棟。同治二年（西元一八六二年），以本官攝水師提督，參與討伐戴潮春之役。〔註72〕林文察於咸豐年間，曾平閩南小刀會匪及閩中大盜，以功擢福建陸路提督。〔註73〕林朝棟於光緒十年（西元一八八四年）中法戰役時，率鄉勇與法人戰

〔註69〕葉榮鐘著，《日據下臺灣政治社會運動史》（臺中市：晨星出版社，2000年），頁5～13。

〔註70〕王建竹撰，〈臺灣中部詩人及其作品（三）〉。收於林衡道發行，陳澤主編，《臺灣文獻第二十九卷第三期》，（台中市：臺灣省文獻委員會編纂組，1978年10月31日出版），頁153。

〔註71〕參見杜聰明撰，〈林仲衡先生簡介〉，收於《仲衡詩集》（台北：龍文出版社，1992年版），頁5～6。

〔註72〕參見林資鏘撰，〈林朝棟傳〉。同上註，頁148。

〔註73〕參見林幼春撰，〈林文察傳〉。文見於黃富三、陳俐甫編，王世慶、陳漢光、

於三貂嶺、八堵等處，奪回基隆。劉銘傳保舉爲候選首員，旋欽加二品銜，賞戴花翎。又復銜命討伐罩蘭、大湖等處之原住民。乙未割台議成，挈眷內渡。西元一九〇四年病逝上海。

　　林仲衡於光緒十九年（西元一八九三年）取得秀才科名。乙未年隨父親避難泉州，與莊秋渠結婚。〔註74〕西元一九〇〇年赴北京，遇上八國聯軍犯京。〔註75〕不久東渡日本，西元一九〇一年返回上海，其妻生下長女雙隨後，復前往東京留學，而妻兒則返回霧峰。〔註76〕該年二月，仲衡亦回到家鄉。〔註77〕西元一九〇五年底，在漳州辦妥其父之喪葬後，仲衡再次返臺。西元一九〇六年三月四日，參加櫟社大會，與會者尚有蔡啓運、林癡仙、林幼春、賴悔之等九人，共被推舉爲詩社創立者。西元一九〇七年三月二十二日，櫟社假萊園開春季雅集，仲衡亦與會。〔註78〕不久，再至東京留學，西元一九〇九年結束長期留學東京的日子，回到臺灣。〔註79〕林仲衡著有《仲衡詩草》。有〈題謝頌臣先生生壙〉七絕二首。

五、林資修

　　林進（名資修，字幼春，號南強，晚年又號老秋。西元一八八〇年（清光緒六年）正月十五日出生在台中霧峰。卒於西元一九三九年，享年六十歲。是林文察的侄孫。〔註80〕其父林朝選（西元一八五九～一九〇九年），字紹堂，文明之次子。幼春行長，在乙未割台前便師事其伯父林朝棟之書記梁成楠（子

　　　　王詩琅等撰，《霧峰林家之調查與研究》（台北：林本源中華文化教育基金會，1991 年 12 月初版），頁 116。

〔註74〕同前註，〈林仲衡先生簡介〉，頁 4～5。

〔註75〕根據林癡仙撰，〈次韻題詮姪五月都中紀事詩後〉二首，知仲衡曾作〈五月都中紀事詩〉，但今《仲衡詩集》未見此詩。癡仙詩見其《無悶草堂詩存》上，（台北：龍文出版社，1992 年版），卷 2，頁 19。

〔註76〕洪棄生著，《寄鶴齋詩集》（南投：台灣省文獻委員會，1993 年 5 月 31 日版），頁 204。

〔註77〕參見《台灣日月新報》，明治 38 年 2 月 25 日，第 2043 號。

〔註78〕參見傅錫祺著，《櫟社沿革志略》（台北，台北銀行經濟研究室，文叢本第 170 種。1963 年版），頁 1～3。

〔註79〕參見黃美娥著，〈中國、日本、台灣——櫟社詩傑林仲衡詩歌的空間閱讀〉（發表於中台灣古典文學學術研討會。台中縣立文化中心主辦。90 年 12 月 2 日），頁 6。

〔註80〕同前註，王世慶、陳漢光、王詩琅撰；黃富三、陳俐甫編，《霧峰林家之調查與研究》，頁 165。

嘉）而詩藝大進。〔註 81〕乙未年（西元一八九五年）割台後，隨叔父癡仙避
走泉州，西元一八九七年返臺，居霧峰林家花園之「萊園」。幼春是日治時期
始終保有「民族的純粹性」的詩人，秉持不與日人打交道的孤高氣節與矜持
的操守。〔註82〕西元一九〇二年（光緒二十八年），幼春與其叔癡仙創立櫟社，
次年曾渡海回晉江遊學。〔註 83〕在學問上，幼春極傾倒梁啟超之思想。梁氏
因其叔父獻堂而得知幼春才名，嘗云：「頗聞阿咸最秀拔，磊磊羅胸皆文史。」
〔註 84〕西元一九一一年，梁氏來台，與幼春會於櫟於社萊園，相與唱和。梁
氏稱讚幼春為「海南才子」，頗賞識幼春。幼春與其叔父受梁氏之影響，於西
元一九二一年籌組「台灣文化協會」，進行民族運動兼文化啟蒙運動。西元一
九二三年，與蔣渭水、蔡培火等組織「台灣議會期成同盟會」。第三次發動請
願，日人以有礙安寧秩序，依法取締。年底被捕，此即所謂的「治警事件」。
西元一九二五年被判入獄服刑。在早期的民族運動中，一般人稱他「小諸葛」，
「意指他的學問淵博，才思敏捷而多智，加上外表文靜肅穆之故。」〔註 85〕
幼春為延續垂絕之漢學，於西元一九一八年與蔡惠如、林獻堂創立「台灣文
社」。晚年常慷慨解囊，資助張深切的《台灣文藝》刊物，以及楊逵的《台灣
新文學》刊物。幼春堪稱民族詩人與民族鬥士，更以開闊的胸襟和無私的精
神，鼓勵並支持新文學作家，著實令人景仰。〔註86〕

六、賴紹堯

賴紹堯（字悔之，彰化縣燕霧堡大庄（今大村鄉）人，西元一八七一～
一九一七年），清光緒間彰化縣生員。娶霧峰林家女，與林朝崧、林資修叔姪
交最篤。日治時期，三人同懷家國廢興之痛，每聚會論時事，會必有詩以明
志，朝崧因自喻為「天荒地老三詩客」。西元一九〇二年，三人同結櫟社，以

〔註81〕 見梁子嘉〈答幼春問訊之作〉，1924 年 12 月 15 日出版。連橫編，《台灣詩薈》
　　　 第 11 號（南投：台灣省文獻委員會，1993 年 3 月 31 日重印出版）。
〔註82〕 葉榮鐘〈台灣民族詩人——林幼春〉。收於葉榮鐘著，《台灣人物群像》（台中：
　　　 晨星 2000 年初版），頁 243。
〔註83〕 癡仙有〈送姪幼春過海遊學詩〉，作於 1903 年（光緒 29 年）。
〔註84〕 梁啟超《飲冰室全集》（四）（台北：文光。1959 年 11 月版），美文類，頁 32
　　　 〈贈臺灣逸民林獻堂兼簡其從子幼春〉。
〔註85〕 程師玉凰著，《洪棄生及其作品考述》（台北：國史館，1997 年 5 月初版），頁
　　　 210。及同前註，葉榮鐘文。
〔註86〕 同前註，廖振富著，《櫟社三家詩研究》，頁 63。

棄才自況。西元一九一五年六月就任櫟社社長,以迄逝世。〔註87〕棄生《寄
鶴齋詩彎》〈題謝君生壙八首〉末錄云:

> 紹堯云:「此題徵詩,各體多有佳作。然無論何體,我總以作
> 者八首爲冠〔註88〕。」

棄生詩八首其一頷聯云:「海外已無乾淨土,山中尚有醉眠人。」〔註89〕
深知謝道隆憤於濁世,逃於詩酒外,故作曠達之舉。因此其四頷聯云:「世間
已任呼牛馬,地下何妨聽蟋蛄。」其五頸聯云:「問形問影皆若贅,爲仙爲鬼
總稱逋。」其八云:

> 埋文塚已同劉蛻,荷鍤身將傍老伶。槐穴玄駒先作夢,遼城白
> 鶴欲藏形。不知一老香山地,可是三休處士亭。只恐謝敷求死苦,
> 歲星未應少微星。

首言謝氏亦逃於酒,又營生壙,曠達同於劉伶。頷頸悟人生如夢,只因
臺地滄桑、城郭都非。頸聯切合生壙事,蓋謝氏自題生壙詩二句云:「爲報司
空故人道,好將雞酒祭生時。」〔註90〕末用《晉書》〈謝敷傳〉典故,全詩詼
諧中有沈鬱之情致。觀賴紹堯〈寄題謝頌臣先生生壙〉亦有「曾聞孔聖言,
死骨當速朽。」之洞識,以及「或疑身後經營計太早,不過平時妄塞悲。」〔註
91〕之善解,與棄生詩同有妙趣。

七、張麗俊

張麗俊(字升三,號南村,晚號水竹居主人,西元一八六八~一九四一
年),臺中豐原人。張麗俊爲張達朝後裔,家庭殷富,自幼年起先後受學於廖
華浸、張經廎、鄭國琛、魏文華等人,二十三歲拜始謝頌臣爲師,與傅錫祺
結爲同窗。日治後陸續擔任庄長、保正、保甲聯合會會長、土地整理及林野
調查委員、豐原街協議會員等職務,極負地方名望。文學活動方面,張麗俊
於西元一九〇七年(明治四十年,光緒三十三年),由傅錫祺推介加盟櫟社,

〔註87〕賴紹堯著,《悔之詩鈔》弁言。收於《臺灣先賢詩文集彙刊》第三輯第九冊。
　　　　台北縣,龍文。2001 年版。
〔註88〕《寄鶴齋詩彎》。南投活版社印,民國 6 年。國家圖書館臺灣分館藏。
〔註89〕《寄鶴齋詩集》頁 353。南投,台灣省文獻委員會。民國 82 年 5 月 31 日版。
〔註90〕同前註,張麗俊《水竹居主人日記》(一),1907 年 10 月 17 日(農曆 9 月 11
　　　　日)日記,頁 275。
〔註91〕同前註,《悔之詩鈔》頁 9。

西元一九二三年（大正十二年），另與豐原地區詩人共組豐原吟社。〔註92〕張麗俊弔恩師謝頌臣之輓聯，是其平生所作第一長聯，也是其得意之力作：

【上聯】教學振家聲，儒醫綿世澤。想當年泮取青衿，無忝東山雲裔。經傳絳帳，旋開北海風流。愧我材同樗櫟，蒙栽桃李門生，屢伴科峰登壽域。

【下聯】文章憎命達，運會痛時艱。看此日天成白玉，才堪李賀稱雙。地迥黃泉，數比顏淵過半。知公性秉松筠，定作芙蓉館主，長留濁水溯高踪。

張麗俊的輓聯錄於日記，張麗俊自評：「此聯亦工亦整，亦典亦切，有此人方有此文。長聯如此，堪稱作手矣。」又針對「科峰」、「濁水」自註云：「科峰，謝先生自營生壙於峰上，夫妻並其祖母共穴，數年前壙成之時，屢邀文人學士到壙前飲酒寫真，並攜妓女，所以有《科山生壙詩集》，我數次伴先生到其處遊玩，故云。」「濁水，即大坑清濁水也，先生營別墅于坑口，號小東山，丙午春慶落成式，邀集文章爾雅之士到其處流連數日，又攜妓女侑酒，當年我有作〈落成記〉一篇故云，此二者可見先生有山水癖而曠達過人也。」〔註93〕學者廖振富評論張麗俊的輓聯云：

> 張麗俊以其深厚的漢學素養，寫作實用取向的作品時，其佳者每能針對不同的書寫對象、不同的寫作目的作貼切適宜的描寫，而避免浮泛空洞之弊。……上、下聯分別有52字，各可分成9句，涵蓋四言、六言、七言句，變化極多，且必須謹守兩兩對仗、平仄錯綜之格律，殊屬不易。全部合計104字，內容無異於一篇短文。……
>
> 〔註94〕

廖振富的論述，強調謝頌臣是豐原當地有名的儒醫，早年曾設帳教學，張麗俊曾受業其門下多年，師生情誼極為深厚。西元一九○六年在台中大坑濁水坑築小東山別墅，隱居其間。謝頌臣取名「小東山別墅」，是效法東晉謝安「攜妓遊東山」的歷史記載而來。另，櫟社成員吳子瑜在台中太平多瓜山自築「東山別墅」，名稱相近，此名則是因吳子瑜嫌原有的「多瓜山」之名不

〔註92〕施懿琳等，《全臺詩》第拾捌冊，頁299。許雪姬等，《臺中縣志・人物志》（臺中：臺中縣政府，2010年10月），頁499～502。廖振富、楊翠著，《臺中文學史》（臺中市：臺中市政府文化局，2016年7月），頁108。

〔註93〕張麗俊著，《水竹居主人日記》（四）（臺北：中央研究院近代史研究所，2000），頁191～192。1915年6月1日日記。

〔註94〕廖振富著，《臺灣古典文學的時代刻痕：從晚清至二二八》（台北市：國立編譯館，2007），頁245～246。

雅，而改爲同音簡化的「東山」。〔註95〕可惜謝頌臣晚年生計困窘，張麗俊曾多次加以接濟，並爲恩師因借貸而受辱於守財奴深抱不平。〔註96〕這對輓聯意涵豐富：既讚嘆推崇其多方面成就，又扣緊兩人親密關係，不忘師恩，既深悲其遭遇不偶，復嘆其人品超逸曠達，全篇無一虛語。〔註97〕謝道隆卒後，其學生張麗俊送謝頌臣靈輴至墳地下葬，其地非生壙，張氏云：「生壙在科山隔溪路遠，兼之官有山林，事事維艱，故易於此。」〔註98〕

八、林耀亭

　　林耀亭（名炳煌，又名聯輝，字耀亭，號守拙、樹德居士，西元一八六六～一九三六年），臺中市樹仔腳莊人。出身望族，自幼家族私塾「松月書室」隨江登階、賴石村等研習漢文。西元一八九三年（光緒十九年）經科考成爲臺灣縣學生員。日治後，先後歷任臺中辦務署參事、臺中廳樹子腳區庄長、臺中區長等職，是臺中地區活躍的地方領導人物，備受鄉鄰敬重。西元一九二〇年（大正九年），林耀亭加入櫟社，除出席各地區之詩會外，也常邀請詩友至家中庭園「務滋園」開設雅集。在作品集方面，林耀亭棄世後，哲嗣林湯盤彙整遺稿，委託鹿港詩人呂嶽編校，於西元一九〇四年（昭和十五年）出版《松月書室吟草》一書。〔註99〕林耀亭——字聯輝，號守拙，臺中光緒十九年秀才。民國九年七月十三日加入櫟社爲社員，著有《松月書室吟草》。〔註100〕其〈題謝頌臣先生科山生壙〉云：「青山如仰釜，形勝本來眞。大地鍾靈秀，

〔註95〕見張麗俊〈小東山別墅記〉，收入張麗俊著，《水竹居主人日記》（一）（臺北：中央研究院近代史研究所，2000），頁51。1906年4月21日日記。

〔註96〕謝頌臣因借貸而受辱於守財奴一事，見張麗俊《水竹居主人日記》1914/5/21，頁49。

〔註97〕關於謝頌臣與張麗俊及櫟社之情誼，可參余美玲〈從《小東山詩存》探析謝頌臣之生平與交遊——以櫟社詩人圈爲主〉，收入《櫟社成立百年紀念學術研討會論文集》，2001年12月，國立文化資產保存中心主辦，阿罩霧基金會承辦。

〔註98〕張麗俊著，《水竹居主人日記》（四）（臺北：中央研究院近代史研究所，2000），頁191～193。

〔註99〕施懿琳等，《全臺詩》第拾捌冊（臺南：國立臺灣文學館，2011年10月），頁217。林耀亭著，《松月書室吟草》，收錄於「臺灣先賢詩文集彙刊」，（臺北：龍文出版社，1992年）。廖振富、楊翠著，《臺中文學史》（臺中市：臺中市政府文化局，2016年7月），頁108。

〔註100〕王建竹撰，〈臺灣中部詩人及其作品（三）〉。收於林衡道發行，陳澤主編，《臺灣文獻第二十九卷第三期》，（台中市：臺灣省文獻委員會編纂組，1978年10月31日出版），頁158。

遺留待達人。」〔註101〕稱許此地風水，後世子孫必有達人。

九、陳錫金

陳錫金（字基六，號式金，又號蟄村，晚號蟄翁，西元一八六七～一九
三五年），牛罵頭（台中縣清水鎮）人。日治時期嘗任高美區（今清水）區長
及《臺灣新聞報》記者。擅中醫，有名於杏林。性好吟詠，明治三十五年（西
元一九○二年）加入「櫟社」，爲該社創社九老之一；又曾組清水「鰲西詩社」
著有《鰲峰詩草》。〔註102〕有〈題謝頌臣先生生壙〉七古一首。〈寄謝頌臣先
生〉七律一首。〈寄謝頌臣先生〉七律云：

> 爲有頭巾腐氣存，十年憔悴掩柴門。側身天地留鴻爪，匿跡英
> 雄虱處褌。白眼有誰容傲骨，青山何處蕿詩魂。司空早已營生壙，
> 遙羨無緣獻酒樽。〔註103〕

頷聯隱栝杜甫和蘇軾的詩句，以及阮籍〈大人先生傳〉虱處褌中的典故，
寫盡天地蒼茫而個人窮愁卑微。頸聯用阮籍好作青白眼的典故，人有傲骨而
對於生死曠達處之。

十、陳瑚

陳瑚（字滄玉，號枕山，苗栗苑裡人，西元一八七五～一九二二年）原
籍福建廈門，先世於乾隆間渡臺。幼讀經史，習制藝，早年即以詩聞。甲午
戰後，日治時期，改志經商，曾經營帽蓆公司，以大甲藺草製造，並究心經
世之學。後任《臺中新聞》報漢文部記者，以雄於爲文，頗負時譽。西元一
九○二年林癡仙等創設櫟社於臺中霧峰，隨即加入，爲創社九老之一。後又
加入臺灣文社。其詩文皆雄健。著有《趣園詩鈔》、《枕山詩鈔》。其〈林癡仙
上舍柬招諸吟朋讌集於謝頌臣先生生壙時重九後二日也惜於途遠不及與會作
此寄贈〉云：

> 壽墳高築亂峰中，朋侶生時祭謝公。四座宴傾千日酒，重陽帽

〔註101〕同前註，王建竹撰，〈臺灣中部詩人及其作品（三）〉，頁159。

〔註102〕許雪姬著，〈林獻堂與櫟社〉。收於（《櫟社百週年學研討會論文集》，研討會
自2001年11月17日～12月8日），頁15。王建竹撰，〈臺灣中部詩人及其
作品（三）〉。收於林衡道發行，陳澤主編，《臺灣文獻第二十九卷第三期》，（台
中市：臺灣省文獻委員會編纂組，1978年10月31日出版），頁150。

〔註103〕謝道隆著，《小東山詩存》（臺中市：謝文昌再次重印，1974年），頁27、44。

落九秋風。玉山醉倒扶紅粉，檀板魂銷笑老翁。來歲登高修舊例，不妨勝會與君同。〔註104〕

詩引桓溫參軍九日龍山落帽典故，比擬櫟社詩人風流，並期來年佳會。另一位櫟社詩人袁炳修（字槐蔭，豐原人，著有《槐蔭詩草》）袁炳修〈重九後二日飲於謝頌臣先生生壙〉云：「謝公壽域綺筵開，賓主相將入座來。拇戰聲喧歌吹鬧，欣逢勝會飲重陪。」記載勝會賓主相歡。其〈題謝頌臣先生生壙〉云：

其一

五十年來興未闌，刀圭餘暇愛看山。先生自是忘機客，世事無心付等閒。

其二

大帥觀兵氣象尊，巍巍坐鎮出群倫。高山四面環而拱，遠近齊收作翠垣。

其三

傍祖安墳壽域佳，夫妻他日擬相偕。有時邀友同觀宴，爛醉連朝樂素懷。〔註105〕

極力寫詩友樂於生壙的放達。「刀圭餘暇愛看山」指謝道隆行醫之餘，以山水爲樂。又謝生壙安置祖穴以盡孝思，以及夫妻之死靡它的感情。

十一、陳懷澄

陳懷澄（字心水，號沁園，彰化鹿港人，西元一八七七年～一九四〇年），西元一八九八年加入櫟社。著有《沁園詩草》。日治時期曾任鹿港街長，先後主持鹿港政事十二年，任內對於維持漢學、籌建公會堂，創辦學校，開設道路等多有建樹。家族以拓墾貿易起家，祖父陳克勸爲鹿港巨賈，開創「慶昌行」經營廈郊貿易。陳懷澄是櫟社創始會員之一，曾受林痴仙邀約，擔任櫟社助理。

十二、傅錫祺

傅錫祺（字復澄，號鶴亭。臺中潭子人，西元一八七二～一九四六年），

〔註104〕謝道隆著，《小東山詩存》（臺中市：謝文昌再次重印，1974 年），頁 44。
〔註105〕謝道隆著，《小東山詩存》（臺中市：謝文昌再次重印，1974 年），頁 48。

自小接受傳統私塾教育。論者廖振富考證，傅錫祺於西元一八九三年考中秀才，西元一八九四年原擬赴福州應舉，因中日甲午戰役，官船不行，途至臺北而返。西元一八九五年日本領臺，傅氏時年二十四歲，以擔任家庭教師爲業，西元一八九九年起改在家授徒並兼任《臺灣日日新報》通信記者。西元一九〇一年應聘爲《臺中每日新聞》（後改名《臺灣新聞》）記者，西元一九〇六年曾一度辭去該職，西元一九〇七年重新續任至西元一九一八年二月止。

在詩社活動方面，於西元一九〇六年加入櫟社，是九名創社發起之一。西元一九一七年櫟社原任社長賴紹堯病故，傅氏被推選接任，從此即擔任社長職至西元一九四六年去世爲止，近三十年。傅氏一生對櫟社參與完整，感情投入甚深，並先後撰成《櫟社沿革志略》、《增補櫟社沿革志略》等，對保存櫟社史料居功厥偉。傅錫祺《鶴亭詩集》中，收錄西元一九〇七年到西元一九四六年完整編年的畢生詩作，內容涵蓋詩社活動、人際往來、家庭生活、時代變遷、臺灣風土、戰亂與天災等，無所不包，爲日本殖民統治下的臺灣社會與個人生活切片，留下完整的見證。〔註 106〕有〈題謝頌臣先生壙〉七古一首。七絕六首。

十三、莊嵩

莊嵩（幼名垂訓，字伊若，號太岳，晚號劣存，又號松陵，西元一八八〇～一九三八年）。出身書香世家，父莊士哲是前清秀才。世居鹿港，叔父莊士勳是舉人，弟莊垂勝亦有文名。太岳自幼聰慧，九歲即能詩文，某前輩一見呼爲神童。弱冠畢業師黌，執教某校，凡六、七年，間以在校力向學徒灌注祖國文化，致被日當局所忌。辭職後，乃往霧峰與林獻堂、林階堂創設「革新青年會」及「一新義塾」，專授國學，宣揚祖國固有文化，垂三十年。西元一九〇六年（光緒三十二年）三月二十九日加入櫟社，與林癡仙、林幼春、賴悔之、呂厚庵、傅鶴亭等人，挖揚風雅；後設鹿江大冶吟社，誘掖後進。中年以後，益致力於詩文，並工楷書行草。其詩氣魄雄壯，世稱「太岳以氣魄勝，幼春以風韻勝」，蓋非偶然也。民國二十七年卒，享年五十有九。著有《太岳詩草》。〔註 107〕有〈題謝頌臣先生生壙〉詩。

〔註 106〕廖振富、楊翠著，《臺中文學史》（臺中市：臺中市政府文化局，2016 年 7 月），頁 108。

〔註 107〕王建竹撰，〈臺灣中部詩人及其作品（二）〉。收於林衡道主編，《臺灣文獻》第二十八卷第一期，（南投：臺灣省文獻委員會，1977 年 3 月 30 日版），頁

十四、王石鵬

　　王石鵬，字箴盤，號了庵，西元一八八七年（光緒十三年）生於新竹，西元一九一六年（民國五年）遷居臺中。幼而聰慧，爲塾師鄭家珍（新竹甲午科舉人）所賞識。長益力學，詩文均佳，尤工隸書、篆刻。王石鵬與王松、王瑤京同宗且同鄉里，時相唱和過從，人稱「新竹三王」。其文采風流與竹塹名士謝介石齊名，又有「新竹二石」之稱。西元一九二六年（民國十五年）加入櫟社爲社員。歷任臺灣新聞社中文部記者、主筆。晚年曾遊大陸，博覽祖國文物。著有《臺灣三字經》，《釋迦佛歌》、《清宮遊記》、《箴盤鐵筆》（金石）等書。〔註108〕有〈題謝頌臣先生生壙〉詩。

　　其他櫟社社員應生壙徵詩的還有以下數人。

　　莊龍，字雲從，臺中大甲人。西元一九〇六年（光緒三十二年四月一日），加入櫟社爲社員。著有《雲從詩草》。〔註109〕西元一九〇五年，黃純青創立詠霓詩社，社員有莊雲從、魏清德、鄭聰楫等人。有〈丁未重陽後遊侶一輩攜酒飲於謝頌臣翁鍋卓窩生壙賦呈頌翁〉七律二首。〔註110〕

　　鄭聰楫，字濟若，苑裡人。西元一九〇六年（光緒三十二年四月三十日）加入櫟社爲社員。宣統二年一月二十五日逝世。著有《怡園吟稿》。〔註111〕

　　王學潛，字卿淇，清水三塊厝人。臺灣縣廩生。光緒三十二年六月加入櫟社爲社員。著有《卿淇詩草》。〔註112〕

　　葉仁昌，字篤軒，臺中東勢角人。西元一九〇六年（光緒三十二年三月

125。余美玲、施懿琳編，《臺灣漢詩三百首》（臺南市：臺灣文學館，2019年10月版），頁416。

〔註108〕王建竹撰，〈臺灣中部詩人及其作品（三）〉。收於林衡道發行，陳澤主編，《臺灣文獻第二十九卷第三期》，（台中市：臺灣省文獻委員會編纂組，1978年10月31日出版），頁160。余美玲、施懿琳編，《臺灣漢詩三百首》（臺南市：臺灣文學館，2019年10月版），頁451。

〔註109〕王建竹撰，〈臺灣中部詩人及其作品（二）〉。收於林衡道主編，《臺灣文獻》第二十八卷第一期，（南投：臺灣省文獻委員會，1977年3月30日版），頁126。

〔註110〕謝道隆著，《小東山詩存》（臺中市：謝文昌再次重印，1974年），頁43。

〔註111〕王建竹撰，〈臺灣中部詩人及其作品（二）〉。收於林衡道主編，《臺灣文獻》第二十八卷第一期，（南投：臺灣省文獻委員會，1977年3月30日版），頁129。

〔註112〕王建竹撰，〈臺灣中部詩人及其作品（二）〉。收於林衡道主編，《臺灣文獻》第二十八卷第一期，（南投：臺灣省文獻委員會，1977年3月30日版），頁127。

二十九日）加入櫟社爲社員。其作品多散佚，祇於謝頌臣《科山生壙詩集》中，見其〈題謝頌臣先生生壙〉一題五首。

張棟梁，字子材，號汰公，臺中人。西元一九〇六年（光緒三十二年四月十五日）加入櫟社），著有《知足齋詩錄》。〔註113〕

黃炎盛，字旭東，豐原人。西元一九〇六年（光緒三十二年十月二十三日），加入櫟社爲社員。民國二年十一月十四日逝於日本東京。著有《旭東詩草》。〔註114〕有〈題謝頌臣先生壙〉詩。

林載釗（林載釗）（字望洋，潭子頭家厝人。西元一九〇七年（光緒三十三年一月二十四日），加入櫟社爲社員，西元一八八四～一九二八年），自設敬業堂書房，著有《望洋詩草》。有〈重九後二日飲於謝頌臣先生壙〉七絕五首詩。〔註115〕

十五、連橫

連橫，字武公，號雅堂（棠），又號劍花。祖籍福建龍溪。其始祖興位遷移來臺，卜居臺南，至連橫已歷七世。連橫於西元一八七八年（清光緒四年）正月十六日亥時，生於臺南府馬兵營，爲連得政（永昌）之季子也。少受庭訓，長而好學，秉性聰穎，過目成誦，父痛愛之。年十三歲時，其父以《臺灣府志》一部授而勉力爲。其後以著《臺灣通史》引爲己任者，或源乎此。先代即守樸抱貞，稽古讀書，不應科試。乙未割臺之時，年十八，適丁父憂，守制家居，始學詩以抒家國淒涼之感。以時蒐集臺灣抗日文告，後竟成《臺灣通史》中珍貴史料。西元一八九七年（光緒二十三年），赴京滬，入上海聖約翰大學攻讀俄文，旋因母命返臺，服闋，婚沈璈（筱雲）氏。是時與陳瘦雲、李少青等組「浪吟詩社」。次年入「臺澎日報」（即後之臺南新報）社，

〔註113〕王建竹撰，〈臺灣中部詩人及其作品（二）〉。收於林衡道主編，《臺灣文獻》第二十八卷第一期，（南投：臺灣省文獻委員會，1977年3月30日版），頁129。

〔註114〕王建竹撰，〈臺灣中部詩人及其作品（二）〉。收於林衡道主編，《臺灣文獻》第二十八卷第一期，（南投：臺灣省文獻委員會，1977年3月30日版），頁130。

〔註115〕國立文化資產保存研究中心籌備處、台中縣政府台中縣文化局主辦，台中縣明台高級中學、台中縣霧峰鄉公所承辦，〈櫟社百年紀念：台中縣阿罩霧常民文化節活動日程〉（活動地點：霧峰明台高級中學（菜園），活動日期：2001年11月17日～12月8日）。謝道隆著，《小東山詩存》（臺中市：謝文昌再次重印，1974年），頁51。

任中文主筆。西元一九○二年（光緒二十八年），再返福建。由福州而廈門。西元一九○五年（光緒三十一年），創「福建日日新報社」於廈門，鼓吹革命。獲交同盟會同志林竹癡，擬以「新報」改為同盟會機關報，旋因報社遭封閉而罷。在廈志行相違，環境亦覺不能久居，乃攜眷歸臺，復主持臺南新報中文部。光緒三十四年，因臺南故莊遭毀，移居臺中，入臺灣新聞中文部工作，因與林癡仙、賴悔之、林幼春等相識。西元一九○九年（宣統元年）加入櫟社。西元一九一八年（民國七年）《臺灣通史》正式完稿。對保存台灣歷史文獻，建構台灣史研究基礎，居功厥偉。西元一九三六年（民國二十五年）病故上海，享年五十九歲。有〈題謝頌臣先生生壙八首〉。〔註116〕

十六、白玉簪

　　（？～？），字笏臣，嘉義臺斗坑人，台灣清治與日治時期作家、詩人。光緒年間考取生員。日治時期，先後在白河、東山等地設立漢塾講學。亦曾參與羅山吟社。著有章回小說《金魁星》，文長數萬字，曾連載於《台灣日報》，後又重載於《三六九小報》。有詩集《簪花草堂詩稿》。羅山吟社為臺灣日治時期位於嘉義廳（今嘉義市）的傳統詩社，由白玉簪、林玉書（號臥雲，又號香亭，嘉義市人，西元一八八二～一九六四年）、林植卿（培張）、林維朝（德卿）、林純卿（曙村）、王殿沅、賴惠川等六十餘人，於西元一九一一年（明治四十四年）創立。最後於西元一九二三年（大正十二年）合併於「嘉社」。其中著名的林玉書，幼時岐嶷不羣，聰敏好學。日本據臺，以所學難償宿願，乃負笈臺北，入臺灣總督府醫事專校。畢業後，返鄉行醫，為嘉市西醫之嚆矢，以內科、小兒科著稱。醫務餘暇，酷耽吟詠。西元一八九六年曾與賴雨若、張秀星、沈瑞辰、蘇朗晨等組「茗香吟會」。〔註117〕

十七、胡南溟

　　胡南溟（名嚴松，官章殿鵬，字子程，號南溟，臺南人，西元一八六○～一九三三年），曾與許南英等人組「浪吟吟社」。乙未割臺，一度避難廈門。

〔註116〕黃美玲選注，《連橫集》（臺南市：臺灣文學館，2012年12月重印初版），導言。謝道隆著，《小東山詩存》（臺中市：謝文昌再次重印，1974年），頁36。
〔註117〕江寶釵著，《嘉義地區古典文學發展史》（嘉義市：嘉義市立文化中心，1998年），頁156、242～243。南投國史館臺灣文獻館編，《臺灣早期書畫專輯》（南投：國史館臺灣文獻館出版，2003），頁234。林玉書著，《臥雲吟草》（台北，龍文出版社，1992），前言。

回臺後,任職於報社,為《臺灣日日新報》記者。又曾赴廈門擔任《福建日日新聞》記者。返臺後仍任記者工作。又曾與趙雲石、連雅堂、謝籟軒等共組「南社」。個性疏狂,難與人共事,輒不數月而辭職。其妻李梅仙去世時,曾一度發狂。晚年生活困頓,須靠他人接濟。與固園黃欣、黃溪泉兄弟相友善。著有《浩氣集》、《大冶一爐詩話》。連雅堂稱「為文有奇氣,詩亦汪洋浩蕩,有海立雲垂之概」。

十八、趙鍾麒

趙鍾麒(字麟士(一作麟生),號雲石,西元一八六三～一九三六年),南社第二任社長,長詩,雄於文,工於書法。〔註118〕趙鍾麒有〈題謝道隆先生生壙〉七古一首。〔註119〕

十九、羅秀惠

羅秀惠(字蔚村,號蕉麓,別號花花世界生,臺南府治人,西元一八六五～一九四二年),清光緒間舉鄉試。以詩名,詩詞綺麗香艷,放浪花酒,名以狼籍,老後身世蕭條。工書法,行草尤佳。晚年喜以左腕作書,筆力沈雄而為人珍視。〔註120〕

二十、謝維巖

謝維巖(官章瑞琳,字璆我,又字籟軒,號石秋,西元一八七九～一九二一年),為臺南富商謝四圍(字亦若,號達君)與其妾顏氏所生。行三,上有二兄,下有一弟。光緒十七年(西元一八九一年)年十三,以幼童參加辛卯科歲試,蒙臺灣兵備道兼提督學政唐景崧錄為臺南府學生員。日據時期,為延持國學、賡續風雅,於西元一九〇六年,與連雅堂、趙雲石、胡南溟、陳渭川等創立「南社」詩社。翌年,繼連雅堂入臺南新報任中文部主筆。西元一九一八年,憤日本臺灣總督所施行的殖民暴政,隻身東渡日本神戶從事貿易,翌年舉家遷日,西元一九二一年卒於神戶。〔註121〕謝維巖有《謝籟軒

〔註118〕吳毓琪著,《台灣南社研究》(成功大學中研所碩論,1998),頁90。
〔註119〕謝道隆著,《小東山詩存》(臺中市:謝文昌再次重印,1974年),頁32。
〔註120〕南投國史館臺灣文獻館編,《臺灣早期書畫專輯》(南投:國史館臺灣文獻館出版,2003),頁141。
〔註121〕以上引自盧嘉興原著,呂興昌編校《台灣古典文學作家論集》〈清末遺儒台南謝氏昆仲文武秀才〉一文。台南市,南市藝術中心。民國89年11月版。

詩集》，其題謝道隆生壙詩又收錄於《全臺詩》。謝道隆《科山生壙詩集》將其誤題爲謝秋石。〔註122〕

南部地方詩人又有王炳南（原名清閩，號北嶼釣叟，一號釣客，北門嶼人，西元一八八三～一九五二年）。據業師龔顯宗研究，王炳南精歧黃之數，是將軍地區人士，於西元一九三五年（昭和十年），成立「將軍吟社」。社長吳丙丁，副社長吳天印，顧問王炳南、王大俊、吳萱草。社員吳國卿等十餘人。王炳南與日本人佐佐木景明，時常相以詩唱和。〔註123〕王炳南、佐佐木景明都有詩題詠謝道隆生壙。

二十一、洪以南

洪以南（字逸雅，號墨樵，別號無量癡者。臺北艋舺人，後移居淡水街，西元一八七一～？），其曾祖名汝璽，道光年間渡海居臺。乙未年（西元一八九五年）日本據台時，以南適負笈，就師於泉州。翌年應試，取進晉江縣學秀才。〔註124〕嘗倡設詩社，曰瀛社，於西元一九〇九年（宣統元年）二月十二日花朝節召開成立大會於萬華平樂遊。關於台北瀛社的倡設，據廖一瑾云：「瀛社爲台灣日日新報（台灣新生報之前身）記者兼漢文欄主編謝汝銓（雪漁）和林馨蘭（湘元）所倡設，於西元一九〇九年（宣統元年）二月十二日花朝節召開成立大會於萬華平樂遊。共推台北搢紳洪以南爲社長。……社名爲趙一山所取，在會中雖未論及社名之取義，然顧名思義，或以舊文獻有臺灣乃古瀛州之說，取其義而名該社罷？從此詩幟高標，月開吟會一次，且出宿題；年開大會一次。會址設在洪社長宅邸（即今臺大醫學院舊址）。」〔註125〕

身爲瀛社社長，洪以南與友社櫟社社員林獻堂等人時相來往。如西元一九一〇年四月二十四日，櫟社大會在台中瑞軒召開。洪以南、洪棄生、連雅堂、謝石秋等來賓及櫟社社員共五十三人出席此盛會。瀛社、櫟社、南社三詩社代表提議，每年一次開一大總會，或出一次課題，逐年輪流作東，使成

〔註122〕謝維巖著，《謝籟軒詩集》（臺北：龍文出版社，2011年5月）。同前註，《全臺詩》第參拾冊，頁427。

〔註123〕龔顯宗著，《臺南縣文學史上編》（臺南縣新營市：南縣府，2006年），頁124、142、204。

〔註124〕台灣省文獻委員會主編，《台灣省通志稿》第23冊（台北：捷幼。1999年版），卷7〈人物志〉，頁172。

〔註125〕廖一瑾著，〈日據時期台灣瀛三大詩社〉，（《古典文學》第12期。1992年10月出版），頁227。

一大全之詩界，眾皆贊成，擬俟時再決行。議罷，又將〈庚戌櫟社春季大事〉為課題，主賓吟詠。七時開宴，北妓五、六輩周旋其間，約近十時席散。〔註126〕以南顏其淡水居室曰：「達觀居」。以南好賦詩，書法亦佳，常畫蘭竹，曾任區長、台北廳參事，民國初年卒。〔註127〕著有《妙香閣集》。〔註128〕

二十二、魏清德

　　魏清德（號潤庵，筆名雲，雲林生、雲嵐生、潤庵生、怡儂子、異史氏等，新竹人，後遷居臺北。西元一八八六～一九六四年），其生平依據黃美娥的論述。魏清德於明治四十三年（一九一〇年）任職臺灣日日新報社編輯員。同年，加入瀛社。大正十年（一九二一年）十月十七日，「臺灣文化協會」於臺北市大稻埕靜修女子學校（今靜修女中）舉行創立大會，代表新竹州獲選為評議員。昭和五年（一九三〇年），周石輝發行《詩報》，為日治時期臺人創辦的重要古典詩詞半月刊，除了固定徵詩外，更募集全臺各地詩稿、詩社消息，刊行至昭和十九年（一九四四年）九月才停刊。創刊之際，周石輝邀請魏清德寫序言，魏清德〈詩報發刊詞〉說：「改隸以還，臺灣漢學之所以維持者為詩，道德所賴以維持幾分者亦惟詩。」論者闡述此強調：「詩學作為維繫臺灣漢文存在的意義是難能可貴的，繼而又進一步肯定漢詩所保留的詩言志傳統。」又「保存我黃種人自昔發達之燦爛文化精華。」不僅以漢詩「作為東方抗衡西方文化衝擊的利器」，也將「日本殖民者融入漢詩文化的架構當中。」文中「廣採世界大同智識」數語，觸及內容推陳出新，「文體如何承載時代的問題。」〔註129〕魏清德於明治四十三年（西元一九一〇年）一月，應聘臺灣日日新報社編輯員，到了昭和二年（西元一九二七年）被拔升為漢文部編輯主任，長期主持報社漢文、漢詩的編審工作。在這段期間，魏氏充分掌握媒體優勢，頻頻發聲，成為當時臺灣文壇極具影響力的要人，其文才更受到日、臺雙方文人的肯定，大抵從一九一〇年進入報館任職起，直到昭和十五年（西元一九四〇年）辭職改聘為囑託，總計涉入媒體的生涯，長達三

〔註126〕張麗俊著，《水竹居主人日記（二）》（台北：中央研究院近代史研究所，2000年11月初版），1910年4月24日記，頁345～349。
〔註127〕《台灣省通志稿》，頁173。
〔註128〕廖雪蘭著，《台灣詩史》（台北：文史哲。1999年3月初版），頁308。
〔註129〕詹雅能、黃美娥選注，《魏清德集》（臺南市：臺灣文學館，2013年11月初版），頁20、153～157。

十年以上。〔註130〕誠如黃美娥的論述，魏清德集文人、教師、記者、書畫賞鑑者、官派公職者於一身的多元身份，故在創作內容方面，甚富文學／文化／政治的多重糾葛意涵。魏清德有〈題謝頌臣先生生壙〉七古一詩。

二十三、蔡啓運

蔡啓運（字見先，又字振豐，新竹客雅人。？～卒於宣統三年辛亥三月二十四日（西元一九一一年，明治四十四年）），享年四十二歲。〔註131〕依據黃成助發行的《新竹縣志》記載：

> 蔡啓運茂才字見先，又字振豐，苑裡鎮人，居竹城客雅，交遊甚廣，風雅士也。妻子皆能詩，婢僕亦解吟詠：妻林次湘寄外句「博得開函眉一展，膝前兒女近能吟」，傳爲韻事。竹城貢士陳璿芝未第時，啓運與之過從甚密；更邀陳子潛、劉廷璧、鄭毓臣、林薇臣、林世弼等諸名士，結成竹梅吟社，爲北部臺灣詩社對外公開之始，吟侶聞風至者日多。花晨月夕，刻燭命題；累月積年，佳作無數。民前十一年，啓運刪成一冊，題曰《臺海擊鉢吟集》。後其子汝修，編輯上梓，頒獎同人，殊膾炙人口。啓運素喜讀孫吳書，頗具軍事智識。當臺灣民主國成立，丘逢甲忙於組織義勇軍時；啓運與逢甲固屬中表兄弟；故亦倡義，參贊戎機，多所建議。未幾事敗，逢甲走大陸，啓運見事無可爲，乃遣散同志，埋名林下，佯狂於詩酒之間。〔註132〕

蔡啓運與陳子潛、劉廷璧、鄭毓臣、林薇臣、林世弼等諸名士，結成竹梅吟社，爲北部臺灣詩社對外公開之始蔡啓運與丘逢甲屬中表兄弟，故亦倡義，參贊戎機，多所建議。與謝道隆都參加過乙未戰事。

二十四、鄭玉田

鄭玉田（字汝南，號少舲、天淘，～一九三三年），著有《汝南詩草》，大冶吟社社員、霧峰櫟社社員。過世後，其櫟社理事遺缺由草屯張玉書（笏

〔註130〕黃美娥主編，《魏清德全集壹：詩卷》（臺南市：臺灣文學館，2013 年 12 月），導論頁 20～25，頁 161。

〔註131〕高育仁等主修，《重修台灣省通志——藝文志著述篇》（南投：台灣省文獻委員會，1993 年版），頁 314。

〔註132〕黃成助發行，《新竹縣志》（共九冊）（台北：成文出版社，1883 年 3 月台一版），卷 9〈人物志〉，頁 3635。

山）補。〔註133〕鄭玉田工人物畫，畫風受由福建來遊的人物畫名家李霞（西元一九二八年東渡回鄉）影響。〔註134〕鄭神寶（字幼香，竹城北門人，西元一八八一～一九四一年），係孝友鄭如蘭之次子，兄即鄭玉田。日據後，能克紹箕裘，重修北郭園增築庭園，重建昔日盛況。工詩善隸篆，著有《去思集》、《東遊隨筆》等書。〔註135〕幼香亦是大冶吟社社員。〔註136〕鄭玉田有〈題謝頌臣先生生壙〉五古一首。〔註137〕

二十五、洪棄生

洪棄生（西元一八六六～一九二八年），清末鹿港秀才，為臺灣古典漢文學詩文大家。日治時期貞隱不仕。「洪繻」、「洪棄生」則是乙未年（西元一八九五年）之後改取之名與字，寓意自己是清朝棄民，以教授並傳承漢學，創作古典詩為志。西元一九二一年辛酉（民國十年），鹿港「大冶吟社」成立，由洪棄生、詩梅樵指導詩作。〔註138〕乙未年（西元一八九五年）臺灣割日後，洪棄生〈臺灣哀詞〉云：

> 魯仲千金恥帝秦，竟看時事化埃塵；有懷蹈海鼇梁折，無淚填河蜃氣皴。島嶼於今成糞壤，江山從此署遺民。棼棼玉石崑岡火，換盡紅羊劫外人。

鼇梁本自《楚辭·天問》：「鼇戴山抃，何以安之？」鼇暗示島，因此「鼇梁折」，借指台灣淪陷。蜃氣在此借指虛幻的國家，指台灣民主國。紅羊劫指國難。古人以為丙午、丁未是國家發生災禍的年份。丙丁為火，色紅；未屬羊，故稱。「島嶼於今成糞壤，江山從此署遺民」，點出臺灣被清朝遺棄，悲憤之情，充斥胸臆。洪氏雖企求隱逸猶有濟世心懷，從生命反省到曠達應世，無非「以筆代戈」，反映臺灣士人的生存困境，抵抗日人的殖民統治，饒富「詩

〔註133〕許雪姬著，〈林獻堂與櫟社〉。收於（《櫟社百週年學研討會論文集》，研討會自 2001 年 11 月 17 日～12 月 8 日），頁 15。

〔註134〕陳清香著，〈妙禪法師的繪畫藝術〉。收在張學樣編，《山中忘歲月——張妙禪書畫集》（新竹：新竹縣立文化中心，1998 年），頁 271。

〔註135〕南投國史館臺灣文獻館編，《臺灣早期書畫專輯》（南投：國史館臺灣文獻館出版，2003），頁 230。

〔註136〕施懿琳著，《日據時期鹿港民族正氣研究》（台北：國立台灣師範大學國文研究所碩士論文，1986 年），頁 97。

〔註137〕謝道隆著，《小東山詩存》（臺中市：謝文昌再次重印，1974 年），頁 6。

〔註138〕林朝崧撰，《無悶草堂詩存（下）》（臺北縣：龍文出版社，1992 年 3 月重印初版），頁 253～254。

史」意涵。其生壙詩十六首（五古四首、七古四首、七絕八首）。〔註139〕

二十六、邱煒萲

邱煒萲（原名德馨，改名煒萲，字菽園，又字薪樊，別號星洲寓公，嘯虹生。福建海澄（今龍海）人。西元一八七四～一九四一年）六歲隨父赴新加坡，清舉人，無意仕途，經商南洋，清末於新加坡創《天南新報》，贊同康有為理念，鼓吹維新救國，與康有為、梁啓超、黃遵憲等均有交往，光緒二十六年庚子年（一九○○年）任英屬南洋各邦保皇分會會長，曾次助唐才常庚子年建自立軍勤王，旋受慈禧擠迫，停辦《天南新報》。丘工詩文，與丘逢甲相交相知多年，生平著述甚豐，有《菽園贅談》八種、《嘯虹生詩鈔》、《五百石洞天揮麈》等三十冊傳世。〔註140〕丘逢甲〈題菽園看雲圖〉七古，收於《嶺雲海日樓詩鈔》卷六，清光緒二十六年（一八九九年），〈己亥稿〉，詩云：

> 看雲不作狄梁公，屈身幾以牝朝終。看雲不作杜陵翁，許身稷
> 契仍詩窮。男兒生果抱雄志，眼光到處古人避。我所思兮大海南，
> 島上看雲有奇士。丹青貌形不貌神，茫茫四海誰寫真？直取乾坤萬
> 古眼，寫入一氣相氤氳。陽雲出冬陰雲夏，魯馬趙牛物交化。置身
> 雲外看雲中，雲之君兮紛紛來下。眼前所見雲非雲，中有看者精神存。
> 古今萬事雲變滅，嗟哉鬱鬱何紛紛！……

詩中「屈身牝朝」，原指唐人狄仁杰屈事武后，丘氏借以抨擊西后之專權，贊賞丘菽園資助康梁維新。〔註141〕謝道隆〈題邱菽園先生紅樓夢絕句詩後〉七言絕句押先韻云：

> 金釵十二幻情緣，又得邱遲妙句傳。劫火難燒才子筆，海天重
> 話石頭禪。〔註142〕

此詩收於王松《臺陽詩話》。據謝道隆曾孫謝東漢先生的敘述，謝道隆行旅所到之處，去過天津，也去過新加坡，而且精於紅學。〔註143〕詩中以南朝梁的文人丘遲比擬丘菽園，「海天重話石頭禪」，有無才可補天的恨恨，婉轉

〔註139〕班固著，楊家駱主編，《漢書・楚元王傳》（臺北：鼎文書局，1997年10月9版），卷36，頁1953，劉向語。

〔註140〕同前註，丘逢甲著，黃志平、丘晨波主編，《丘逢甲集》，頁235～236。

〔註141〕同前註，丘逢甲著，黃志平、丘晨波主編，《丘逢甲集》，頁410。

〔註142〕同前註，施懿琳主編，全臺詩編輯小組編撰，《全臺詩》第拾壹冊，頁67。

〔註143〕筆者請教謝東漢先生電話訪談西元二○一九年十二月三日星期二下午三點到四點。

無盡的劫火銅駝，家國之恨。謝道隆〈葬花鋤〉云：

> 曾鋤明月種寒梅，今日花殘又荷來。掩得香魂憑築壘，埋將艷
> 骨既成堆。怡紅院裡掀泥後，滴翠樓邊鋤地回。鴉嘴從茲添（一作
> 「多」）韻事，休教持向鬮草萊。

此詩收於《臺灣日日新報》「文苑」欄。西元一八九八年九月二十九日第
一版。又收在曾笑雲《東寧擊缽吟後集》。〔註144〕頷聯切合黛玉葬花，頸聯則
暗指賈寶玉和薛寶釵，用典工切，信是精於紅學之人。

二十七、易順鼎

易順鼎（字實甫，亦作碩甫、實父、石甫。中年後號哭盦，湖南龍陽（今
漢壽）人，西元一八五八～一九二○年），實甫於三十七歲春夏，服孝哭母，
回首前半生，撰〈哭庵傳〉，自號曰哭庵。七月一日（西元一八九四年八月一
日），中日雙方正式宣戰，甲午戰起，哭庵奉父命墨絰從戎。先撰〈陳治倭要
義疏〉，「擬赴京伏闕上書，指斥李鴻章處置中日高麗之爭戰有三誤，請嚴旨
責罰，……故要在先罰後賞，而先行於李鴻章。」九月抵上海，晤王韜、錢
昕伯等申報館諸人，而有上述詩作。〔註145〕論者楊仲揆〈易氏父子詩人在臺
灣〉論易順鼎及其子易君左，提到乙未割台後，易順鼎隻身來台相助台灣一
事，先尋求兩江總督劉坤一，向劉討到一紙公文，說派他到臺灣偵探實情。
只因日本派兵前來，臺民不服，到處抵抗。中國的愛國志士，都呼籲援臺，
也有捐款之舉。外傳中國表面割臺，而暗中援臺，日人大聲譴責清廷違約。
清廷為防影響馬關條約以後屈降的和局，嚴令東南各省方面大員，不得援臺，
而且要查禁民間援臺之舉。易順鼎奉劉坤一命令暗中到臺灣，當時是候補道
臺，而且正值母喪丁憂期間。〔註146〕楊仲揆稱許：

> 易哭庵是性情中人，而非富貴中人，善於做詩，而不善於做官。
> 感情奔放，天真浪漫，不能自持。他號「哭庵」，又以「四魂」名其
> 詩集，都因忠孝二字而起。母死了，哀哭守墓，準備喪滿就以身殉。

〔註144〕同前註，施懿琳主編，全臺詩編輯小組編撰，《全臺詩》第拾壹冊，頁67。
〔註145〕易順鼎著，王颺點校，《琴志樓詩集》（上海：上海古籍出版社，2004年4月
　　　　第一刷），頁1562。
〔註146〕楊仲揆著，〈易氏父子詩人在臺灣〉。收於劉脩如發行，《湖南文獻季刊》總號
　　　　第三十九號，第十卷第三期（台北縣：湖南文獻社，1982年4月15日），頁
　　　　72～76。

又爲國事日非，而奔走南北，所爲詩，極多哀哭憤激之作，名爲四
魂集。(魂東集、魂南集、魂北集、歸魂集) 意思是到處爲國招魂。
所以他的詩，情感極爲豐富。

臺灣割日後，易順鼎的援臺之舉，徒然淹留臺灣，於事無補，又返回內
地。與內渡後的丘逢甲多有詩歌唱酬。生壙徵詩應與二人詩友風義有關。

第三章　興感諷諭，遺民心事

　　《詩經》，本諸風、雅、頌、賦、比、興六義，爲後世詩作題材與風格之源。要而言之，《詩經》情足理足，渾然大雅，此因詩教得性情之正，足爲風雅法式。論《詩經》之體裁、作法，體裁即風、雅、頌。作法即賦、比、興。賦即直陳其事。比即比喻，以物喻物或以物喻人。興即先言他物，以引起所咏之詞，故多寫景句，重點在寫景句後面的句子。如「關關雎鳩，在河之洲」即興也。「桃之夭夭，灼灼其華」即比。比較興有更直接的關係，即與前面之物有更直接的關係。謝道隆的生壙徵詩「興感諷諭」，書寫「遺民心事」。先論「興」義，再論詩的要旨。

　　論者黃慶萱闡述《文心雕龍・比興》云：「觀夫興之託諭，婉而成章，稱名也小，取類也大。」舉〈古詩十九首〉其一（行行重行行，與君生別離。）爲例，其中「胡馬依北風，越鳥巢南枝。」的豐富意涵。關於「比興」，黃慶萱闡述道：

　　　　把「貞一」「有別」等抽象概念，透過「關雎」「尸鳩」等具體
　　　　意象而表達，這種「興」就是我們所說的象徵了。劉勰認爲「興」
　　　　是「明而未融，故發注而後見」，表明了象徵具有高度的曖昧性。試
　　　　從詩經實例來觀察，詩經，尤其是國風，常可分割爲兩部分：一是
　　　　屬於本事的，可稱之爲本事意象；一是屬於景物的，可稱之爲景物
　　　　意象。所謂「興」就是景物意象，多爲象徵。如詩經「關雎」：首二
　　　　句「關關雎鳩，在河之洲」，毛傳：「興也」。是作爲象徵的「景物意
　　　　象」；次二句「窈窕淑女，君子好逑」是「本事意象」。「關關雎鳩」
　　　　不僅是描寫一片風景而已；它是經過詩人選擇並且賦以「關關求偶」

的主題概念而形成文學上的「象徵」。詩中的「興」大多具有象徵作用。

他再以「桃夭」爲例:「桃之夭夭,灼灼其華;之子于歸,宜其室家。」「每章首二句都是景物意象,都是興,都是象徵。作者以桃花桃果桃葉的具體意象,來表達美麗、成熟、茂盛之抽象概念,並且與下面所敘本事意象融而爲一。」

例如蘇軾詩作比物連類,興象深微,如〈百步洪二首〉其一(長洪斗落生跳波),查愼行評:「連用比擬,古無此法,自先生創之。」紀昀評:「語皆奇逸,亦有灘起渦旋之勢。」〔註1〕可謂情景交融,情文相生。沈謙認爲劉勰所說的「興」即興起、激發之意,藉外在的景物引發內心的情感。所謂「依微以擬議」,依託細微的外物,以擬構內在蘊積的情理。如果抛開傳統「興」以釋詩的種種糾纏,則「興」相當於現代修辭學上的「象徵」。黃慶萱以「興」近於象徵:

> 自漢魏的古詩發展到唐宋的近體詩,詩人對「象徵」也加強其注意力,而技巧也益發地圓融了。唐司空圖著詩品二十四則,其一爲「雄渾」,中有八字:「超以象外,得其環中。」這兩句話,我們可以如此地引申:無論詩的創作或欣賞,都要在表面的意象之外,闡發或領會其潛存的旨趣。宋梅聖愈「續金針時格」說得更清楚:「詩有內外意,內意欲盡其理,外意欲盡其象,內外意念蓄,方入詩格。」這就與柯立芝所說「象徵與概念之交互作用」相似了。〔註2〕

黃慶萱關於「比興」的闡述,以唐代司空圖《二十四詩品・雄渾》云:「超以象外,得其環中。」以「興」近於象徵。

從修辭手法論,興則爲原意象引發的繼起意象之傳達。比是譬喻,賦是直陳。劉勰《文心雕龍・比興》云:「比者,附也。」「附理者切類以指事。」後代作品的比性手法,每以禽鳥花草比德於君子品格,例如蘭生幽谷自芳,竹瀟脫有節,又象徵人格節操。此本自傳統詩詞詠物象喻,以方人品。例如唐代駱賓王〈在獄詠蟬〉詩云:「聲以動容,德以象賢。」因詠蟬象徵君子,只求「情沿物應」、「道寄人知」。〔註3〕應情寄道,以物比德於人。

〔註1〕同前註,《紀昀評點東坡編年詩》卷17,頁10。
〔註2〕黃慶萱著,《修辭學》(台北:三民書局,1999),頁112。
〔註3〕駱賓王著《駱丞集》。收於《文淵閣四庫全書・集部・別集類》(台北:商務印書館,1983),卷1。

　　劉勰在《文心雕龍‧比興》篇首即揭示「比顯而興隱」，此為比、興迥異之關鍵處。劉永濟《文心雕龍校譯》對比興頗有闡發，認為「興」者，偶觸於事物，與本情相符，因而興起本情。但業師王忠林認為不能說是無心，只是沒有長時構思而已。〔註4〕茲引用學者沈謙的討論，旁及其他說法以彙整要旨。論者朱自清〈詩言志辨〉云：「……論詩尊「比興」，所尊的並不全在『比』、『興』本身的價值，而是在『詩以言志』，詩以明道的作用上了。」〔註5〕言簡意賅。朱自清認為〈毛傳〉獨標興句，「興」有兩個意義，一是發端，一是譬喻；這兩個意義合在一塊兒才是「興」。〔註6〕屈萬里《詩經釋義》云：

　　　　毛傳於賦、比兩體都不注明，而獨標興體。但是，毛傳鄭箋，實際上都把興體講成了比體。那就是興體詩開頭的一二句，多半和詩人要詠的本事無關，而毛傳鄭箋，卻一定要把這開頭的話和本事扯上關係，於是穿鑿附會，不一而足。鄭樵六經奧論說：「凡興者，所見在此，所得在彼，不可以事類推，不可以義理求也。」朱子詩集傳也說：「興者，先言他物，以引起詠之詞也。」這都是明達之論。〔註7〕

　　鄭樵和朱熹言「興」，一說：「凡興者，所見在此，所得在彼，不可以事類推，不可以義理求也。」一說：「興者，先言他物，以引起詠之詞也。」論者沈謙則引用王夢鷗所稱「興則為原意象引發的繼起意象之傳達」，論者葉嘉瑩所稱「興者，有感發起興之意，是因某一事物之觸發而引出所欲敘寫之事物的一種表達。」三者並觀，則「興」之意義大概可有明確之概念。〔註8〕

　　賦、比、興為寫作手法，其名義與用法的討論如鍾嶸《詩品序》云：「若專用比興，患在意深，義深則詞躓；若但用賦體，患在意浮，意浮則文散。」論者沈謙闡述：「意隱者境深，意顯者境淺。以『比、興』與『賦』相較，則比興皆隱而深。但是以『比』與『興』相較，則『興』深隱而『比』淺顯。」而比是譬喻之修辭方法，沈謙云：

　　　　……兩千多年前的希臘大師亞里斯多德（Aristotle）在「修辭

〔註4〕王忠林著，《文心雕龍析論》（台北：三民，1998年3月），頁471。
〔註5〕朱自清著，《朱自清古典論文集（上）》（上海：上海古籍出版社，2009年4月第2版），頁281～283。
〔註6〕朱自清著，《朱自清古典論文集（上）》，頁239。
〔註7〕屈萬里著，《詩經釋義》（台北：聯經，1983），敘論，頁11～12。
〔註8〕沈謙著，《文心雕龍與現代修辭學》（台北：益智，1990年），頁27～162。

學」中揭示修辭的三大原則：用比喻，用對比，要生動。譬喻既被亞氏視爲三大原則之一，自非可等閒視之，他有關譬喻的名言，傳誦千古，中外皆知：詩與文之中，比喻之用大矣哉！世間唯比喻大師最不易得；諸事皆可學，獨作比喻之事不可學，蓋此乃天才之標誌也。〔註9〕

論者沈謙則引用王應麟《困學紀聞》載李仲蒙釋賦比興義：

李曰：「敍物以言情謂之賦，情盡物也；索物以記情謂之比，情附物也；觸物以起情謂之興，物動情也。」曰索，曰記，事出有意；曰觸，曰動，理本無心。隱顯之異，分明可見。毛公傳詩，以興體難明，故特標出。舍人此篇，題稱比興，而文多明比法。蓋興出無端，難以法定，一也；賦家之文，鮮用興體，二也。用意不同，其歸一也。

興出無端，難以法定，因此詩作善用興象者，往往含蓄而有言外之意。沈謙引伸劉勰的觀點申論「比」係有意的比附，借物以喻事；「興」係無心的流露，感物以起情。兩者固同爲間接之表達方式，然本同而末異。又引用朱熹《毛詩集傳》云：「比者，以彼物比此物也；興者，先言他物，以引起所詠之詞也。」朱子全書又云：「比是以一物比一物，而所指之事，常在言外；興是借彼一物以引起此事，而其事常在下句。但比意雖切而卻淺，興義雖闊而味長。」興義雖闊而味長，沈謙引伸陳啓源《毛詩稽古編》嘗論列比興之異：「興隱而比顯，興婉而比直，興廣而比狹。」陳啓源又云：「興比皆喻而體不同；興者興會所至，非即非離，言在此，意在彼，其詞微，其旨遠。比者，一正一喻，兩相譬況，其詞決，其旨顯。」〔註10〕

關於興是象徵，前面已引用黃慶萱的分析。比是比喻。興和比的區別，論者姚一葦《藝術的奧秘》〈論象徵〉言：

我們要指出的：象徵遠較比喻爲複雜，象徵所表現於形式與內容之間的關聯甚爲曖昧，它的形成自具有長遠的歷史因素。就傳達的方式言，象徵有一定的限制，一定的式樣。因此我們只能說：一件藝術品的比喻性是象徵的性能中之一種，而不能概括象徵的性能的全部。

〔註9〕沈謙著，《文心雕龍與現代修辭學》，頁35。
〔註10〕沈謙著，《文心雕龍與現代修辭學》，頁34。

　　沈謙引伸姚一葦的觀點，認為象徵遠較譬喻複雜而曖昧，這正是劉勰所謂「比顯而興隱」。〔註11〕至於興是象徵之修辭方法，沈謙引伸艾治平《古典詩詞藝術探幽》所論「興的三種手法」，撮述如后：

　　（一）一種放在詩的開頭，用來引起興的事物，既有起頭的意思，也有啟發的意思，「詩經」中的興，大都在每章的發端兩句。如由「蒹葭」引起「伊人」，由「關雎」引起「淑女」，由「燕燕」引起「別情」。其後在文人作品中，如李白詩〈將進酒〉的發端是「君不見黃河之水天上來，奔流到海不復回」，於是興起「君不見高堂明鏡悲白髮，朝如青絲暮成雪。」

　　（二）第二種是兼含比喻的興。如屈原的〈離騷〉就是諷兼比興，它較含蓄，富有情趣。比、興往往密不可分，兼含比喻的興在詩詞中屢見不鮮。例如杜甫〈新婚別〉：「兔絲附蓬麻，引蔓故不長；嫁女與征夫，不如棄路旁。」以兔絲比新嫁娘，以蓬麻比被征役的丈夫。又同詩末尾：「仰視百鳥飛，大小必雙翔。人事多錯迕，與君永相望。」以空中的飛鳥興起人事之錯迕。浦起龍《讀杜心解》云：「此詩比體起，比體結。」但比中有興，因為它引起了下面的內容。

　　（三）第三種是含有寄托的興，即用某種事物來寄托詩人的思想感情。這種寄托，士人也稱之為興。如王逸云：「依詩起興，引類譬喻。」《文鏡秘府論》云：「興者，立象於前，後以人事喻之。」李東陽云：「所謂興者，皆托物寫情而為之者也。」這種托物寫意法，古人常稱為「比興」、「托興」、「興諭」、「諷興」等。〔註12〕

　　關於第一種如《國風·邶風·燕燕》。

　　關於第二種《楚辭》例子不少。如〈離騷〉「眾女嫉予之娥眉兮。」借「美人香草」以喻賢君，或自比才幹、品德的美好。

　　關於第三種，例如南宋詞人辛棄疾的詞〈摸魚兒〉（更能消幾番風雨）辛棄疾以詞抒發放廢的閒愁，首唱者當推〈摸魚兒〉。稼軒失去政治舞台，滿腹閒愁。〈摸魚兒〉一詞云：「君莫舞，君不見，玉環飛燕皆塵土。」隱有諷刺當道的意思。因而不滿「先意希旨」「長袖善舞」的政客，以「獨倚危欄」之遠見，憂心國勢凌夷。盼君臣能相知相得，以「長門事」為喻，有深婉的幽怨。此詞之風格，誠如葉嘉瑩評論「寫得真是盪氣迴腸，千迴百折，纖穠綿

〔註11〕沈謙著，《文心雕龍與現代修辭學》，頁 159～161。
〔註12〕沈謙著，《文心雕龍與現代修辭學》，頁 161。

密。」〔註13〕要而言之，如蔡源煌所論，文學因其虛構想像而有別於新聞等其他文獻。而虛構，即指個人的詮釋。〔註14〕博爾赫絲云：「我相信，我們是先感受到詩的美感，而後才開始思考詩的意義。」「因為作家都是用比喻來寫作的。………眞正重要的是，我們應該要把這些隱喻連結到作家的情緒上。」〔註15〕以元好問之才學，其〈論詩三十首〉其十二尚且感歎李商隱〈錦瑟〉一詩，「獨恨無人作鄭箋。」〔註16〕詩雖未必可解，詩意象之美與情緒卻可感受。無論寫詩塡詞，強調比興虛構，重視情景交融，自然的感發近於興，誠如葉嘉瑩所言，「興」與「帶有思索之安排」的「比」不同。〔註17〕「興」與「比」雖不同，但同為作詩手法，運用在詩人妙心，只是讀者欲指明確切，有時不免穿鑿，釋佳構之微妙，人見言殊。

　　《詩經》、《楚辭》的「興」，因為是關於作詩方法的「興」，其表達方式隱微婉轉，使得「興」的解釋歧異。《毛詩》獨標興體，〈詩大序〉以美刺諷諭說詩，《周禮・春官・大師》鄭玄注以政教善惡觀點解釋「六義」，都是例證。〈詩大序〉詩觀對詩經的詮釋，是在「一種常規的、具有文化規約性象徵意義的經文意象及古典意象體系。」〔註18〕論者顏崑陽指〈詩大序〉以主觀感發性的志意泛解詩意，如解〈周南・關雎〉等詩，「興」為「能感的主體（尤其是當政者）」與「所感的對象（側重政教）」具有情境的類似，即「情境連類」。〔註19〕

　　關於詩教，《禮記・經解》「其為人也，溫柔敦厚，《詩》教也。」「其為人也，溫柔敦厚而不愚，則深於《詩》者也。」學者林耀潾闡述「不愚者」能以詩興起鼓舞也。孔子揭「詩可興」之旨，有「以理寓情」之深義。乃陳澧《東塾讀書記卷六詩引・讀詩拙言》所謂：「詩三百篇，牢籠天地，囊括古今，原本物情，諷切治體，總統理性，闡揚道眞，廓乎廣大，靡不備矣，美乎精微，靡不貫矣，近也實遠，淺也實深，辭有盡而意無窮。」強調文學感

〔註13〕葉嘉瑩著，《唐宋詞十七講》（台北：桂冠圖書公司，1992 年 4 月初版一刷），頁 452。
〔註14〕蔡源煌著，《從浪漫主義到後現代主義》（台北：雅典出版社，1998），頁 184。
〔註15〕博爾赫斯（又譯作波赫士）著，陳重仁譯，《波赫士論詩談藝》（台北：時報文化公司，2001），頁 108、120。
〔註16〕同前註，郭紹虞，《元好問論詩三十首小箋》，頁 67。
〔註17〕葉嘉瑩著，《詞學新詮》（台北：桂冠圖書公司，2000），頁 60。
〔註18〕《敘事的本質》，頁 141。
〔註19〕顏崑陽著，《詩比興系論》（台北：聯經出版社，2017 年 3 月初版），頁 82～98。

人者易且深。〔註20〕《論語‧八佾》孔子所謂「關雎樂而不淫，哀而不傷。」孔安國注：「樂而不淫，哀而不傷，言其和也。」《中庸》所謂「喜怒哀樂未發謂之中，發而皆中節謂之和。」學者蔣勵材認為即溫柔敦厚而適中。〔註21〕因此，論者顏崑陽指毛傳〈詩大序〉等西漢所論述的「興」，實繼承孔子「詩，可以興。」的觀念，站在「讀者位置」，大規模實踐了「感發志意」的「閱讀效果」。〔註22〕

　　至於王逸注《楚辭》的「興」，其《楚辭章句》〈離騷經章句序〉云：

　　　離騷之文，依詩取興，引類譬喻。故善鳥、香草以配忠貞，惡禽臭物以比讒佞，靈脩美人以媲於君，處妃、佚女以譬賢臣。虬龍鸞鳳，以託君子，飄風、雲霓以為小人。其辭溫而雅，其義皎而朗，凡百君子，莫不慕其清高，嘉其文采，哀其不遇，而愍其志焉。〔註23〕

　　論者顏崑陽討論此處的「興」，指結合「作者本意」和「語言符碼」的「託喻」之意。〔註24〕從寫作技巧言，詩人如何將激情沉澱，澄靜專注，善用比興，將情感的強度化為藝術處理的強度？足為典範的美文如〈離騷〉，如魏源云：「〈離騷〉之文，依《詩》取興，引類譬喻詞不可徑也，故有曲而達。情不可激也，故有譬而喻焉。善鳥香草以配忠貞。」云云。〔註25〕

　　顏崑陽論到司馬遷和班固對屈原人格的不同評價，認為兩人評價隱涵著西漢與東漢知識分子不同的政教處境與立場，以及兩人性格、思想的不同。除非我們站在自己當前的文化處境與個人的性格、思想，提出與兩人不同的評價。否則，對於舊說，應作後設性的深層意義評釋，即深入其「歷史語境」，進行同情理解。〔註26〕其實孟子「知人論世」、「以意逆志」固然指讀詩的態度和方式。知人論事之道，欲觀其人，先由其詩書作品入手，可察其心志、思想，但欲明其為人則須由其所處環境和時代入手。孟子「知人論世」的觀

〔註20〕同前註，林耀潾著，〈「詩可以興」淺釋〉，頁24。
〔註21〕蔣勵材著，〈孔子的詩教與詩經（上）〉，收於陳立夫發行，《孔孟學報》第27期（臺北：中華民國孔孟學會，1997年4月），頁73。
〔註22〕顏崑陽著，《詩比興系論》（台北：聯經出版社，2017年3月初版），頁99。
〔註23〕王逸注，洪興祖補注，《楚辭補注》（台北：藝文印書館，景印汲古閣本，1968年），頁12。
〔註24〕顏崑陽著，《詩比興系論》（台北：聯經出版社，2017年3月初版），頁84～90。
〔註25〕陳沆著，《詩比興箋》（台北：藝文出版社，1970年9月初版），魏源序。
〔註26〕顏崑陽著，《詮釋的多向視域：中國古典美學與文學批評系論》（台北：台灣學生，2016年3月），頁205。

點將個人與外在現實的互動，置於歷史巨流與瞬息萬變的宇宙來觀察；「以意逆志」則從言語溝通回應、澄清詮釋的模式入手，顯露個人經驗的意義。引申對於詮釋者的後設研究，應該注意其視域觀點的形成原因。

論者顏崑陽討論賦比興的「興」，指孟子「知人論世」、「以意逆志」的「志」即「作者之志」，因此說詩的法則根本建立在「作者本意」、「意在言外」等概念上。顏崑陽又論屈原〈離騷〉的典範性啓示，一是開創個人創作的典範，一是其作品明顯存在著不可取代知自敘性的創作我，而〈離騷〉大量而明顯地運用譬喻的語言構作方式，使「世界」（物）與作者之間的表現媒介，即「語言符碼」的地位被充分地彰顯出來。

劉勰《文心雕龍》以「興」爲起情，從創作過程與動機，「興」爲作者此一感性主體與自然景物的互動。鍾嶸《詩品》「興」爲「文已盡而意有餘」，指抒情詩的語言特徵。劉勰《文心雕龍》以「興」爲起情，比則蓄憤以斥言，興則環譬以託諷。從創作過程與動機，「興」爲作者此一感性主體與自然景物的互動。對於比興的解釋，論者顏崑陽討論「作者」因政教治亂而起情，而「讀者」因作品而起情。「作者」爲達諷諭的意圖，採取環譬以託諷的作詩手法。被諷諭的「讀者」（在上位者）也可由作品而起情。此外，《文心雕龍・詮賦》云：「情以物興，物以情觀。」從創作過程與動機，「興」爲作者此一感性主體與自然景物的互動。此無關道德利害，純粹審美活動，終極爲「情景交融」之境，此又見《文心雕龍・物色》中。論者顏崑陽討論鍾嶸《詩品》「興」爲「文已盡而意有餘」，指抒情詩的語言特徵。「作品語言」獨立自足的地位，是隨著「作者感物」的觀念形成而轉變的。〔註27〕

第一節　遺民的比興詩情

前引顏崑陽指毛傳〈詩大序〉等西漢所論述的「興」，實繼承孔子「詩，可以興。」的觀念，站在「讀者位置」，大規模實踐了「感發志意」的「閱讀效果」。例如謝道隆〈讀書燈〉云：

　　胸懷卓擧向丹鉛，焚得蘭膏照簡編。坐對三更風雨後，相親十
　　載綺窗前。光能動壁疑鄰鑿，心解生花入夜妍。冷燄欲殘思翦燭，

〔註27〕顏崑陽著，《詩比興系論》（台北：聯經出版社，2017 年 3 月初版），頁 110～
　　114。

適來小妾又催眠。〔註28〕

冷燄欲殘，思擧燭讀書，三更風雨後，寂然沉浸於典籍，丹鉛書寫胸懷卓犖，心解生花，妙筆夜課簡編，印證了孔子所說：「詩，可以興。」

乙未年（西元一八九五年）丘逢甲與表兄謝道隆內渡後，丘逢甲爲返回原鄉的謝道隆寫下〈送謝四之桃源二首〉；

其一

　　謝子患難友，行義侔古賢，浮海同歸來，買山若無錢。云有桃源居，先世曾墾田，今晨暫辭我，借得漁人船。翹首眺八極，滿目多風煙，但求避世地，寧希拔宅仙。君沿桃花水，或得古洞天。仙人多賢達，當與君周旋。遙將今世人，置之太古前。莫便不歸來，令我思渺然。

其二

　　昔者陶靖節，爲文工寓言，鑿空出漁人，飛花滿仙村。遂使噉名者，處處名桃源。蓬萊古仙島，清淺生沙痕。滄桑一轉瞬，變遷安足論？變遷猶自可，況復成沉淪，龍伯釣鼇後，三山今無存！恐君到桃源，已異昔所聞，租稅徧桑麻，丁役及子孫。桃花斫爲薪，漁舟覓無門。君當廢然返，就我同灌園。送君古渡頭，黯然爲銷魂。顥氣海上來，茫茫風塵昏。〔註29〕

以桃花源爲寓言，慨歎仙鄉的失落與天地間戰亂風塵處處。前引顏崑陽討論「作者」因政教治亂而起情，而「讀者」因作品而起情。「作者」爲達諷諭的意圖，採取環譬以託諷的作詩手法。被諷諭的「讀者」（在上位者）也可由作品而起情。此乃《文心雕龍・詮賦》云：「情以物興，物以情觀。」謝道隆〈到桃源祖居二首〉云；

　　青松翠竹繞溪邊，石徑縈紆入洞天。忽聽村雞隔林唱，人家幾處上炊煙。〔註30〕

　　海上歸來欲黯然，桃花源裡宴群仙。先人手澤猶存處，古墓松楸已百年。〔註31〕

〔註28〕謝道隆著，《小東山詩存》（臺中市：謝文昌再次重印，1974年），頁7。
〔註29〕同前註，丘逢甲著，黃志平、丘晨波主編，《丘逢甲集》，頁159～160。
〔註30〕謝道隆著，《小東山詩存》（臺中市：謝文昌再次重印，1974年），頁6。
〔註31〕謝道隆著，《小東山詩存》（臺中市：謝文昌再次重印，1974年），頁6。

　　以縈紆入洞天與桃花源宴群仙，歡喜回歸祖居廣東省梅州市蕉嶺縣（古稱鎮平縣），受到族人熱情接待。《科山生壙詩集》中，鹿港詩人洪棄生〈三題謝君生壙詩後〉云；

> 軀殼落塵垢，跼蹐邱陵間。遊方海水淺，卷土蓬瀛屐。旦夕騎箕尾，直叩天閭關。天上覓方域，願近白玉壇。雲幢夾左右，願賜白玉棺。玉女導我馭，前鶴後青鸞。香案列上清，叼廁頑仙班。再拜陳下方，苦劫浩漫漫。人人歌虞殯，京觀立巑岏。臣身幸高舉，不願埋塵寰。帝曰汝凡骨，應墮海東山。……

　　論者魯瑞菁分析〈離騷〉飛天求女儀式，解決楚國日益傾覆、敗滅的危機，又以巫術化、儀式化的重新改造，界定自我行爲，突破自身生命所遭遇的困局。至於〈離騷〉求女，一者喻義求君，引用大母神原型，以解決楚國困境，一者喻義求潔，引用美女原型，以解決個人困境。第一次第一度飛天遠昇天門求女不遂，「結幽蘭而延佇」貽彼諸美，以致欽慕之忱。第一次第二度四回飛天求女。第一回「哀高丘之無女」，失敗了。之後三回因飛行下降，「相下女之可詒」，三回求女：「求宓妃之所在」、「見有娀之佚女」、「留有虞之二姚」，皆比興求君，宓妃比興現實生活的懷王，諸多批評。此外，喻義求潔，引用美女原型，以解決個人困境，崑崙象徵一潔淨純美的樂園。〔註32〕

　　洪棄生此詩則慨歎蓬萊樂園已淪落，「軀殼落塵垢，跼蹐邱陵間。」於是援用〈離騷〉以飛天求女儀式，追求天閭方域等彼界仙鄉，叼廁頑仙班卻反而被天帝貶謫下凡。前引王逸注《楚辭》的「興」，指結合「作者本意」和「語言符碼」的「託喻」之意。用此比興手法者，如蔡啓華〈題謝頌臣先生生壙〉云；

> 君不見歌臺舞榭委塵土，只有青山存萬古。又不見萬紫千紅轉瞬空，惟有松柏戰冬風。蜉蝣身世悲何盡，滄海茫茫一粟同。天堂迥莫昇。神仙幻難憑。欲駐朱顏無大藥，欲繫白日無長繩。悠悠到底歸何處，一望蓬蒿感不勝。聞說謝君賢達士，一切繁華無着意。功名富貴等浮雲，但計百年身後事。營壽藏，仿姚崇。科山一坏土，永作蓬萊宮。已悟浮生無住着，方壺圓嶠總虛空。死生自古人皆有，

〔註32〕魯瑞菁著，《楚辭騷心論：諷諫抒情與神話儀式》（上海：上海書店，2016 年 11 月第 1 版），頁 83～105。

　　且向花前酌大斗。誰能千載辨賢愚，惟君此舉名可久。茂如松柏盛
　　如川，山阜岡陵竝不遷。士壟千秋崇柳下，天長地久共綿綿。〔註33〕

　　富貴無常，身世蜉蝣的哀感，又因天堂迥莫昇，神仙幻難憑，而更難掩
藏此世悲涼的心神。蓬萊、方壺、圓嶠等仙境淪沒象喻臺灣割日。此外，洪
棄生〈生壙詩歌第六〉云：

　　　　君胡不作丁令威，千年華表一來歸。化鶴無恨城郭非，學仙蛻
　　去冢纍纍。又胡不作楊王孫，棺衾不聽祈侯論。預命羸身入九原，
　　葛藟緘屍屍不墳。我神爲馬尻爲輪，茫茫孰與大塊存。假如有壙無
　　乃贅，況在生前弄狡獪。黃土已難覓牛眠，青山何必添蛇蚓。方今
　　沉淪貉一邱，胡天胡地堪埋憂。夸父林中化拱木，王尼車下痛橫流。
　　魯仲惟應蹈海死，佛澄詎得埋石休。君云托此聊寄意，樊川可居墓
　　可志。衛生（名大經，事見二《唐書》。）筮畢鑿幽宮，王績醉餘書
　　葬地。碧雲紅樹冬青枝，訪君石榻且御屍。當效樂天傍禪塔（樂天
　　遺命葬如滿師塔旁），勿爲杜甫遷偃師。一水一峯須有我，寂居猶勝
　　闍維火。安排姚勗有臺依（勗作生壙曰寂居曰化臺），多事司空將客
　　坐（司空圖引客坐生壙）。誰懷栗里生誄文，白衣誦與東籬君。願君
　　莫詫豫凶事，會稽處士死良欣。

　　道教的三品仙，從天仙到逍遙名山，尋找洞天福地的地仙，乃至至尸解
仙，都同於《離騷》之回歸。道教強調修煉而變化，變化是爲了轉化凡質爲
仙質。此探求爲其終極關懷。「君胡不作丁令威」典故出自題爲陶潛撰《搜神
後記》。據汪紹楹《搜神後記》校錄云：

　　　　丁令威，本遼東人，學道于靈虛山。後化鶴歸遼，集城門華表
　　柱。時有少年，舉弓欲射之。鶴乃飛，徘徊空中而言曰：「有鳥有鳥
　　丁令威，去家千年今始歸；城郭如故人民非，何不學仙冢纍纍。」
　　遂高上沖天。今遼東諸丁云其先世有升仙者，但不知名字耳。

丁令威典故出自《搜神後記》，論者劉苑如等人的題解云：

　　　　《搜神後記》卷一，記丁令威學道成仙之事，其中變鶴返鄉
　　的情節，將仙道氣注入了鄉土情。本事亦見《類聚》七八、《三洞
　　群仙錄》三引《搜神記》，《洞仙傳》、《仙苑編珠》等引《飛天仙人
　　經》，文字稍異，便無該文「兒童見面不相識」之近鄉情怯的矛盾

情思。〔註34〕

《搜神記》〈劉晨阮肇入天台〉故事是短暫的回歸，也就是誤入。也就是誤入再回歸人間。回歸人間再修道。站在道教的立場，仙界不經意中開了一個孔，劉晨、阮肇入天台遇二仙女，是凡俗之人進入仙聖領域接受試煉，也就是遊仙文學的「上昇」主題。所謂「上昇」是由此界到彼界。丁令威的故事則是永恆的回歸，最原初、豐盈世界的回歸。

用德國哲學家歌德的說法：「相同事物的永恆復生」。論者瓦爾特・本雅明闡述：「相同事物在千變萬化的感覺前固守著同樣的面目，此是命運的標記，不論它是在許多的生命中雷同出現，或是在單個人的生命中不斷重複。」此中的命運，無關植物、動物。命運指生者與罪過之間的關聯。以此觀點論「丁令威」，求道化鶴一面擺脫命運的束縛，另一方面指犧牲形體的神話原型，如瓦爾特・本雅明所說：「完成了命運裡的死亡象徵。」從人存在的時間性，一如德國哲學家海德格強調的「事實性」即「被投置性」，以及「可能性」即屬己而成就真我的生活。尤其是對應現在而言，一般老百姓的日常生活現象的「墮落性」。「丁令威」神話象徵以「可能性」的形體變異，觀照塵世「事實性」與「墮落性」的滄桑。以人對永恆的預瞥（a Fore-Glimpse of Eternity）所涉及意識轉變的神祕經驗，對照凡人生命中「遺忘」、「度月」、「被動等待」的生活方式，此神話強調超越境界中的時光流轉殊異於一般人的一般時間，與「觀棋柯爛」、「山中方十日，世上已千年」等故事的時間體驗相同。〔註35〕

因此，棄生引用此神話象徵無常倏忽，滄桑感受深刻，而生於亂世，臺人淪為日本統治下的次等國民，因殖民者苛政而有的痛苦，猶如臺人命運中的罪過。誰能求道化鶴？即使得如丁令威，也不忍見故園城郭迥非昔日。如劉晏如等人所論述，丁令威此神話深具鄉土氣息，而且有近鄉情怯的矛盾情思。此外，屈原作品裏表達回歸的願望，因為憂成為探求回歸的動機。影響漢代士不遇賦至遊仙詩，這些作品中，士人感受到時間的無常和跼天蹐地的困厄，因而有超越「此界」進入「他界」的觀念。

〔註34〕劉苑如、高桂惠、康韻梅、賴芳伶選注，《歷代短篇小說選注》（臺北市：里仁，2003 年），頁 92～93。

〔註35〕瓦爾特・本雅明著，王炳均、楊勁譯，〈評歌德的《親合力》〉，收於《經驗與貧乏》（天津：百花文藝出版社，1999 年），頁 158～162。關永中著，《神話與時間》（臺北市：臺灣書局，1997 年），頁 177～190、285。

　　詩中典故如佛圖澄，天竺人也。本姓帛氏。少學道，妙通玄術。永嘉四年，來適洛陽，自云百有餘歲，常服氣自養，能積日不食。善誦神咒，能役使鬼神。佛圖澄嘗回答季龍「何處有賊？」澄即易語云：「六情所受，皆悉是賊。」云云，暗自寓諷之後石季龍殺子。事後值太武殿凶兆，季龍大惡之，秘而不言。澄對之流涕，乃自啓塋墓於鄴西紫陌，預知死期，而幸未及見石氏之滅。〔註36〕佛圖澄行誼雖涉神通，然而廣而喻之，志士仁人，每憂生憂世，對年壽修短、家國氣運，每能預感，雖未能撥亂反正，卻深自悵惘，如佛圖澄之流，縱無神通，當亦具遠見。石季龍暴戾殺子，豈有不亡之理？

　　晉末王尼（字孝孫，城陽人也，或云河內人），寓居洛陽。永嘉之亂，洛陽陷胡，尼避地荊州，常歎曰：「滄海橫流，處處不安也。」〔註37〕唐代王績字無功，絳州龍門人。著醉鄉記以劉伶酒德頌。其飲至五斗不亂，人有以酒邀者，無貴賤輒往，著五斗先生傳。豫知終日，命薄葬，自誌其墓。〔註38〕從情緒管理而言，學者認為：

> 　　許多人會說，死後有生命的想法是另一種錯覺。有一個關於死亡的笑話是這樣說的：死亡可能沒有那麼糟糕，因為沒有任何人回來抱怨過。附帶一提的是，當我們腦中有威脅性的想法存在時，說笑話也是一個很好的因應方式，它是一種讓情緒保持疏遠的作法；
> 　　對於可以付諸玩笑的事情，可以不必太認真。〔註39〕

　　學者也認為否認現實，或是比較溫和的錯覺雖然是不成熟的因應問題方式，卻使我們比較能忍受生活中的痛苦，因而「錯覺」成了文學不可避免的主題，因而作家常複雜的耍弄錯覺與現實。〔註40〕以此例之，如明末清初詩人吳偉業（字駿公，號梅村，江南太倉州人，西元一六○九～一六七一年）〈毛子晉齋中讀吳匏庵手鈔宋謝翺西臺慟哭記〉云：「會稽處士星，求死得亦足。」〔註41〕引《晉書・隱逸傳》典故，以會稽謝敷隱居若邪山，名聞不及戴逵。

〔註36〕房玄齡著，楊家駱主編，《晉書・藝術・佛圖澄》（臺北市：鼎文，1976），列傳第65，卷95，頁2485～2490。
〔註37〕同前註，《晉書・列傳第十九》，卷49，頁1382。
〔註38〕宋祁、歐陽修撰，楊家駱主編，《新校本新唐書附索引・列傳第121・隱逸》（台北：鼎文書局，1981年3版），卷196，頁5593～5596。
〔註39〕同前註，《感性與理性：了解我們的情緒》，頁201。
〔註40〕同前註，《感性與理性：了解我們的情緒》，頁200～202。
〔註41〕吳偉業撰，吳翌鳳箋注，《足本箋注吳梅村詩集》（台北：廣文書局，1982年8月初版），頁2～3。

時月犯少微，人云：「處士之星也。」皆爲逵憂。俄而敷卒，人嘲逵曰：「吳中高士，求死不得。」〔註42〕吳梅村詩嘲弄世間名實不符，竊名自高的隱士，也藉以自規自省。

然而棄生引用典故的深意，乃因毀滅失落的悲傷感受，寂寞而思慕古人，卻藉由歷史經驗與文化價值來處理情緒，以面對人生。但一個人如何使文化價值內化，與歷史經驗共鳴？當我們與古人有異代同調之感受，如學者所言，爲了治癒心靈創傷，援引古人爲例，以敘述重喚情感反應，包括創傷的痛苦經驗及因此被破壞的安全感，最無解的問題是，如何確認自己的角色？藉助歷史的典範，學者從前賢往聖，尚友古人以磨礪心志。因此學者類似心理治療師扮演療癒自我，身爲學者又兼具詩人敏於感應和善於詮釋的稟賦，洪棄生的詩作強調「確認性」角色的重要性，幫助自我解讀創傷經驗，並肯定尊嚴與價值。〔註43〕洪棄生〈生壙詩歌第七〉云：

　　裸莖或效楊王孫（傳奕亦命裸莖），天地陰陽爲襠褌。薧莖多慕皇甫謐（劉杳及訏歊皆效謐），簟篨麻約撩魄魂。文度故舟作棺槨，叔起黃壤無墓門（見《南史》劉歊傳）。辛愿日月供含襚，郭文石塊待尸蹲。是皆逍遙能齊物，肉形雖脫谷神存。況今時世大變遷，城市日日螉蛄喧。人民祇作行尸看，山水渾如大昏。伊誰粉飾到幽寢，混沌翻以眉目論。人多謂君任放達，我道不達莫如君。既將一身歸大化，何事累土成邱墳。柳惠難望秦護壠，謝安未必宋爭墩。十松已非同李適，十畝亦不如照鄰。安琴虛設顧榮座，納塵空掩王濛塵。方歎乾坤入朽壤，無端邱壑思古人，趙岐壽藏畫四哲，袁閎土窟誦千春，繭室王樵因喪亂，寢車范粲遂終身。時世已非賢人逝，未逝形骸先自湮。君如九京有斯志，我願一瞑長相親。達人王敬胤，高士劉士光。磚甓坎土無封樹，蘆樵藉地爲歸藏。褚伯玉埋書樓側，姚勤斯穴復眞堂。玄眞處士逢左右，玄晏先生臨上旁。斯世斯人自千古，我來當爇一瓣香。可歎世界淪東荒，豺狗萬物今朝張。鼠肝蟲臂成何用，蟻穴蜂壤稱尊王。憤時徐衍應投海，憤世屈平欲沉湘。顧歡卜墓剗山道，傳奕知死白雲鄉。王無功壙寄河渚，柳世隆壙立

〔註42〕 房玄齡等撰，楊家駱主編，《晉書‧隱逸列傳第六十四》（台北：鼎文書局，1980），卷94，頁2456。

〔註43〕 Jidith Herman 作，施宏達、陳文琪譯，《從創傷到復原（Trauma and recovery）》（台北：遠流圖書公司，2004年），頁275～276。

倪塘。嗚呼！斯皆未死豫刻死，將毋厭世斷心腸。我作生祭王炎午，
恨無生氣文天祥。

　　首句提到西漢武帝時人楊王孫，學黃老之術，家業千金，厚自奉養生，
無所不致。及病且終，先令其子曰：「吾欲贏葬，以反吾眞。」其意欲矯正時
俗厚葬之風俗，認爲「精神離形，各歸其眞，故謂之鬼，鬼之爲言歸也。其
尸塊然獨處，豈有知哉？」〔註44〕則形亡而神滅，若厚葬徒使「死者不知，
生者不得，是謂重惑。」反對子孫爲盡哀而隆禮，其生死觀近於老莊，而葬
禮「與其易也，寧戚。」之見解，又近於孔子《論語・八佾》所云。

　　晉皇甫謐（字士安，安定朝那人）居貧，躬身稼穡，帶經而農，遂博綜
典籍百家之言。沈靜寡欲，始有高尚之志，以著述爲務，自號玄晏先生。人
或強之以仕，謐辭謝以弱疾不堪，耽翫典籍，忘寢與食，時人謂之「書淫」。
著論爲葬送之制，名曰〈篤終〉。認爲「楊王孫親土，《漢書》以爲賢於秦始
皇。」預命「氣絕之後，便即時服，幅巾故衣，以籧篨裹尸。」「平生之物，
皆無自隨，唯齎《孝經》一卷，示不忘孝道，籧篨之外，便以親土。」〔註45〕
謐撰有《高士》、《逸士》等傳，學者李豐楙以爲此類著作提倡隱逸之風，多
少啓發郭璞遊仙詩的旨趣，即以遊仙之詞發爲憂世之危言。〔註46〕

　　辛愿（字散之，福昌人）《金史》稱其博極書史，年二十五取《白氏諷諫
集》自試，一日便能背誦。「性野逸不修威儀，貴人延宕，麻衣草履、足脛赤
露坦然於其間，劇談豪飲，傍若無人。」雖飢凍流離仍不從俗俯仰。〔註47〕

　　晉郭文（字文舉，河內軹人）少愛山水，尚嘉遯。永嘉之亂後，隱於東
南吳興餘杭大辟山中窮谷無人之地。王導聞其名，遣人迎之，文不肯就船車，
荷擔徒行，溫嶠嘗稱曰：「文有賢人之性，而無賢人之才，柳下、梁踦之亞乎！」
文後還山，隱於臨安，臨安令萬寵迎至縣中。文病甚，求還山，欲枕石安尸，
不令人殯葬。〔註48〕「況今」以下四句即「隱喻」。「時世大變遷」爲題旨（tenor），
「城市日日蟋蛄喧。人民祇作行尸看，山水渾如大隱昏。」三句爲媒介

〔註44〕 班固著，楊家駱主編，《新校本漢書并附編二種・楊胡朱梅云傳第三十七》（台
　　　　北：鼎文書局，1997），卷67，頁2907～2908。
〔註45〕 同前註，《晉書・列傳第二十一》，卷51，頁1409～1418。
〔註46〕 李豐楙，〈郭璞遊仙詩〉變創說之提出及其意義〉，《憂與遊：六朝隋唐遊仙詩
　　　　論集》（臺北：臺灣學生書局，1991年），頁118。
〔註47〕 楊家駱主編，脫脫等撰《金史・隱逸列傳第六十五》（台北：鼎文書局，1980
　　　　年3月初版），卷127，頁2752。
〔註48〕 同前註，《晉書・隱逸列傳第六十四》，卷94，頁2441。

（vehicle），分別以人文與自然意象設喻，進行排比；〔註49〕時世如墳墓，人民如行尸，生與死的誇張對比，猶如《易經‧明夷卦》象辭「明入地中」、「利艱貞，晦其明也。」的艱困。杜甫〈秋日荊南送石首薛明府辭滿告別，奉寄薛尚書頌德敘懷斐然之作三十韻〉一詩云：「風塵相澒洞，天地一邱壚。」〔註50〕墳墓、大隊等比喻臺島人民生不如死的悲涼心情。

顧榮（字彥先，吳國吳人，？～三二三年），素好琴，及卒，家人常置琴於靈座，吳郡張翰撫琴而歎：「顧彥先復能賞此否？」〔註51〕張翰之悲，洪棄生以為情（琴）已虛設。而王濛（字仲祖，太原人，西元三〇九～三四七年）既逝，亦風流頓消，惟留塵麈。〔註52〕《世說新語‧傷逝》「王長史病篤，寢臥燈下，轉麈尾視之，歎曰：『如此人，曾不得四十。』及亡，劉尹臨殯，以犀柄麈尾著柩中，因慟絕。」〔註53〕劉尹以犀柄麈尾著柩中，不免慟絕王濛，死生大痛，難免一往情深。

東漢末年趙岐（字邠卿，京兆長陵人，？～二〇一年），初名嘉，生於御史臺，因字臺卿，後避難，故自改名字，示不忘本土地。岐少明經，有才藝。年九十餘，建安六年（西元二〇一年）卒。先自為壽藏。圖季札、子產、晏嬰、叔向四像居賓位，又自畫其象居主位，皆為讚頌。並勅其子將之薄葬。〔註54〕其所作《孟子章句》，南宋王應麟謂作於中常侍唐衡兄玹，懷怨陷害其家屬，而岐不得不逃難四方時。乃《易經‧困卦》所謂困而不失其所者，亨。正所謂「患難顛沛中」，而君子守常，「無斯須不學也」。〔註55〕

「袁閎土窟誦千春」，袁氏後漢人，字夏甫。因值朋黨事作，乃築土室，不為戶，自牖納飲食，潛身十八年。見《後漢書‧高士傳》卷七十五。《易經‧明夷卦》初九：「明夷于飛。垂其翼，君子于行，三日不食，有攸往，主人有

〔註49〕 張錯（Dominic Cheung）著，《西洋文學術語手冊》（臺北：書林出版社，2005），頁289。

〔註50〕 同前註，杜甫著，楊倫編輯，《杜詩鏡銓》，頁931。

〔註51〕 同前註，《晉書‧列傳第十八》，卷68，頁1815。《新譯世說新語‧傷逝》，頁619。

〔註52〕 同前註，《晉書‧列傳第六十三》，卷93，頁2418。

〔註53〕 《新譯世說新語》，頁621。

〔註54〕 范曄著，《後漢書‧吳延史盧趙列傳第五十四》（臺北：鼎文書局，1999年2版1刷），卷64：頁2121～2124。

〔註55〕 王應麟撰，閻若璩箋，《困學紀聞》（小東濟南市，山東友誼書社，1992年7月第1版），卷1，頁45。

言。」程頤《傳》引袁閎潛遁以解釋經文。〔註56〕

　　范粲（字承明，陳留外黃人，西元二〇二～二八五年）高亮貞正，而博涉強記，學皆可師。三國曹魏末年，見司馬氏專權，因陽狂不言，寢所乘車，足不履地，不言三十六載，終於所寢之車。其長子范喬與二弟並棄學業，絕人事，侍疾家庭，至粲沒，足不出邑里，乃安貧樂道的衡門之士。〔註57〕

　　南朝齊柳世隆（字彥緒，河東解人），少立功名，晚專以談義自業，善彈琴，曉數術，於倪塘創墓，與賓客踐履，十往五往，常坐一處。及卒，墓正取其坐處焉。同傳顧歡（字景怡，吳郡鹽官人），早孤，每讀《詩經・蓼莪》至「哀哀父母」輒慟泣。自知將終，賦詩言志云：「精氣因天行，遊魂隨物化。」剋死日，卒於剡山，還於舊墓。〔註58〕

　　南朝齊褚伯玉（字元璩，吳郡錢塘人），少有隱操，寡嗜欲，隱於剡山之瀑布山，在山三十餘年，隔絕人物。建元元年卒，年八十六。常居一樓上，仍葬樓所。〔註59〕

　　唐人傅奕，相州鄴人，尤曉天文曆數。太宗、高宗在位時，奕倡言排佛，以儒、道二家之說為名教。性縱達，生平遇患，未嘗請醫服藥，雖究陰陽數術之書，而並不之信。自為墓誌曰：「傅奕，青山白雲人也。因酒醉死，嗚呼哀哉！」嘗醉臥，蹶然起曰：「吾其死矣。」〔註60〕兀然獨醉，蹶而不傷，即使受傷亦不覺痛楚，惟生死一念尚警而覺察，而又瞬間生滅。卻以即時行樂以掩蓋死亡迫近之悲涼，壽夭榮利非心所繫，惟念名教家國之興衰凌夷，縱達中又見儒者心志。

　　北宋王樵（字肩望，瑠州淄川人），咸平中因舉家被契丹所掠，因挺身入契丹訪父母，累年不獲，遂與俗絕，自稱贅世翁。論兵擊劍，以策于宋臣何承矩等，永滅遼復仇，不用，乃於城東南隅，累磚自環，謂之繭室，病革，入戶自掩戶卒。〔註61〕

〔註56〕程頤原著，黃忠天註評，《周易程傳註評》（高雄：復文圖書出版社，2000），頁408。

〔註57〕同前註，《晉書・隱逸列傳第六十四》，卷94，頁2431～2432。

〔註58〕蕭子顯撰，楊家駱主編，《南齊書・列傳第5》（台北：鼎文書局，1980），卷24，頁452。

〔註59〕同前註，《南齊書・高逸列傳第三十五》，卷54，頁926～934。

〔註60〕同前註，《舊唐書・列傳第二十九》，卷79，頁2716。

〔註61〕同前註，《宋史・隱逸列傳第二百十七》（台北：藝文印書館，出版年不詳）卷458，頁5536。

　　論者龔鵬程在〈俠骨與柔情：近代知識分子的生命形態〉一文，剖析晚清文人詩文中的憂世與憂生之情。認為「憂時念亂的儒俠們，悲歌慷慨之中，其實就有這樣的憂生之懷。」而人生空虛之感，又使他們趨近道家人生如幻夢，以及佛家視人生為苦空的態度。〔註62〕

　　試觀洪棄生詩中的歷史人物，或為烈士（如要離）、高士隱者（如梁鴻）、名臣（如馬援），儒者（如虞翻），為報國仇家恨、介於儒俠者（如王樵），通曉佛道二家學說者（如張融）。然最重要的仍是隱士，如朱熹評論陶潛：「隱者多是帶氣負性之人為之，陶欲有為而不能者也。」〔註63〕窮則獨善其身，若陶潛。出仕則戮力從公，甚至殉國盡節，如文天祥，此儒者心期也是洪濟世安民之心志。洪棄生遭逢台灣割日，慨然以遺民自居，如抱器魯生，欲以一身為故國延續文化慧命，乃以著述為志，然其性情如其云：多情、多慾、多愁。〔註64〕發為詩文，對古來詩人憂世憂生情懷心每多感應，白居易、司空圖等人之曠達，既援以切合謝道隆的身分與志趣。俠者欲報國仇而不惜捐軀，又遙契謝道隆乙未年（西元一八九五年）抗日之義舉。

　　此外，王濛神氣清韶，為善談玄理的名士，〔註65〕好讀《左傳》，支遁批評他「逐鄭康成車後」。王濛死於穆宗永和三年，年三十九。（見《書法要錄》九引《書斷》）《晉書》本傳贊他「有局量」、「神鑒內融」「性和暢，能言理、辭簡而有會。」〔註66〕

　　劉杳（字士深，平原平原人），杳少好學，博綜群書，《梁書》卷四十四，記載劉杳少好學，博綜群書，沈約〈報劉杳書〉稱許杳所惠二贊：「辭采研富，事義畢舉，句韻之間，光影相照。」大同二年，卒官，時年五十。撰有《高士傳》等書。史傳稱其治身清儉，無所嗜好。為性不自伐，不論人長短。又云：

　　　　及親釋氏經教，常行慈忍。天監十七年，自居母憂，便長斷腥
　　　羶，持齋蔬食。及臨終，遺命斂以法服，載以露車，還葬舊墓，隨

〔註62〕龔鵬程著，《俠的精神文化史論》（濟南市：山東畫報出版社。2008年5月第1刷），頁189～190。

〔註63〕朱熹撰，黎清德編，《朱子語類》（北京：中華書局，1988），頁3327。

〔註64〕洪棄生著，〈報張子汝南書〉《寄鶴齋古文集》（南投，台灣省文獻委員會，1993），頁274。

〔註65〕《新譯世說新語》〈容止〉，頁600。

〔註66〕《新譯世說新語・輕詆》，〈言語〉，頁811～812，88。

得一地，容棺而已。不得設靈筵祭醊，其子遵行之。〔註67〕

　　杏父聞慰，嘗任齊東陽太守，有清績，養孤弟妹，事寡叔母，皆有恩義。杏以文學著稱，服行釋氏慈忍之教誨，遺命薄葬。生盡孝道，為官有善績。死不重隆禮厚葬，一如其性情。死生如一，終始行道，既有無忝所生孝，又有清儉曠達之風。

　　對於隱者的評價，《梁書·處士列傳》以輕生重道，若伯夷、叔齊者為隱者之上。以安於卑官，隱於朝士，「居易而以求其志，處污而不愧其色。」的隱者為其次。而「或裸體佯狂，盲瘖絕世，棄禮樂以反道，忍孝慈而不恤。此全身遠害，得文雅之道，又其此也。」〔註68〕

　　杏弟劉歊（字士光，平原人，西元四八八～五一九年）是南北朝南梁士人。族弟劉訏（字彥度）。史稱訏幼稱純孝，善玄言，尤精釋典，卒於歊舍，時年三十一。臨終，執歊手曰：「氣絕便斂，斂畢即埋，靈筵一不須立，勿設饗祀，勿求繼嗣。」歊從而行之。宗人至友相與刊石立銘，諡曰：「玄真處士」。歊與族弟訏並隱居求志，遨遊林澤，以山水書籍相娛而已。歊〈革終論〉云「形」乃無知之質，「神」是有知之性。形去而神已適彼，祭何所祭？棺槨丘墳，設奠施筵，欲立孝子有追思之地耳。歊以孔子、釋尊為師。預命葬禮務求儉易。「進不裸尸，退異常俗，不傷存者之念，有含至人道。」其遺命薄斂之舉，合於孝道與知命委順的曠達之道。親故誄其行迹，諡曰：「玄節處士」。歊〈革終論〉言貧者之葬禮，有「文度故舟為槨」、「叔起誠絕墳壟」等語，為洪棄生詩文所引。〔註69〕

　　唐代宰相姚崇（字元之，陝州硤石人）的曾孫勗（字斯勤），長慶初擢進士第。自作壽藏於萬安山南原姚崇塋之旁，署兆曰：「寂居穴」，墳曰：「復真堂」，中剋為牀曰：「化臺」，而刻石告後世。〔註70〕

　　白居易（字樂天，其先太原人，西元七七二～八四六年），史傳稱其最長於詩。會昌中，白以刑部尚書致仕，與香山僧如滿結香火社，自稱香山居士。

〔註67〕姚察、謝炅、魏徵、姚思廉撰，楊家駱主編，《新校本梁書·文學列傳第四十四》（台北：鼎文書局，1980），卷50，頁715～716。

〔註68〕同前註，《新校本梁書·文學列傳第四十五》，卷51，頁731。同前著，《南齊書·良政列傳第三十四》，卷53，頁917。

〔註69〕同前註，《新校本梁書·文學列傳第四十五》，卷51，頁747～750。

〔註70〕宋祁、歐陽修撰，楊家駱主編，《新唐書·列傳第四十九》（台北：鼎文書局，1980），卷124，頁4389。

白致仕後居洛陽，效陶潛〈五柳先生傳〉作〈醉吟先生傳〉以自況。遺命薄葬，毋請諡，不歸下邽，可葬於香山如滿師塔之側，家人從命而葬焉。〔註71〕

唐人魏大經，史傳稱其篤學善《易》。武則天降詔徵之，歸疾不赴。嘗預筮死日，鑿墓自爲誌文，果如筮而終。〔註72〕初唐王績（字無功，絳州龍門人，西元五九○～六四四年），嘗躬耕於東皋，故時人號東皋子。著〈醉鄉記〉以次劉伶〈酒德頌〉，其飲至五斗不亂，又著〈五斗先生傳〉。《新唐書‧隱逸‧王績列傳》云：

> 績之仕，以醉失職，鄉人靳之，託無心子以見趣曰：「無心子居越，越王不知其大人也，拘之仕，無喜色。越國法曰：『穢行者不齒。』俄而無心子以穢行聞，王黜之，無慍色。退而適茫蕩之野，過動之邑而見機士，機士撫髀曰：『嘻！子賢者而以罪廢邪？』無心子不應。機士曰：『願見教。』曰：『子聞蜚廉氏馬乎？一者朱鬣白毳，龍骼鳳臆，騄馳如舞，終日不釋轡而以熱死；一者重頭昂尾，駝頸貉膝，踾趹善蹶，棄諸野，終年而肥。夫鳳不憎山栖，龍不羞泥蟠，君子不苟絜以罹患，不避穢而養精也。』」其自處如此。〔註73〕

王績豫知終日，命薄葬，自誌其墓。〔註74〕王績言君子不苟絜以罹患，不避穢而養精也。此和光同塵，以免罪辱，避俗逃世以安身，棄生所謂「斯皆未死豫刻死，將毋厭世斷心腸。」

中唐文人李適（字子至，京兆萬年人），卒於睿宗時，年四十九。嘗夢與人論大衍數，寤而曰：「吾壽盡此乎！」勑其子曰：「霸陵原西視京師，吾樂之，可營墓，樹十松焉。」及未病時，衣冠往寢石榻上，置所譔《九經要句》及素琴于前，士貴其達。〔註75〕

學者認爲一些自小從父母雙方內化而學得的個人行爲，如果它們的標準高的不合理，就把它們放棄掉。這種作法可以不知不覺地扭轉我們被羞愧情

〔註71〕同前註，《新唐書‧列傳第四十四》，卷119頁，頁4304。《舊唐書‧列傳第一百一十》，卷166，頁4358。

〔註72〕同前註，《舊唐書‧隱逸列傳第一百四十二》，卷192，頁5122。

〔註73〕宋祁、歐陽修撰，楊家駱主編，《新校本新唐書附索引‧列傳第121‧隱逸》（台北：鼎文書局，1981年3版），卷196，頁5593～5596。

〔註74〕同前註，《新唐書‧隱逸列傳第一百二十一》，卷196，頁5593～5596。《舊唐書‧隱逸列傳第一百四十二》，卷192，頁5116。

〔註75〕同前註，《新唐書‧隱逸列傳第一百二十七》，卷202，頁5748。

緒所苦的傾向，不過說的比做的容易。改變我們行為標準的步驟之一是體認到，我們不必在情緒上和知性上樣樣完美才能被接受，甚至被愛。我們會知道自己的標準是不合理的，以及如果我們可以接受自己現在的樣子，生活會比較快樂、比較圓滿。〔註76〕

「我作生祭」二句，憾恨臺灣割日，罪咎在清末朝中大臣李鴻章等人，無力抵抗外侮，又缺乏氣節。相較南宋末年殉節而不降蒙元的文天祥，李鴻章蒙恥足羞。岳飛論南宋人抵禦金人的必備條件是：「文臣不愛錢，武臣不惜命。」〔註77〕相較之下，甲午戰爭清廷與日人一交戰便怯懦敗退。

試論宋末遺民王炎午（原名鼎翁，別號梅邊，學者稱梅邊先生）為太學上舍生時，與文天祥同遊。文被元兵執，王作〈生祭文〉略曰：「鼎翁，丞相鄉之晚進士也。進而父沒，退而國亡，生雖愧陳東報汴之忠，死不效陸機入洛之恥。忠肝義膽，凜然如秋霜烈日，蓋欲為一死而無可死之地，故以死望丞相。」〔註78〕王〈生祭文〉所言的陳東（字少陽，鎮江丹陽人），因上書高宗，罷黃潛善、汪伯彥，又請親征以還二聖，治諸將不進兵之罪，激怒高宗而被斬。〔註79〕以忠義死節、成仁取義勖勉文天祥。而文天祥從容就義，殉道盡節，終究非人人可及。

第二節　蓬萊神話象徵樂園失落

詩情以神話象徵無常，書寫深刻滄桑，例如洪棄生詩作〈生壙詩歌第六〉，引用丁令威求道化鶴的神話，來象徵無常倏忽，滄桑感受深刻，而生於亂世，臺人淪為日本統治下的次等國民，因殖民者苛政而有的痛苦，猶如臺人命運中的罪過，不忍見故園城郭迴非昔日。以蓬萊神話象徵樂園失落，深有滄桑感者，又如洪棄生〈題謝君生壙八首〉其一、其二、其四云：

〔註76〕Richard S. Lazarus、Bernice N. Lazarus 著，李素卿譯《感性與理性——了解我們的情緒（Passion and reason：making sense of our emotions）》（台北：五南圖書公司，2002 年 2 月一版一刷），頁 195。
〔註77〕陸文虎著，《錢鍾書的文學世界：「圍城」內外》（臺北市：書林，1997 年），頁 199～200。
〔註78〕陸心源輯撰，《宋史翼》（北京：中華書局，1991 年 12 月第 1 版），卷 34，頁 370。
〔註79〕同前註，《宋史・忠義列傳第二百十四》（台北：藝文印書館，出版年不詳）卷 455，頁 5499。

　　乾坤老去賸殘身，芻狗芻靈作比鄰。海外已無乾淨土，山中尚有醉眠人。當前斬板蓬蒿滿，此後懸崖日月新。我欲訪君生死路，衡門翰與墓門親。

　　久欲從君起九原，奈他性癖愛邱樊。隨狙杜甫棲同谷，化蝶蒙莊寄漆園。未待人間催薤露，預先地下闢桃源。溪山豈覺吾儒腐，花落無言鳥不喧。

　　健在浮生恨德孤，方壺圓嶠等閒徂。世間已任呼牛馬，地下何妨聽蟪蛄。指點江山題素旐，安排風雨過黃壚。瑕邱公叔稱歡樂，誰效籧瑗（讀平聲）請首途。〔註80〕

　　三首詩慨歎桃源已失，死後方有乾淨土，反諷現世汙濁。其五云：「問影問形皆若贅，爲仙爲鬼總稱逋。」藉遊仙以爲逃遁現實苦難的託辭。方壺圓嶠以蓬萊神話象徵樂園失落。〔註81〕易順鼎《盧餘集‧嶺南集》中〈題臺灣謝君頌丞生壙〉云：

　　我昔居母憂，兩渡澎與臺。欲以大甲溪，爲我小眠齋。馬革既不遂，馬鬣猶可偎。生愧虬髯公，死愧羊角哀。回首望大荒，惟有騎麟迴。謝君即臺人，居此溪之隈。亦嘗呼倉葛，無奈棄珠崖。田橫五百去，徐福五百來。鵜首雖已翦，狐首未肯歪。嗟君之松楸，即帝之蓬萊。割帝之左股，傷君之中懷。於焉築生壙，欲以藏形骸。司空表聖意，千古同低徊。陶潛詠荊軻，壯志終未灰。我笑荷鍤人，未免先安排。人死埋亦可，不埋亦復佳。終當飽螻蟻，何畏飽狼豺。況本黃土摶，復化黃土堆。或埋而未死，或死而未埋。埋而未死者，顏闔之鑿坏。死而未埋者，郂支之薰街。安得戮鯨鯢，京觀昭雄恢。然後築麒麟，祁連象崔嵬。昨我遊羅浮，一路雲霞開。俗以寶爲棺，崖間寶纍纍。初觀頗惻然，繼念殊佳哉。滿地紅者花，滿地綠者苔。飛來白蝴蝶，開遍紫玫瑰。環以碧澗流，覆以青松釵。紅塵飛不到，青山淨如揩。何必羨蠻觸，國乃在一蝸。何必羨淳于，官乃在一槐。請以天爲幕，更以海爲杯。我詩乃正論，勿視爲齊諧。〔註82〕

〔註80〕洪棄生，《寄鶴齋詩集》（南投：臺灣省文獻委員會，1993），頁353～354。

〔註81〕班固著，楊家駱主編，《漢書‧楚元王傳》（臺北：鼎文書局，1997年10月9版），卷36，頁1953，劉向語。

〔註82〕易順鼎著，《琴志樓詩集》，頁1047～1048。又見謝道隆著，《小東山詩存》（共九冊）（台北：成文出版社，1883年3月台一版），卷9〈人物志〉，頁3635。

易順鼎哀痛臺灣割日，引用虬髯客等英雄事蹟比擬謝道隆，寄望中國國勢復振，「安得戮鯨鯢，京觀昭雄恢。」以「陶潛詠荊軻，壯志終未灰。」來安慰謝道隆。前引論者高莉芬對「蓬萊神話」的論述，先民居此以避洪水，視爲水中可棲止生息處，保留生民所居陸地是由水中敷陳而出的神話。蓬萊神山或《海內十洲記》的洲島，其地理空間元素「土」與「水」及其地貌形式「島嶼」，隱喻宇宙原始創生神話的聖顯，即世人對原初世界的美好想像，伊利亞德所謂「永恆回歸」的神話。蓬萊仙山實現從「此界」到「彼界」的過渡轉換，象徵生命超越與神聖回歸，爲人類集體潛意識中永恆的原鄉想像。高莉芬稱此「樂園」不同於「烏托邦」的動態、積極、入世，「樂園」乃「靜態性、消極、出世及強調放任、無爲、獨善其身的心態。」易順鼎詩：「嗟君之松楸，即帝之蓬萊。割帝之左股，傷君之中懷。」以蓬萊神話象徵樂園失落，深有滄桑感。周紹祖〈題謝頌臣先生生壙〉云：

> 藉甚聲華謝茂秦，海枯石爛作遺民。騎箕未許歸天去，荷鍤先
> 看擇地親。手撰碑銘鑴鳥篆，躬栽墓木化龍鱗。此身我亦蜉蝣視，
> 萬古青山願結隣。

> 世無不死作神仙，羽化飛昇總妄傳。誰悟寄身如蝶夢，早能埋
> 骨覓牛眠。千秋疑塚阿瞞詐，三尺生壙表聖賢。更爲詞林添韻事，
> 墻間唱和自成編。〔註83〕

推許其遺民志節，用莊周夢蝶的物化典故，排遣人間名聞毀譽猜疑等俗情。

謝道隆著，《小東山詩存》（臺中市：謝文昌再次重印，1974 年），《科山生壙詩集》，頁 2。

〔註83〕謝道隆著，《小東山詩存》（臺中市：謝文昌再次重印，1974 年），頁 38。

第四章　觀身蟬蛻，貞隱行醫

　　謝道隆的生壙題詩，寫詩徵應的文友作品，要旨以觀身蟬蛻來觀照生死，以自然無爲，貞隱求志，稱許謝道隆能善盡醫者職責，期能以逸民自終。論者稱隱士身隱而心通造化云：「隱士不僅不應該築起藩籬，讓外面的世界無法侵入，反而應該勇於突破藩籬，爲增進自己與外在世界的互相理解而努力。」〔註1〕謝道隆隱逸行醫，不忘治世濟世。又與友朋詩酒風流，貞隱以求志。

第一節　觀身蟬蛻，安命守道

　　觀身蟬蛻，安命守道的詩情，例如《科山生壙詩集》中，鹿港詩人洪棄生〈謝生爲生壙來徵詩爲題四作（稱先倣史漢恢先鄧先例）〉其一云：

　　　　人生如蟬蛻，終與大化游。面目如芻靈，尻骨如輪輈。有時歸一盡，處世如寄郵。彭殤豈異致？物宰無短修。糞壤同螻蟻，早暮同蜉蝣。如何不達人，視死如視仇？豈知身在世，未死猶贅疣。或有浮慕者，遠企神仙儔。神仙不可期，玉棺來無由。亦有放佚人，未死營糟邱。或作終隱計，既老營菟裘。皆非曠達觀，高厚一身囚。何如謝先生，乘氣出九州。請謚冥漠君，荷鍤隨老劉。牛山鬼兆域，馬鬣栽松楸。陰陽作欑輴，天地爲塋周。近在鍋鼎山，豫凶及窀穸。華屋告生存，蒿里歌勸酬。豈似杜元凱，生前營首坵。西瞻晉宮闕，東奉二陵秋。同人車三過，腹痛莫淚流。千秋萬歲後，爾我皆枯髏。生誄陶淵明，安命素所求。生祭杜牧之，埋骨寧所憂。我來進生芻，

〔註 1〕Petre France 著，梁永安譯，《隱士：透視孤獨》（Hermits; The Insights of Solitude）（臺北：立緒文化，2001 年 3 月初版），頁 307。

一笑先生休。〔註2〕

誠如神經外科醫生佛蘭克（Frank）所說，受苦是到達世界頂峰的方法，或是馬拉松長跑到終點線的方法。從病患個案研究，要到達此一心靈狀態，作法如下：

> 對某些人，尋找受苦痛的意義使他們更靠近神和宗教。對其他人，更世俗的方法更有效：自願去幫助與他同受苦難的人；分享治療的效果；募款或講演以治療苦難或提昇公眾的理解，……若不曾經歷過疾患，她就不會有機會去看護其他人。她在各種毫無意義的疾病中找到意義，進而視之為祝福。可以說她被治癒了，靠的不是顱骨切開術，而是重新建構她的態度。〔註3〕

佛蘭克（Frank）引述希臘斯多亞學派的哲學家艾皮科蒂塔斯（Epictetus, 西元前五十五～西元前一三五年）的訓誨，用微笑面對受苦，痛苦只影響肉體，只侷限人存在的一小部分。痛苦雖然桎梏我們的身體，但別讓它桎梏心靈。佛蘭克（Frank）建議我們設立人生目標，並保持前進，不要完全依賴週遭的求助，就如馬拉松跑者必須獨自蹣跚的回家。畢竟要擺脫苦痛的束縛，辛苦贏得生命就要奮鬥，這終究得靠自己，他說的好：

> 死亡雖是最終的止痛劑，但我們不能輕率的接受它，正如艾皮科蒂塔斯早就說過，我們不能讓肉體的桎梏加重精神的壓力。我們必須試著遺棄痛苦的桎梏，掩藏我們的心神以抗拒悲涼，並繼續登山攻頂。〔註4〕

「人生如蟬說」、「屍解鴻毛輕」等語，無非藉道教尸解仙的死亡觀，以求蛻脫身體的苦痛。道教的養生思想更強調「氣化」，以氣血的運行變化來養生，此即南朝齊梁道士陶弘景（字通明，丹陽秣陵（今江蘇南京）人，西元四五六～五七六年）所謂：「以形化者，尸解之類，神與形離，二者不俱。」「以氣化者，生可冀也。」而心神又能「遊心於虛靜，結志於微妙，委慮於無欲，歸計於無為，故能達生延命，與道為久。」〔註5〕道教由身體而氣血，

〔註2〕洪棄生著，《寄鶴齋詩集》（南投：臺灣省文獻委員會，1993），頁272。
〔註3〕Frank T. Vertosick , Jr., M. D.《WHY WE HURT：The Natural History of Pain》（New York：A Harvest Book Harcourt , Inc.，2000），P.278。
〔註4〕同前註，《WHY WE HURT：The Natural History of Pain》，P.279。
〔註5〕陶弘景著，曾召南注譯，《新譯養性延命錄》（台北：三民書局，2000年8月初版二刷），頁26～28。

再提昇心神，虛靜無欲的養生，與佛蘭克（Frank）掩藏我們的心神以抗拒悲涼之說，二者之說雖不同，但強調虛靜斂神的觀點，足可相印證。

東晉謝安，字安石。四十餘歲前隱居東山，雖放情丘壑，然每遊賞，必以妓女從。既累辟不就，簡文帝時為相，曰：「安石既與人同樂，必不得不與人同憂，召之必至。」安好音樂，自弟謝萬喪，十年不聽音樂。及登台輔，期喪不廢樂，雖受朝寄，然東山之志始末不渝，而終未能實現。安卒後，名士羊曇為之輟樂彌年，行不由西州路。一日因大醉而過，悲感不已，誦曹子建詩曰：「生存華屋處，零落歸山丘。」慟哭而去。〔註6〕

「蒿里歌勸酬」，〈蒿里〉是漢樂府中的挽歌，即出殯時挽柩人所唱的歌謠。蒿里是死人的居里。蒿，本當作「薧」，是乾的意思，人死則槁乾，故死人住所稱「蒿里」。據干寶著《新譯搜神記》云：

> 挽歌者者，喪家之樂，執紼者相和之聲也。挽歌辭有〈薤露〉、〈蒿里〉二章，漢田橫門人作。橫自殺，門人傷之，悲歌。言人如薤上露，易晞滅。亦謂人死精魂歸於蒿里。故有二章。

執紼，指送葬的人挽引棺索。紼，引棺之繩索。〈薤露〉、〈蒿里〉均屬漢樂府中〈相和歌·相和曲〉。據黃鈞注譯，〈薤露〉、〈蒿里〉古挽歌名。「原為一曲之二章，漢武帝時李延年乃分為二曲。〈薤露〉送王公貴人，〈蒿里〉送士大夫、庶人。」「薤草本植物名，俗稱藠頭。」田橫的典故，「田橫本齊國貴族，秦末從兄田儋起兵，重建齊國。後被漢滅，率黨徒五百人逃亡海島，不願向漢稱臣。後漢高祖命他來洛陽，途中自殺。其留居海島的門徒聞訊亦全部自殺。」〔註7〕

晉杜預（字元凱，京兆杜陵人），平吳有功，進爵封侯，自謂有《左傳》癖，著《春秋左氏經傳集解》。生前預先為遺令，自營洛陽城東首陽之南為將來兆域，儀制取法於春秋鄭國子產，以儉自完，陪陵於其妻郭氏旁。〔註8〕

史載漢建安七年（西元二〇二年），曹操遣使以太牢祀橋玄，祀文記橋與曹從容約誓之言曰：「殂逝之後，路有經由，不以斗酒隻雞過相沃酹，車過三步，腹痛勿怪！」曹謂「雖臨時戲笑之言，非至親之篤好，胡肯為此辭乎？」〔註9〕親舊故知以死亡為笑謔，以示情篤；生者久要不忘平生之言，想見懷思

〔註6〕同前註，《晉書·列傳第四十九》，卷79，頁2076。
〔註7〕干寶著，黃鈞注譯，《新譯搜神記》（臺北市：三民，2009年），頁400。
〔註8〕同前註，《晉書·列傳第四》，卷32，頁1028。
〔註9〕同前註，《新校本三國志注附索引·武帝紀第一》卷1，頁23。

綿長，此則史事雋永如自《世說新語》中摘出。

從修辭技巧言，此詩多用「修辭性疑問句（rhetorical question）」，也就是不需回答的反詰句，用意在提起語氣，掀起文章波瀾。如「彭殤豈異致？物宰無短修。」一問一答。「如何不達人，視死如視仇？豈知身在世，未死猶贅疣。」生命如贅疣，有不知無，遑恤苦樂。反詰句以規箴，語調峻切。「何如謝先生，乘氣出九州？」以提問掀文章波瀾。「豈似杜元凱，生前營首坵。」以古人比擬謝氏。末六句「生誄陶淵明，安命素所求。生祭杜牧之，埋骨寧所憂。我來進生芻，一笑先生休。」寓生死達觀於筆墨笑談之間，「生祭」二句以反詰應上句啓下句，文筆靈動。蓋杜牧（字牧之，唐京兆萬年人，西元八〇三～八五三年）〈自撰墓誌銘〉末云：「後魏太公顒，封平安公，及予九世，皆葬少陵。嗟爾小子，亦克厥終，安于爾宮。」〔註10〕乃愼終追遠，不失人子繼志述事之德。

陶潛（陶淵明字元亮，後更名潛，江州尋陽柴桑（今江西九江）人，西元三六五～四二七年）〈擬挽歌辭三首〉其一首云：「有終必有死，早終非命促。」末云：「但恨在世時，飲酒不得足。」適情而礦達，誠如其〈歸去來兮辭並序〉末云：「聊乘化以歸盡，樂夫天命復奚疑。」其〈詠貧士七首〉其四仰讚安貧守賤之黔婁，稱其「一旦壽命盡，蔽覆仍不周。」然終身之志在「朝與仁義生，夕死復何求？」〔註11〕

就儒家的天道觀，《孟子》所謂的「天」有造物、賦性的功能。《孟子》〈告子上〉所謂「天生蒸民，有物有則；民之秉彝，好是懿德。」儒家的天道觀又有主宰、定命之意涵。子夏所謂「死生有命，富貴在天。」是定命之天命觀。孔子所謂「富貴如可求，雖執鞭之士，吾亦爲之，如不可求，從吾所好。」是主宰之天命觀。《孟子》所謂「莫之爲而爲者，天也；莫之致而致者，命也。」《孟子》〈盡心上〉所謂「求則得之，舍則失之，是求有益於得也，求在我者也。」如品德、學問的修養追求。「求之有道，得之有命，是求無益於得也，求在外者也。」如年壽、權位、財富。是以「莫非命也，順受其正。知命者，不立乎巖牆之下。桎梏而死者，非正命也，順其道而死者，正命也。」君子盡人事而聽天命。《孟子》所謂「盡其心者知其性也，知其性者，則知天也。

〔註10〕杜牧著，《樊川文集》（臺北：漢京文化公司，1983），頁162。
〔註11〕陶潛著，逯欽立校注，《陶淵明集》（台北：里仁書局，1985），頁141、162、125。

存其心，養其性，夭壽不貳，修身以俟之，所以立命也。」其天命觀以知命、立命、安命，樂觀進取，所謂「君子素其位而行，不願乎其外。」朱熹注：「素者，安處也。」故能「無入而不自得焉」。因此，在上位，不陵乎下；正己而不求於人。上不怨天，下不尤人，君子居易以俟命。所謂俟命是指積極的立命而待之。

〈謝先爲生壙來徵詩爲題四作〉「生謀陶淵明，安命素所求。」蘇軾評陶淵明：「欲仕則仕，不以求之爲嫌；欲隱則隱，不以隱之爲高，古今賢之，貴其眞也。」又評陶淵明詩：「質而實綺，癯而實腴。」論者葉嘉瑩稱陶淵明任眞自得，陶淵明詩的「眞」，複雜而豐富多彩。所謂「日光七彩，融爲一白。」鍾嶸《詩品序》批評永嘉時期的玄言詩：「理過其辭，淡乎寡味。」陶淵明詩和玄言詩相反，陶詩以感寫思，「通過感覺和感情來寫人生哲理，表現出他的一種思致。」〔註12〕論者李澤厚、劉紀綱稱陶潛是首位以詩作結束玄理與山水詩的對峙。他的「即事」要在當下日常生活中獲得人生的解脫和感悟。〈挽歌詩〉〈雜詩〉以極爲冷靜清醒的眼光去看人生的死，卻對人生深情愛戀。其「平淡」的審美境界，其特徵在於徹悟人生的苦難，但又不否棄現世的人生，而仍然率眞、質樸地肯定人生有美好可親的東西，從日常的生活中去尋求心靈的滿足和安慰。此不同於玄學與禪宗，不希求道教、佛教所說的肉體的長生或「法身」的永存。〔註13〕淵明安命守道，陶詩〈挽歌詩三首〉其一云：

> 有生必有死，早終非命促。昨暮同爲人，今旦在鬼錄。魂氣散何之？枯形寄空木。嬌兒索父啼，良友撫我哭：得失不復知，是非安能覺！千秋萬歲後，誰知榮與辱；但恨在世時，飲酒不得足。

楊勇引《昭明文選》李善注云：「晉桓伊善挽歌，庾晞亦喜爲挽歌，每自搖大鈴爲唱，使左右齊和。袁山松遇出遊，則好令左右作挽歌。類皆一時名流達士習尚如此，非如今之人例以爲悼亡之言而惡言之也。」所說誠是。楊勇引黃文煥《析義》云：「是非得失之在當身者，榮辱之在後世者，一死則俱不知。而耿耿獨明，長留缺飲之恨。生在世上，死在地下，總無別戀。自悲

〔註12〕 葉嘉瑩著，《漢魏六朝詩講錄》（河北省：河北教育出版社，1997 年 7 月第一刷），頁 473～514。

〔註13〕 李澤厚、劉紀綱主編，《中國美學史三卷》第二卷（台北市：谷風出版社，1987年再版）。轉引自傅偉勳著作，傅偉勳著，《從創造的詮釋學到大乘佛學：「哲學與宗教」四集》（臺北市：東大圖書公司，1990 年），頁 365。

淒涼，自負清楚。」〔註14〕〈挽歌詩三首〉其二云：

> 在昔無酒飲，今但湛空觴。春醪生浮蟻，何時更能嘗！殽案盈我前，親朋哭我傍，欲語口無意，欲視眼無光。昔在高堂寢，今宿荒草鄉，一朝出門去，歸來良未央。

楊勇引邱嘉穗《詩箋》云：「此章起句即頂上章『飲酒』說，下章起句又連此章『荒草』說，此三首承接章法。」〔註15〕〈挽歌詩三首〉其三云：

> 荒草何茫茫，白楊亦蕭蕭！嚴霜九月中，送我出遠郊。四面無人居，高墳正嶕嶢。馬爲仰天鳴，風爲自蕭條。幽室一已閉，千年不復朝；千年不復朝，賢達無奈何！向來相送人，各自還其家；親戚或餘悲，他人亦已歌。死去何所道？託體同山阿。

楊勇引邱嘉穗《詩箋》云：「首篇乍死而殮，次篇奠而出殯，三篇送而葬之，次第秩然。」楊勇引溫汝能《彙評》云：「三篇中，末篇尤調高響絕，千百世下，如聞其聲，如見其情也。」〔註16〕淵明安命守道，《科山生壙詩集》中，鹿港詩人洪棄生於台灣淪陷日本後，「哀哉亂世內，默默謀爲臧。」其〈臺灣淪陷紀哀〉自期以孤高志節，不讓前賢。陳錫金〈題謝頌臣先生生壙〉云：

> 既不能乘醉捉月采石磯，青蓮魂魄相傍依。又不能三神山上採藥服，求仙一去從徐福。亦當學劉伯倫忘形骸，荷鍤相隨死便埋。否則五百義士同墓好，三尺爭光田橫島。而乃區區卜牛眠，自營生壙科山巔。方今浩劫紅羊歷，世外桃源無處覓。千年華表鶴來歸，人民大異江山非。欲葬詩魂少淨土，於焉委蛻良得所。先生妙術壇青鳥，韻事遙繼司空圖。馬革裹尸既不遂，馬鬣傍祖猶可慰。況兼壽藏定細君，同衾同穴今罕聞。科山名勝合消受，美人歌曲詞人酒。先生邀朋攜妓來，屢博山靈笑口開。得地人爲先生企，得人我爲山靈喜。松楸萬樹花千枝，何幸先生來主持。從此科山山上石，石石儘有題詩迹。我生知己久茫茫，千秋遺恨虞仲翔。素與先生稱莫逆，合化青蠅作弔客。一篇生誄彭澤詞，一首生祭杜牧詩。雞酒親將歌

〔註14〕楊勇著，《陶淵明集校箋》（臺北市：正文書局，1987 年 1 月 1 日出版），頁249～250。

〔註15〕楊勇著，《陶淵明集校箋》（臺北市：正文書局，1987 年 1 月 1 日出版），頁250～251。

〔註16〕楊勇著，《陶淵明集校箋》（臺北市：正文書局，1987 年 1 月 1 日出版），頁251～252。

當哭，不用生芻奠一束。〔註17〕

此詩以海上三神山的典故，慨歎臺灣割日猶如樂園失落。以田橫之島比喻台灣抗日的義士。「馬革裹尸既不遂，馬鬣傍祖猶可慰。」寫當年謝道隆抗日剛烈的志節，而如今築生壙以盡孝思。「科山名勝合消受，美人歌曲詞人酒。」誇揚其詩酒風流，及時行樂。末寫生死寂寞，生前自祭，稱謝道隆爲曠達之人。此詩誇寫浩劫滄桑後的遺民心事，文氣大開大闔，「馬革裹尸既不遂，馬鬣傍祖猶可慰。」由治國不成退而齊家，引用陶潛和杜牧典故，闡述安命守道的價值觀。

第二節　自然無爲，貞隱行醫

自然無爲的思想本自老莊，魏晉之際，竹林七賢嵇康等人以任誕之行，對自然思想深刻體察。嵇康（字叔夜，世稱嵇中散，西元二二三～二六二年）〈釋私論〉批評沈溺於世俗名利的人：

> 不措所措，而措所不措。不求其所以不措之理，而求所以爲措之道；故明爲措，而闇於措；是以不措爲拙，以致措爲工。

「不措所措，而措所不措。」強調不須措置的自然之理，與應措置的對人間是非私匿之情。嵇康批評沈溺於世俗名利的人，這類人矜忤之容，「矯飾之言，以要俗譽。」認爲君子「氣靜神虛」、「體亮心達」，故能「矜尙不存乎心」，「情不繫乎所欲」，方能「越名教而任自然」。如果嵇康所說「心無所矜，而情無所繫，體清神正，而是非允當。」才能去除巧吝隱僞之情。則要超越名教，也就是必須在迫切需要改善的社會秩序裏，強調理論不必要去配合實際的政治目的。泰瑞・伊格頓云：

> 不過，只有當我們不再被迫得要在效用的法庭裏證成自己的思考時，我們才能明白社會秩序在這方面的確有所改善。於是，我們將可以爲思考而思考，不再感受到必須爲這種行爲進行辯護的神經質衝動。〔註18〕

這種思考行爲，使文化理論，具有泰瑞・伊格頓所說的「後設問題」（meta-questions）的習慣。如此在藝術、文化或文學評論時，比較能以懷疑、

〔註17〕謝道隆著，《小東山詩存》（臺中市：謝文昌再次重印，1974年），頁27。
〔註18〕同前註，泰瑞・伊格頓著，李尚遠譯，《理論之後：文化理論的當下與未來》，頁115。

不帶偏見，以好奇心「盡可能地對我們所有自然而然的假設進行檢驗。」將問題無止境的往回追溯，找到探究的起始點。這種思考方式，嵇康〈聲無哀樂論〉一文所說：「夫推類辨物，當先求之自然之理。理已足，然後借古義以明之耳。」〔註19〕至於自然之理，「自然」所指之道理爲何？誠如學者李玲珠所言，嵇康並沒有特別定義。但其突出自我意識去認識自然之理，重視服藥、導氣等養生方法，「將生命的變化同歸於宇宙的自然律動中，與天地共仰息。」〔註20〕在思辨方法啓發上，其超越而內在的心性體察方式，與「反向洞察」世俗思辨邏輯謬誤之處，足以闡明人我天性的變動與複雜。嵇康終究從容殉道，充分實踐其〈釋私論〉「觸情而行」，「無以生爲貴者，是賢於貴者也。」的剛烈人格。王石鵬〈題謝頌臣先生生壙〉云：

> 君不見、人生世上若大夢，百年一瞬誠堪痛；又不見北邙纍纍盡荒墳，古今賢愚豈有分。由來有生必有死，死何足怨生何欣。達人能悟此中理，生時早已計及此。視死居然如視生，彭殤壽夭同一揆。笑彼世人競爭逐，盡是行尸與走肉。誰能堪破死生關，只求潤身不潤屋。我聞謝君最達觀，自築生壙科山巒。馬革裹尸旣不遂，馬鬣埋骨或可安。品也學也世所重，論定何須俟蓋棺。吁嗟乎！往事滄桑且莫說，世界空教署本穴。先生此壙足千秋，待我千秋爲題碣。〔註21〕

王石鵬稱許謝道隆：「品也學也世所重，論定何須俟蓋棺。」「先生此壙足千秋，待我千秋爲題碣。」有「銘誄尙實」的文體之風格。「視死居然如視生，彭殤壽夭同一揆。笑彼世人競爭逐，盡是行尸與走肉。」稱許謝道隆「觸情而行」，「無以生爲貴者，是賢於貴者也。」的剛烈人格。羅秀惠〈題謝頌臣先生生壙〉云：

> 西士曾有言，明達無其匹。人生下地時，譬距營壙日。一年迫一步，旋踵此處入。太上壽期頤，三千六百七。蟪蛄短春秋，望之行易即。五十步百步，笑者應自失。世人多不悟，此道如矢直。頌臣放曠士，達觀更洞澈。現象與寓言，知幾凌西哲。以謂兔窟營，狐正首丘穴。可以人弗如，牛眠況卜吉，爰乃陰陽相，爰乃隰原度。

〔註19〕嵇康著，崔富章注譯，《新譯嵇中散集》（臺北：三民書局，1998 年），頁 307，〈釋私論〉。頁 255，〈無聲哀樂論〉。
〔註20〕李玲珠著，《魏晉文化運動——自然思潮》（台北：文津出版社，2004），頁 163。
〔註21〕謝道隆著，《小東山詩存》（臺中市：謝文昌再次重印，1974 年），頁 23。

科山林泉佳，邱壑何錯落。域開仁者壽，土是此間樂。生耽烟霞癖，
瞑飽名山福。山靈如有知，應不笑輕薄。功名貴不朽，色身雖不壞。
脈望難登仙，蚤蕭胡足怪。身後付渺茫，目覩斯爲快。蓋棺定論見，
聞道夕堪死。立塚後人疑，奸雄吾不取。行軍嘗負櫬，曠壯足我師。
生祭具束芻，初度索輓詩。謝君此豪舉，軼事尤云奇。不了以了了，
不豫豫豫之。至道如斯耳，庸流那得知。彼或侈肉陵，或故溺酒池。
或顚瘞花下，窖粉復山脂。柹弟當沙場，埋沒魂靈兒。或厚藏銅穴，
守虜殉弗辭。戶外闚尸虫，蒿葬水之湄。虛牝割墓田，委壑無立錐。
曠宅代易主，荒塚鬼餒而。賢愚同一丘，修短爭幾稀。何如行前定，
馬鬣封遲遲。燕翼傾孺慕，盧墓終憑依。垂手植松楸，自唱薤露詞。
推此當棒喝，喚醒黃梁炊。何況豁達者，心曠古爲稀。訣偷丹竈秘，
經解青囊披。起死肉白骨，采朮給餐芝。圓滿三千功，控鶴跨蒼螭。
委蛻應仙去，囊藥竟不歸。祇有此山中，雲護華表垂。登科下馬拜，
摩挲幼婦碑。嗟余邁強仕，尚乏買山錢。窮途鮒涸轍，拙健翁信天。
功名兩靡就，蹉跎木拱焉。衣冠時異昔，掃地如蛻蟬。浮生益何補，
大夢覺已先。索我枯魚肆，青蠅吊客便。同穴誓皦日，綿上疇葄田。
捫髀埋頭地，老詩常忘筌。一坏清淨土，結網羨臨淵。〔註22〕

　　此詩說「頌臣放曠士，達觀更洞澈。現象與寓言，知幾凌西哲。以謂兔
窟營，狐正首丘穴。」以墓穴意象呼應「洞澈」，以《楚辭・九章・哀郢》狐
正首丘，曲傳家國情懷。「身後付渺茫，目覩斯爲快。蓋棺定論見，聞道夕堪
死。」與人同樂且相勉以道。批判溺於酒肉淫於嗜欲者，對比謝氏貞隱求志，
自然無爲，以及踵繼前賢，「訣偷丹竈秘，經解青囊披。起死肉白骨，采朮給
餐芝。」一如嵇康重視服藥、導氣等養生方法，「將生命的變化同歸於宇宙的
自然律動中，與天地共仰息。」「衣冠時異昔，掃地如蛻蟬。」寫遺民情懷，
只能求一抔清淨土於身後，深有餘哀。沈江梅〈題謝頌臣先生生壙〉云：

　　　　昔有司空圖，鬮地得三弓。生定埋骨地，今昔同不同。厥後有
林逋，孤山終不孤。三百梅花樹，生死與之俱。近世子才子，頗亦
具達觀。星士術不驗，傲骨相土安。傍及解詩婢，存歿同一般。庸
耳俗目中，誰能知有此。豈無迷信流，極意爭風水。欲將己骸骨，
富貴爲後謀。延盡堪輿家，踏破荒山坵。生既作牛馬，死猶未了憂。

〔註22〕謝道隆著，《小東山詩存》（臺中市：謝文昌再次重印，1974年），頁9。

子孫任安閒，全憑地理間。富貴不即至，枯骨遷他山。嘆此流俗態，誰人出塵寰。惟有謝先生，忠義懷大志。豁達觀滄桑，醫學乃餘事。熱血消心胸，山水恣吟醉。芒鞋竹杖行，偶到科山地。相此山水幽，觸得埋骨意。生壙且自營，真理悟死生。以此視表聖，詩品可同廣。以此比和靖，杏林同梅林，以此勝倉山，骨肉聚歡心。壙成具雞黍，親友醉墳前。名人多韻事，韻事終必傳。科山真面目，於此得奇緣。〔註23〕

沈江梅以司空圖、林和靖、袁枚三人來比擬謝道隆，稱許為詩人兼隱者。司空圖和袁枚又有生壙事。其韻事奇緣可繼承古人之風。

生壙徵詩作者強調方寸法自然，切望聞問的醫理，推許謝道隆良術良德。《老子》強調道法自然，去甚、去泰、去奢。醫理法自然，對待疾病應該依自然法則，改變個人生活習慣、飲食偏好，即不藥可癒。看病開方藥就像用兵布陣，以「理」、「法」、「方」、「藥」為順序，「方」是「藥」的組合，用藥需明曉君臣佐使，如布陣的方式，重要是識病機、識藥性。強調醫者方寸法自然，切望聞問理以診病。〔註24〕生壙徵詩由醫理法自然，推論人生以適意行樂，保重千金軀為要，如陳聯玉〈題謝頌臣先生生壙〉云：

東西講醫術，終無不老方。人間覓藥石，不見返魂香。神仙事虛妄，蓬萊路渺茫。人生必有死，雖死亦何傷。謝君見早悟，死生理自營。生壙聊待死，前有表聖後有君。後先輝映堪媲美。不見徐孺子，生芻弔林宗。不見曹孟德，雞酒祭喬公。墓中人不起，墓木空悲風。荒郊一坏土，埋沒幾英雄。生前且樂一杯酒，九泉一滴到何有。愛君攜妓同登山，席地開樽宴親友。為祝強飯且加餐，後堂絲竹百年歡。他年醉死樂死無不可，死後青蠅為弔客瓦為棺。玉樓赴召魂歸去，回看軀殼落塵寰。任教後人憑弔科山上，識得東晉之後有謝安。〔註25〕

從醫理談到養生，推許「生前且樂一杯酒，九泉一滴到何有。愛君攜妓同登山，席地開樽宴親友。為祝強飯且加餐，後堂絲竹百年歡。」的曠達。黃紹謨〈題謝頌臣先生生壙〉云：

〔註23〕謝道隆著，《小東山詩存》（臺中市：謝文昌再次重印，1974年），頁11。
〔註24〕余浩、鄭黎著，《醫問——中醫治病的12條思路》（臺北市：橡實文化，2017年6月初版11刷），頁127、157、266～267。
〔註25〕謝道隆著，《小東山詩存》（臺中市：謝文昌再次重印，1974年），頁30。

人生不過百年客，底事終身惟戚戚。古來變盡幾滄桑，長生不
死果誰得。君不見阿房宮裡飛雲車，轉眼灰燼成邱墟。又不見金谷
園中賓若主，須臾禍起為囚虜。悠悠塵世可奈何，到頭只爭一坏土。
頌臣先生曠達人，岐黃妙手可回春。自脫戎衣歸藥圃，逢佳山水輒
身親。睦督科山鼎窩似，旗鼓堂堂左右峙。前後屏障四望雄，大帥
觀兵良足擬。先生得此意欣然，福人福地受自天。為計千秋琴瑟好，
更營生壙祖塋邊。一時韻事播瀛東，婦孺爭思覿謝公。邀朋攜技開
生祭，冠釵影亂夕陽中。人間愚智難歸一，此舉先生真持識。詩篇
遙贈盡名流，效顰愧乏生花筆。於戲！焉得先生活人活己長不老，
年年雞黍同上科山道。〔註26〕

稱許謝道隆岐黃妙手可回春，詩末崇敬活人活己的醫德醫術，而有祝壽
之詞。又如林濱石〈題謝頌臣先生生壙〉云：

君不見神仙之術渺難識，秦皇漢武求不得。又不見天道循環互
死生，焚香祝壽譏老彭。百年一夢付長嘯，身世茫茫難自料。表聖風
流今尚存，於中參透玄關竅。謝先生，號頌臣，烏牛欄莊曠達人。星
斗羅胸次，吟咏少凝神。興來大筆搖五嶽，醉後清歌絕纖塵。間把醫
書細研讀，內經金匱俱爛熟。薪傳遠接張長沙，可以贊天地化育。忽
思株守寂無聞，投筆從戎氣凌雲。馬革裹尸違壯志，空嗟世變何紛紛。
自此逍遙暢心曲，芒鞋竹杖惟所欲。山光水色騁遊觀，馬鬣牛眠頻眺
矚。科山形勢本天開，左旗右鼓如將臺。喜得佳城留有待，祖墳生壙
細剪裁。別成一幅新照相，攜妓偕朋宴山上。拇戰傾城亦運籌，騷壇
勁旅時開仗。惜余僻陋晤君遲，雅集未曾杖履隨。猶幸瞻韓終有日，
叨陳雞黍泛瓊卮。近讀科山生壙徵詩啟，復觀短古長篇各具體。詞乏
珠璣造鳳樓，聲慚金石響雲陛。無那強自索枯腸，率爾操觚誚荒唐。
嗚呼安得先生長不死，年年載酒醉重陽。〔註27〕

稱許謝道隆精研醫理，贊天地化育。樂山樂水，逍遙暢心曲。「別成一幅
新照相，攜妓偕朋宴山上。」提到西元一九〇七年（光緒三十三年，日本明
治四十年）重九後二日，主人邀櫟社諸子林幼春、林癡仙、林獻堂等人攜妓
飲酒嬉遊於此。《台灣霧峰林家留眞集》有照片留存。又如海濱居士〈題謝頌

〔註26〕謝道隆著，《小東山詩存》（臺中市：謝文昌再次重印，1974年），頁31。
〔註27〕謝道隆著，《小東山詩存》（臺中市：謝文昌再次重印，1974年），頁31。

臣先生生壙〉云：

> 人生天地間，有生必有死。死固不足悲，生亦不足喜。死死與
> 生生，來去一途耳。沒世縱無知，虛生亦可恥。吁嗟乎、男兒苟不
> 能事業煌煌輝青史，亦當飄飄豪放作達士。惟有謝先生，妙悟此中
> 旨。收拾當年豪邁氣，到處林泉縱杖履。尋得睦科山，山幽風月美。
> 環以大甲溪，有山亦有水。欲為身後謀，生壙卜於此。壙成邀友共
> 游歡，左執杯分右攜妓。東山風流司空達，酒酣作詩且自誅。心隨
> 造化日逍遙，勝卻求丹學仙子。嗟余買山錢未儲，遠聞高風徒仰止。
> 〔註28〕

安慰謝道隆功名事業未成，退而為飄飄豪放的達士。誇寫科山風月之美，
勝卻服丹求仙，別有理趣。又如鄭十洲〈題謝頌臣先生生壙〉云：

> 人生自古皆有死，死例斷自盤古始。能從草莽闢乾坤，亦有荒
> 荒古墓存。諱死堪嗤流俗口，爭名爭利牛馬走。癡心竟有學飛仙，
> 一樣坏土作長眠。先生達觀知此理，桑田滄海感遷徙。自從擲筆不
> 封侯，絕談世事樂山水。避地無處尋桃源，避世幾願入萬里。先生
> 愛學古何人，唐有耐辱號居士。杖藜攜酒看科山，山水形勢互環抱。
> 前帳後屏列旗鼓，恍如大師觀兵於此間。根觸當年無限意，未酬戎
> 馬書生志。如斯福地屬英雄，天教埋骨好位置。卜兆不法郭璞經，
> 開壙錘合借劉伶。自題挽詞刻石柱，先生此舉足千古。恍似佳城鬱
> 不開，百年留待沈彬來。此中共妻還傍祖，一堂骨肉九原聚。更喜
> 先生醫學深，民間疾苦具仁心。此墳若仿梅花例，應種科山杏滿林。
> 或疑為貪風水地，我料達人寓遊戲。未免寂寂徒笑人，藉此及時行
> 樂事。喜無秦坑與濁流，居易俟命任去留。壙前日日宴親友，自署
> 頭銜詩酒叟。高吟名山作詩料，鯨飲大海當酒斗。香山墳畔詩成泥，
> 何如人世杯在手。千里風人齊獻詩，和得淵明生挽否。會須盡索生
> 壙詞，歌和東山絲竹侑樽酒。那管何人打破死生關，立德立言傳不
> 朽。〔註29〕

詩感嘆天地風塵、桑田滄海，桃源已失，樂園難覓。「更喜先生醫學深，
民間疾苦具仁心。此墳若仿梅花例，應種科山杏滿林。」推崇精研醫理，不

〔註28〕謝道隆著，《小東山詩存》（臺中市：謝文昌再次重印，1974年），頁34。
〔註29〕謝道隆著，《小東山詩存》（臺中市：謝文昌再次重印，1974年），頁24。

以求仙爲懷，惟知及時行樂，立德立言。又如黃子清〈題謝頌臣先生生壙〉
云：

> 爲圖競爭生存起，攻城略地數千里。一場大夢歸一坯，畢竟安
> 身只有此。是眞是幻究難分，有我無我此中旨。更有陰陽禪外禪，
> 人道無虧善調理。不讓猿狐亦化仙，萬物之靈奚輕視。內經靈素闡
> 源頭，眞人至人賢聖美。有爲無爲全天眞，及其成功同一揆。雖然
> 實行有幾人，達人之觀不在是。達人伊誰頌臣翁，生在大甲溪之涘。
> 山川鍾毓具秀靈，登壇文武聽揮指。才學早已窮古今，識見久徹無
> 生死。自築生壙在科山，存心養性修身俟。科山何幸藉翁傳，左旗
> 右鼓相對峙。天造地設誠堂皇，芳草似茵花似綺。天倫長樂聚娜嬛，
> 死生消受佳山水。〔註30〕

陰陽無虧善調理，內經靈素闡源頭，以及存心養性修身俟，皆是闡明醫
理與醫生的專業修養。又如林厥修〈題謝頌臣先生生壙〉云：

> 乾坤運轉成今古，萬物吸收成淨土。人世生生死死來，轉眼盡
> 同草木腐。或爲富貴投火坑，時因利祿沈水府。底事達人早曠觀，
> 爰先綢繆於未雨。吾愛頌臣謝先生，胸懷放開遠俗情。不羨豪華建
> 臺閣，先來勝地築佳城。科山靈秀奇百發，獅象盤紆眞龍窟。左旗
> 右鼓風月多，留待詩人埋玉骨。鼎窩山曲一生壙，先生力強身猶壯。
> 瞰破吾生等鴻毛，一朝不測身必葬。携朋載妓事尋常，誰識先生興
> 味長。偕妻傍祖同樂土，至情至性激陰陽。經營意匠在斯墳，千秋
> 猶認舊陰魂。騷人生引詩千首，醉翁沽莫酒百樽。君不見丈夫馬革
> 欣裹屍，忠臣鼎鑊樂佳期。又不見義士采薇餓不起，美人激烈投江
> 水。茫茫世界重知生，紛紛流俗誰問死。惟有謝先生賦性殊卓然。
> 良醫濟世享餘年，風格飄飄韻欲仙。他日脫凡山之巓，文人憑弔壙
> 之前。芳蹤尋蝶夢，韻事笑牛眠。但見墓銘蒼苔鮮，雲迷洞口生荒
> 烟。應與學士李青蓮，同乘黃鶴上九天。〔註31〕

詩以自然生滅之理，批評世人「或爲富貴投火坑，時因利祿沈水府。」
推許謝道隆爲騷人、醉翁、丈夫、忠臣，更是良醫濟世。又如賴紹堯〈題謝
頌臣先生生壙〉云：

〔註30〕謝道隆著，《小東山詩存》（臺中市：謝文昌再次重印，1974年），頁23。
〔註31〕謝道隆著，《小東山詩存》（臺中市：謝文昌再次重印，1974年），頁19。

男兒生不能裹尸馬革事窮邊，立功萬里勒燕然。又不能隱形服
氣歸神仙，白日屍解昇青天。當學漆園傲吏委形骸，下飼螻蟻上烏
鳶。不爾亦當將身化猿鶴，日與蟲沙相周旋。人生世上疣贅耳，潰
癰決後均茫然。達人方寸喻此理，一視死生無流連。嘆彼僕僕堪輿
者，稿項黃馘真可憐。吾友頌臣更豪放，未死先為埋骨壙。科山山
下築生墳，前祖後妻相依傍。墳成雞黍邀故人，走也未往神先送。
萬里馳詞擬贈君，未敢長歌將哭當。曾聞孔聖言，死骨當速朽。肉
體非黃金，不壞亦何有。又聞宗教家，靈魂乃為寶。軀殼本六塵，
火之無不可。先生儒學探天機，旁通禪理兼能詩。餘事間及青鳥術，
葬經豈受古人欺。或疑身後經營計太早，不過平時妄塞悲。數首生
挽淵明誄，一篇生祭楚人辭。他年路過科山麓，我欲招魂一問之。

〔註32〕

強調醫者方寸法自然，切望聞問理。推許謝道隆學探天機，旁通禪理兼
能詩。「數首生挽淵明誄，一篇生祭楚人辭。他年路過科山麓，我欲招魂一問
之。數首生挽淵明誄，一篇生祭楚人辭。他年路過科山麓，我欲招魂一問之。」
以曠達生祭，解消士人對國家的騷怨，招魂以守心神，寓含道家醫家養生之
道。莊嵩〈題謝頌臣先生生壙〉云：

遠山如環水如帶，如何忍賣盧龍塞。山靈自惜乾淨土，欲借高
名傳萬代。高人年少負奇才，寧州士林推巨魁。中年瀝盡陸沉淚，
不惜伏櫪思藏骸。當年慷慨曾投筆，劍氣如虹常貫日。可憐垂老志
難酬，熱血徒嗟滿腔溢。滿腔熱血本赤誠，即今醫術濟蒼生。以此
壽人兼壽世，更覺治病如治兵。自言往昔期必死，馬角烏頭今已矣。
尚有冰壺一片心，頻揮老淚空山裡。古來曠達絕人群，司空而後復
見君。紛紛詞客致黃絹，落落高情托白雲。更聞營此一坏土，傍祖
千秋有依怙。萊妻已作同穴謀，紅粉青衫共千古。山兮何嶙峋，乃
可葬公義俠身。山兮何突兀，乃可埋公苦吟骨。我作此詩感最深，
知公以外少知音。華表千年聞鶴語，從知此舉負初心。〔註33〕

「滿腔熱血本赤誠」以真誠態度，熱心行醫濟世。壽人兼壽世，指行醫
積福德言壽命；治病如治兵，用藥需明曉君臣佐使，如布陣的方式。冰心老

〔註32〕謝道隆著，《小東山詩存》（臺中市：謝文昌再次重印，1974 年），頁 17。
〔註33〕謝道隆著，《小東山詩存》（臺中市：謝文昌再次重印，1974 年），頁 17。

淚，惟醫者兼儒者，雖曠達卻不免家國滄桑哀感。紅粉青衫的風流之樂，暗藏天涯淪落的千古寂寞，詩沉鬱頓挫，知音識趣之言。

第五章　群集文人，生壙徵詩

　　謝道隆〈遊圓山〉云：「客中養病且勾留，聞說圓山結伴遊。風景依然供眼底，興亡無限到心頭。湛盧去國潭空綠，滄海楊（揚？）塵佛也愁。老我自尋排遣法，欲攜絲竹上扁舟。」〔註 1〕湛盧去國潭空綠，指武力抗日失敗後，當年志士報國之心沉諸空潭，滄海揚塵，神佛也愁，惟能徵詩會友，其〈歸台〉云：「腥風吹到劫灰飛，海島孤懸困四圍。避地人因驚鶴唳，覓巢鳥為戀雛歸。重分社肉情猶洽，再整門楣事已非。無奈深山狼虎穴，夷齊難採首陽薇。」〔註 2〕難以作夷齊，只能重分社肉使友情猶洽。其〈自詠二首〉其一云：

　　　　人到中年萬念空，嬾攜琴劍走西東。讀書自悔功多歉，處世人
　　嫌術未功。同學辭歸殊寂寞，論交失意在貧窮。晨昏顧弄惟妻子，
　　詩思閒愁似放翁。〔註3〕

　　琴以陶情，劍以濟世，人到中年萬念空，懶於干謁，閉戶讀書，守貧不能無悶，自比陸游，寫不盡詩人閒愁。〈自詠二首〉其二云：

　　　　居住平原亦有墩，看山不厭日開門。自從籬落栽花木，閒向燈
　　前課子孫。月下有懷常得句，座中無客少開樽。田家樂事君知否？
　　簫鼓迎神過別村。〔註4〕

　　隱於田家，以行醫維生。寂寞詠詩自樂，燈前課子孫，籬落栽花木，直到生壙徵詩，杯酒攜妓邀文友聚於此地，方有日後題詠盛事。林熙堂是臺中

〔註 1〕謝道隆著，《小東山詩存》（臺中市：謝文昌再次重印，1974 年），頁 12。
〔註 2〕謝道隆著，《小東山詩存》（臺中市：謝文昌再次重印，1974 年），頁 5。
〔註 3〕謝道隆著，《小東山詩存》（臺中市：謝文昌再次重印，1974 年），頁 1。
〔註 4〕謝道隆著，《小東山詩存》（臺中市：謝文昌再次重印，1974 年），頁 1。

人。其〈題謝頌臣先生科山生壙〉云：

> 科山形似鼎，佳處置生壙。一曲清溪繞，千峰秀色分。行吟聯
> 舊雨，世事等浮雲。絲竹聊爲樂，東山日未曛。

頷聯寫科山形勝，頸聯見偕同朋友行吟以陶寫性情。林熙堂〈題謝頌臣先生科山生壙〉云：

> 山水有同癖，輸君豁達懷。自謀生壙地，詩酒美人偕。〔註5〕

仁智者樂於山水，謝道隆更樂於詩酒風流。楊煥章，臺中人〈題謝頌臣先生科山生壙〉云：

其一

> 太傅風流自有眞，不隨宦海歎沉淪。偕妻擬作齊眉案，依祖聊
> 爲繞膝身。拋却青衿同俠客，安排黃土葬詩人。滄桑變幻悲今昔，
> 我與先生結比鄰。

其二

> 先生曠達有誰倫，到設頭纏烏角巾。杜牧居然豪俠士，司空原
> 是葛天民。活人壽算存醫術，擇地名山傍祖隣。我上科岡憑眺望，
> 奇花異草太和春。〔註6〕

其一頸聯稱謝頌臣爲詩人和俠客，其二稱其醫術與胸襟淡如葛天民。極爲適切。謝世觀，臺中人，〈題謝頌臣先生科山生壙〉云：

> 佳城預卜白雲間，挂劍他時總等閒。好是生前來下馬，主賓絲
> 竹醉東山。〔註7〕

「主賓絲竹醉東山」，有東山攜妓的詩酒風流。簡秀椿，臺中人，〈題謝頌臣先生科山生壙〉云：

> 日月最光華，有盈還有昃。人世等蜉蝣，死生安可測。何彼不
> 達人，言死便心惻。惟有謝先生，曠懷兼大德。死生早覷破，運命
> 聽通塞。攜杖日遊山，悠然欣跋陟。卜地鼎底窩，山形秀奇特。後
> 帳前屏明，左旗右鼓實，千秋鍾毓來，留待福人得。先生孝思純，
> 安壙傍祖側。百歲赴黃泉，晨昏猶盡職。更聞爲妻謀，築成雙壽域。
> 此日燕雙棲，他年鶼比翼。依依樂天倫，歡娛豈有極。生祭邀良朋，

〔註5〕謝道隆著，《小東山詩存》（臺中市：謝文昌再次重印，1974年），頁35、44。
〔註6〕謝道隆著，《小東山詩存》（臺中市：謝文昌再次重印，1974年），頁48。
〔註7〕謝道隆著，《小東山詩存》（臺中市：謝文昌再次重印，1974年），頁47。

歌舞攜傾國。觥籌交錯時，歡聲振山色。遙吟興遄飛，傾倒米家墨。

曠達繼司空，風流等蘇軾。一朝韻事存，千載後人識。小子未識荊，

遙遙空相憶。願祝壽而康，題詩表葵臆。〔註8〕

　　此詩從孝思到夫妻雙棲，從天倫寫到樂於良朋詩酒，再以古人比擬，題詩祝壽。李玉斯，臺中人，〈題謝頌臣先生科山生壙〉云：

其一

　　科山景仰小蓬萊，日許群仙共往來。我羨詩人眞艷福，壽壙得句此中開。

其二

　　風流不減古司空，百歲夫妻一穴同。宿草迷離洞口掩，山靈猶待白頭翁。

其三

　　尋得桃源別有天，葬身地喜作生前。碑文兩則堪今古，一任滄桑不變遷。

其四

　　百年世事不勝悲，三尺聊從坏土爲。得得空墳無骨葬，旁觀切勿惹猜疑。〔註9〕

　　以地下兆域生壙爲桃源，暗諷現世戰亂不已。稱許謝頌臣篤於天倫。江登堦，臺中人，〈題謝頌臣先生科山生壙〉云：

其一

　　別成勝境擬蓬萊，葱鬱佳城此日開。山水清音容豁達，重泉何幸築騷臺。

其二

　　旗鼓相當在眼前，觀兵大帥息烽煙。謝公生壙堪今古。預結青山綠水緣。〔註10〕

　　此詩言科山形勝，觀兵大帥息烽煙，卻轉憂此日佳城他日能開否？當下樂在山水清音，隱逸豁達，築騷臺以會文友。

〔註 8〕謝道隆著，《小東山詩存》（臺中市：謝文昌再次重印，1974 年），頁 13。
〔註 9〕謝道隆著，《小東山詩存》（臺中市：謝文昌再次重印，1974 年），頁 48。
〔註10〕謝道隆著，《小東山詩存》（臺中市：謝文昌再次重印，1974 年），頁 48。

第一節　徵詩杯酒以會文友，俊語詼諧以友輔仁

　　謝道隆的生壙詩是向全台詩人徵詩。意在徵詩會文以傳漢學。誠如 Petre France 所說：「隱士不僅不應該築起藩籬，讓外面的世界無法侵入，反而應該勇於突破藩籬，爲增進自己與外在世界的互相理解而努力。」〔註 11〕漢娜‧鄂蘭說的好：

　　……對希臘人來說，友誼的精髓在於開誠佈公地討論事情，唯有經常的交流意見，才能使一城一市的公民團結起來。在事情的討論中，友善態度之於公共事務的重要性，特別是那一點人味，才能夠突顯出來。這種對話（有異於個人傾吐私事的知己相談），固然會有朋友相聚一堂而產生的融洽，但其關注的卻是公共領域，所談的無非是公共事務，這中間若非談問題的是人，老實說還眞的是「非人的」。這個世界之所以沒有人情味，正因爲它是人一手造成的，而它之所以無法變得有人情味，則是因爲只有它成爲討論的對象時，才可以在其中聽到人的聲音。總之，世事紛紜，對我們的影響、感動與刺激不論多麼巨大、多麼深刻，只有在我們能夠跟人類同胞討論時，對我們來說，其間才可以見到人情。不論什麼事，凡是無法成爲討論的對象──至高無上的、恐怖至極的或不可思議的──雖然都可以透過人的聲音傳到這個世界，但絕對是非人的。任何事情，正在這個世界上、在我們自己身上發生的，只有我們討論它時，我們才爲他賦予了人情，而且也只有在討論的過程中，我們才能學會做人。

　　這種在討論中所形成的人情味，希臘人稱之爲「人道關懷」，意思是「人類之愛」，因爲它所彰顯的是隨時可以與別人分享的精神。與之相反的則是「憤世嫉俗」，意思是在他的心目中無人可以同他分享世界，在整個天地間、自然界乃至宇宙中，也沒有人夠資格與他同樂。希臘人的人道情懷到了羅馬人的人本精神，起了相當大的變化，論其中的因素，首推政治現實所衍生出來的特色。在羅馬，不同族裔與血緣的族群都可以取得羅馬公民身份，得以參與羅馬知識階層的討論，與他們平起平坐論事問政。由於這種背景，羅馬人

〔註 11〕Petre France 著，梁永安譯，《隱士：透視孤獨》(Hermits; The Insights of Solitude)（臺北：立緒文化，2001 年 3 月初版），頁 307。

的人本精神也異於現代人所謂的人本精神，後者所指的，通常只是
一種教養而已。

人情味不同於濫情，前者是清醒而冷靜的。人本精神的特色不
在於手足之情而在於友善；友善並不是親近的私人關係，而是在討
論公共事務時應有的要求，也是對待這個世界時應有的態度。〔註12〕

「友善並不是親近的私人關係，而是在討論公共事務時應有的要求，也
是對待這個世界時應有的態度。」所以在謝道隆的徵詩當中，洪棄生的詩歌
以詼諧幽默的語氣應之，一方面沖淡題生壙此一題材的嚴肅性，一方面在討
論公共事務時，以友善的態度對待這個世界。

謝道隆的生壙徵詩，杯酒攜妓邀文友聚會，以及日後題詠的盛事。盡屬
友朋切磋的狂狷自期，透顯對生命意義的思考，誠如泰瑞・伊格頓云：「它不
是形上的，而是倫理道德的。它並不是可以從生命切割下來的某個東西，而
是讓生命更值得活的東西，詳言之，某種生命的品質、深度、豐饒、強度。
因此，生命的意義是以某種方式呈現的生命本身。……它將生命意義的問題
從內行人或碩學鴻儒的手中取走，回歸到日常生活的例行事務上。」〔註13〕
這種不離日用人倫，極高明而道中庸的說法，正可印證謝道隆等文人服膺儒
家教化，主張「文道合一」與「重振倫常」的觀點。

論者李瑞騰論述譚嗣同的著作《仁學》中的理論，提到譚嗣同的仲兄譚
嗣襄（字泗生，西元一八五七～一八八九年），於一八八九年五月庚戌卒於臺
灣臺南，享年三十三歲。光緒十四年（一八八五年）譚嗣襄取道廈門到臺灣。
由於和臺灣道唐景崧有親戚關係，因之而為布政使沈應奎、巡撫劉銘傳所賞
賜，奉命管理鳳山縣鹽稅，績效卓著，旋委任主管臺南府鹽務，沒想到人事
命令才到，就暴病而歿了。學者李瑞騰綜觀《譚嗣同全集》，譚嗣同懷仲兄、
寄仲兄的詩頗多。仲兄如父似母，嗣同詩有引《詩經小雅・常棣》〈陟岵〉等
詩，用「鶺令在原，兄弟急難。」以及〈陟岵〉三章，分寫父、母與兄，來
將仲兄比擬「如父似母」。李瑞騰評論譚嗣同的著作《仁學》，從「平等」的
立場來看，以朋友之道貫之君臣，貫之父子，貫之夫婦，貫之兄弟，則一切

〔註12〕漢娜・鄂蘭（Hannah Arendt）著，鄧伯宸譯《黑暗時代群像》（台北：立緒文
　　　　化，2006），頁31～33。

〔註13〕泰瑞・伊格頓著，方佳俊譯《生命的意義是爵士樂團》（台北：商周出版社，
　　　　2009），頁181。

的人際關係皆「平等」、「自由」矣。譚嗣同的著作《仁學》所說：「五倫中於人生最無弊而有益，無纖毫之苦，有淡水之樂，其惟朋友乎。顧擇交何如耳，所以者何？一曰平等，二曰自由，三曰節宣惟意。總括其意，曰不失自主之權而已矣。兄弟於朋友之道近，可爲其次，餘皆爲三綱所蒙蔽，如地獄矣。」〔註 14〕

　　譚嗣同主張平等自由與和諧的兄弟友朋情感，可貫之君臣，貫之父子，貫之夫婦爲潤滑和樂之方法，見識卓越。五倫關係中的群己關係鑒於友道，《孟子‧萬章下》所謂：「不挾長，不挾貴，不挾兄弟而友；友也者，友其德也，不可以有挾也。」《論語‧季氏》孔子說：「言未及之而言謂之躁，言及之而不言謂之隱，未見顏色而言謂之瞽。」《論語‧衛靈公》孔子說：「君子貞而不諒。」論者王溢嘉引申：「君子固守正道，而不拘泥於小節。」〔註 15〕《論語‧季氏》孔子說：「益者三樂，損者三樂，樂節禮樂、樂道人之善，樂多賢友，益矣；樂驕樂，樂佚遊，樂宴樂，損矣。」論者王溢嘉引申「以禮樂來薰陶、調解自己的言行，樂於稱道別人的好處，結交有賢德的朋友則是高尚而有益的快樂。」至於「縱情享受、閒散遊蕩、沉迷酒食」這三種快樂以「感官享受、欲望滿足爲主，被孔子認爲卑下與不好的。」〔註 16〕宋洪邁論朋友之義云：

　　　　朋友之義甚重。天下之達道五，君臣、父子、兄弟、夫婦而至
　　　　朋友之交。故天子至于庶人，未有不須友以成者。天下俗薄，而朋
　　　　友道絕，見於詩。不信乎朋友，弗獲乎上，見於中庸、孟子。朋友
　　　　信之，孔子之志也；車馬衣裘與朋友共，子路之志也；與朋友交而
　　　　信，曾子之志也。周禮六行，五曰任，謂信於友。漢、唐以來，猶
　　　　有范張、陳雷、元白、劉柳之徒，始終相與，不以死生貴賤易其心。
　　　　本朝百年間，此風尚存。鳴乎，今亡矣。〔註 17〕

以平等自由與和諧的兄弟友朋情感，寫生壙徵詩，如洪棄生〈題謝君生

〔註 14〕 李瑞騰著，〈吾之哀吾兄也——譚嗣同對其仲兄的深情〉《聯合報》（第 17 版長河，1993 年 6 月 8 日星期二）。

〔註 15〕 王溢嘉、嚴曼麗著，《論語雙拼：一個家庭主婦的異類閱讀，一個知識遊民的正向觀照》（新北市：野鵝，2014 年 9 月），頁 309。

〔註 16〕 王溢嘉、嚴曼麗著，《論語雙拼：一個家庭主婦的異類閱讀，一個知識遊民的正向觀照》（新北市：野鵝，2014 年 9 月），頁 326。

〔註 17〕 宋洪邁著，《容齋隨筆》（北京：中華書局，2005），頁 120。

壙八首〉其三云：

> 松楸三徑日扶筇，拱矣亭亭部塿松。笑看石朋來挂劍，臥聽野
> 碓助歌舂。名山亦作麒麟楥，退谷偏崇螞蟻封。從得孝威求穴隱，
> 此生端不歎龍鐘。〔註18〕

「笑看石朋來挂劍」典故本自《史記・吳太伯世家》。延陵季子之初使，「北過徐君。徐君好季札劍，口弗敢言，季札心知之，爲使上國未獻。還至徐，徐君已死。於是乃解其寶劍，繫之徐君冢樹而去。從者曰：『徐君已死，尚誰與乎？』季子曰：『不然，始吾心已許之，豈以死倍吾心哉？』」此故事重信諾，雖是「心諾」，猶堅貞守之。《新序・節士篇》錄此事曰：「徐人嘉而歌之曰：『延陵季子兮不忘故，脫千金之劍兮帶丘墓。』」史書言延陵季子適齊而反，其子死，葬於嬴、博之間，孔子稱其合於禮，以嬴、博去吳千有餘里，季子不歸葬而斂以時服，非苟爲簡，誠便於體也。〔註19〕洪棄生詩末二句點出謝道隆以逸民隱居於世，詩旨又見如洪棄生〈生壙詩歌第八即以爲跋并靳謝老〉云：

> 我與謝君尚生面，號咷尺素修相見。託友來求生壙詩，要余當
> 作生芻奠。笑君欲聽雍門琴，笑君不來誄墓金。隻雞斗酒橋公事，
> 異時腹痛莫相侵。我非食友非死友，平生未剪庾郎韭。如何表聖攜
> 鶯臺（司空妾鶯臺每共遊生壙），竟望原壤歌貍首。聞君墓下獨優游，
> 山中猿鶴自春秋。謝安不與人同樂，謝敷偏欲人同憂。嵇康日日惟
> 養生，范爕時時復求死。山川尚悲陵谷遷，人物豈有安全理。一笑
> 張融欲凌雲，手執法華與老君。君藉我詩或不朽，我嗥君返儻無魂。
> 自昔誄銘關素行，必待蓋棺論乃定，謝老依然肉食身，奈何勾我虞
> 歌贈。我欲向君一鳴呼，奈君健啖顏如朱。骨相未是枯髏枯，肉相
> 寧比臞仙臞，我欲向君試調笑，壚墓之間又宜弔。眞卿曠達雖可思
> （顏眞卿臨難豫指西壁爲殯所），方朔詼諧殊未妙。占星我非大王
> 公，君非歲星亦難料。漫儲一腔塊壘詞，借君一杯澆一卮，及今未
> 泣洹水玉，勸君且進商山芝。

此詩洪棄生友人於詩末評云：「以鮑照俊語，寫曼倩詼諧，勝似晉人清

〔註18〕洪棄生著，《寄鶴齋詩集》（南投：臺灣省文獻委員會，1993），頁353～354。
〔註19〕班固著，楊家駱主編，《漢書・楚元王傳》（臺北：鼎文書局，1997年10月9版），卷36，頁1953，劉向語。

談。」所謂「玄學」、「清談」興盛於魏晉。馮友蘭稱許魏晉玄學是中華民族抽象思維的空前發展。〔註20〕溯其根源，推至漢代東方朔（字曼倩，平原厭次人，西元前一五四～西元前九十三年），《漢書》稱他爲「滑稽之雄」，爲武帝弄臣。〔註21〕傳說朔未死時，謂同舍郎曰：「天下無人能知朔，知朔者，唯大王公耳。」朔卒死，武帝方知此語，召大王公問之，大王公方對以「獨不見歲星十八年，今復見耳。」因以朔爲歲星精。〔註22〕則曼倩詼諧，指朔預知生死壽夭，而能詼諧自嘲。〈漢書·東方朔傳第三十五〉記載西漢的東方朔上書武帝以〈自贊〉云：

> 東方朔字曼倩，平原厭次人也。武帝初即位，徵天下舉方正賢良文學材力之士，待以不次之位，四方士多上書言得失，自衒鬻者以千數，其不足采者輒報聞罷。朔初來，上書曰：「臣朔少失父母，長養兄嫂。年十三學書，三冬文史足用。十五學擊劍。十六學《詩》、《書》，誦二十二萬言。十九學孫、吳兵法，戰陣之具，鉦鼓之教，亦誦二十二萬言。凡臣朔固已誦四十四萬言。又常服子路之言。臣朔年二十二，長九尺三寸，目若懸珠，齒若編貝，勇若孟賁，捷若慶忌，廉若鮑叔，信若尾生。若此，可以爲天子大臣矣。臣朔昧死再拜以聞。」朔文辭不遜，高自稱譽，上偉之，令待詔公車，奉祿薄，未得省見。〔註23〕

東方朔〈自贊〉，學者黃復山稱爲「求職用自傳」，分析「目若懸珠」以下「用三組形容詞對句，套進日常熟見的典故中，將自己是才貌俱佳的『天子大臣』人選，表達得貼切無比。」〔註24〕至於述志式的自傳，如陶潛〈五柳先生傳〉、王績〈五斗先生傳〉。無功文中以「昏昏默默，聖人之所居也。」來「以酒德遊於人間。」以遂行其志，不知所如，蓋不以萬物縈心，放誕近於竹林七賢。宋代理學家程頤的父親程珦〈自作墓誌〉云：「葬日切不可干求

〔註20〕馮友蘭著，《中國哲學史新編》第四冊（北京：人民出版社，1986年），頁44。

〔註21〕班固著，楊家駱主編，《新校本漢書并附編二種·楊胡朱梅云傳第三十七》（台北：鼎文書局，1997），卷67，頁2907～2908。

〔註22〕劉向著，張金嶺注譯，《新譯列仙傳》（台北：三民書局，1997年2月初版），頁137～139。

〔註23〕班固著，楊家駱主編，《新校本漢書并附編二種》（臺北：鼎文書局，1997年10月9版），卷65，頁2814。

〔註24〕林保淳、殷善培、崔成宗、許華峰、黃復山、盧國屛著，《創意與非創意表達》（台北：里仁書局，1997），頁277。

時賢製撰銘誌，既無事實可紀，不免虛辭溢美，徒累不德耳。」此重事實，不求虛美的品格。〔註25〕

東方朔爲史傳中的滑稽之雄，或爲民間廣爲士庶所喜愛的丑角，誠如學者李豐楙研究，漢武見西王母傳說系列中，或是《十洲記》中，以及《博物志》點出其謫仙身分，或六朝筆記中的「東方朔傳」，都牽涉仙道傳說。

韓愈詩〈讀東方朔雜事〉援引《漢武內傳》東方朔擅弄雷電謫人間事以諷刺昏君佞臣。〔註26〕後世文人則本自史傳形象，如劉基〈賣柑者言〉以東方朔言雖滑稽卻有諷世之意。臺灣文人葉榮鐘的著作《台灣人物群像》中〈台灣民族詩人——林幼春〉一文，引東方朔或侏儒的言動，用詼諧的方式來表現深刻嚴肅的心情。棄生謂東坡詼諧善喻，如方朔之諧。棄生〈閱鈞天樂小束〉：「故詼諧語皆刻酷語，刻酷語皆不磨語。」「尤文以嬉笑爲怒罵，吾詩不免以怒罵爲嬉笑，世有傷心人乎？吾願同之。」〔註27〕評的是尤侗的《鈞天樂》，卻可拿來評論東坡等文人的詩文。

以詼笑之語曲達諫言，《史記・滑稽列傳》以後，例如《漢書・東方朔傳第三十五》云：「朔雖詼笑，然時觀察顏色，直言切諫，上常用之。自公卿在位，朔皆敖弄，無所爲屈。」〔註28〕東方朔詼笑之間，直言切諫，知觀察顏色，所以諫言爲漢帝所納。東方朔的賦假借非有先生仕於吳，而對吳王勸諫，其文曰：

> 先生對曰：「昔者關龍逢深諫於桀，而王子比干直言於紂，此二臣者，皆極慮盡忠，閔王澤不下流，而萬民騷動，故直言其失，切諫其邪者，將以爲君之榮，除主之禍也。今則不然，反以爲誹謗君之行，無人臣之禮，果紛然傷於身，蒙不辜之名，戮及先人，爲天下笑，故曰談何容易！……〔註29〕

學者簡宗梧認爲〈答客難〉直接說明縱橫遊士的辭令已無用武之地。東方朔〈答客難〉、〈非有先生傳〉則以詼詭之筆，寫牢騷之情。又如梁王菟園

〔註25〕同前註，《創意與非創意表達》，頁280～282。
〔註26〕李豐楙著，《六朝隋唐仙道類小說研究》（臺北：臺灣學生，1986），頁98～99。
〔註27〕《寄鶴齋古文集》，頁279。
〔註28〕班固著，楊家駱主編，《新校本漢書并附編二種》（臺北：鼎文書局，1997年10月9版），卷65，頁2860。
〔註29〕班固著，楊家駱主編，《新校本漢書并附編二種》（臺北：鼎文書局，1997年10月9版），卷65，頁2869～2870。

賓客的鄒陽，其〈獄中上書自明〉，如李兆洛所說：「迫切之情，出以微婉；嗚咽之響，流爲激亮，此言情之善者也。」東漢以後，此類作品成爲文士文章的一大主流。〔註 30〕東方朔所謂無益於主上之治，則志士仁人不忍爲；忤於邪主之心，歷於衰世之法，故養壽命之士莫肯進也。權宜之計，只能以詼笑之語曲達諫言。試觀魏徵諫唐太宗不該讓長樂公主的陪嫁禮儀超過長公主，唐太宗稱善，乃以告其后，后嘆「妾與陛下結髮爲夫妻，曲蒙禮敬，情義深重。每將有言，必俟顏色，尚不敢輕犯威嚴，況在臣下，情疏理隔？故韓非謂之說難，東方朔稱其不易。」〔註 31〕東方朔稱談何容易，乃有感於諫說皇帝之難。《漢書‧東方朔傳第三十五》贊曰：「（東方朔）然朔名過實者，以其詼達多端，不名一行，應諧似優，不窮似智，正諫似直，穢德似隱。非夷齊而是柳下惠，戒其子以上容：『首陽爲拙，柱下爲工；飽食安步，以仕易農；依隱玩世，詭時不逢。』其滑稽之雄乎！」〔註 32〕東方朔依隱玩世，詭時不逢，其爲滑稽之雄，後世文人以諧語寓莊言以諷世，蓋本於此。學者楊勇言魏晉清談的語言特色，不得不提及：

> 清談，原是談嘲，自有其語言，史家謂之「才詞」是也。諧辭讔語，最見嘲調、嫚戲、俳謔之特色；滑稽笑語，宜乎辯捷、能言之人之才騁也。其先蓋是戰國初年之淳于髡。太史公以其能「隱語」、「滑稽多辯」，特與「善爲笑言、諷諫」者優孟、優旃合爲《滑稽列傳》，褚少孫又依史遷故事，補郭舍人、東方朔入之編，《漢書》有東方朔、枚皋、郭舍人等承其事，《世說》所載人物，即沿此統緒演變而來。劉勰《文心雕龍‧諧讔》篇言之最詳。故臨川取秦末陳嬰母及漢之東方朔等人冠諸篇首，又以謝靈運、傅亮坿之末者，謂編書旨趣之有自也。誠然，合之史書及《世說》所載清談實例，亦比比如是，不可爭也。獨怪前人不察，以爲清談出於清議，或清談即是談《老》、《莊》者，皆不知清談起源之實，與夫清談語言之特色也。〔註 33〕

〔註 30〕簡宗梧著，《賦與駢文》（台北：臺灣書局，1998 年），頁 104。

〔註 31〕吳兢編，許道勳注譯，《新譯貞觀政要》（台北：三民書局，2008），〈公平〉，頁 320。

〔註 32〕班固著，楊家駱主編，《新校本漢書并附編二種》（臺北：鼎文書局，1997 年 10 月 9 版），卷 65，頁 2873～2874。

〔註 33〕楊勇著，〈論清談之起源、原義、語言特色及其影響〉，《楊勇學術論文集》（北京：中華書局，2006 年 9 月第 1 版），頁 517。

　　楊勇引揚雄〈酒賦〉云：「鴟夷滑稽，腹大如壺，盡日盛酒，人復藉沽。」以滑稽乃盛酒器，其器轉註吐酒，終日不已；言辯捷之人，出口成章，言非若是，說是若非，言能亂異同也。其語言特色宜乎辨捷、能言之人之才騁也。劉勰《文心雕龍・諧讔》於「諧言隱語之源流正變言之詳矣，於其作用、弊端評之亦切，可謂俳體之典論矣。」從《史記・滑稽列傳》謂淳于髡「滑稽多辨」。班固《漢書・東方朔列傳》中東方朔爲「滑稽之雄」。至於班固〈答賓戲〉、揚雄〈解嘲〉、東方朔〈答客難〉皆有俳諧之特色，與清談語言相近。劉義慶編《世說新語》、〈言語〉、〈雅量〉、〈規箴〉、〈任誕〉諸多人物所言「戲」之意，實指「清談」。然嘲戲之談，亦有作字謎隱語者。

　　楊勇舉例《吳書・薛綜傳》、《世說新語・捷悟》曹操與楊修對〈曹娥碑〉「絕妙好辭」的猜謎。但清談本爲談嘲，「廣義言之，亦即談日常而已。」並非專指喻談三玄，即《老》、《莊》、《周易》等學術，或專指品鑒人倫。楊勇以此論鮑照以小賦名家，乃當時清談高手，助劉義慶編《世說新語》。「談玄」，在《世說新語》中又稱「清言」、「共論」、「共談」或「講論」等；玄談的內容，謂之「玄學」，謂之「清談」。如《三國志・魏志・武帝紀》注引張璠《漢紀》：「孔公緒清談高論，噓枯吹生。」又〈魏志・臧洪傳〉：「前刺史焦和，好立虛譽，能清談。」〈劉劭傳〉：「臣數聽其清談，覽其篤論。」所謂「清談」，均與「玄談」之義接近。

　　後世如韓愈〈進學解〉、〈毛穎傳〉、〈答張籍書〉、〈重答張籍書〉，柳宗元〈捕蛇者說〉、〈讀韓愈〈毛穎傳〉後題〉，以文爲戲，乃清談後裔。因此《世說新語》中的清談，除了談玄學及人物評論外，尚有滑稽、詼啁一類。楊勇此見，疏理《文心雕龍》「諧讔」文體源流，及其語言特色，認爲本自與清談相同，後世文人以文爲戲的特色實有所本。〔註34〕棄生稱東坡抒情筆法以諧謔佐機趣，學者張蜀蕙也稱許作東坡品幽默、明朗、開闊，即承此而來。

　　黃徹《䂬溪詩話》：「……自東方生以下，……往多滑稽語。大體材力豪邁有餘，而用之不盡，自然如此。」〔註35〕黃徹舉歷代文人如東方朔、孔融、禰衡、顏延之（字延年，三八四～四五六年）、杜甫、張旭等人，更以韓愈、東坡兩人的詩作爲例。此風格可往溯自《史記・滑稽列傳》。洪棄生批評後人

〔註34〕同前註，楊勇著，《楊勇學術論文集》，頁480～522。
〔註35〕黃徹著，《䂬溪詩話》，（北京：人民文學出版社，1998年5月第1版），頁168～169。

學習東坡詩而近於俚，非善學也。此觀點本《文心雕龍・諧讔》「列傳滑稽，以其辭雖傾回，意歸義正也。但本體不雅，其流易敝。」謔而不虐，方能曲盡諧讔之妙。

《史記・滑稽列傳》提到的「話語流利」、「巧於智計」、「人莫之害」、「以道之用」。論者歐麗娟以《紅樓夢》中的劉姥姥為例，此村婦隨機應變，順勢逗樂；以及似愚實智，以退為進的智慧，精確的說是機智（wit）。幽默的機智是無害的，無惡意的，純然以思維的遊戲，達到思想上的溝通。〔註36〕

棄生此詩所幽默的機智，近於一種自貶的、自我解嘲式的類型，雖然藉自我解嘲來表現幽默，卻是有知識的人，近於東方朔之流，可見其材力豪邁有餘，而用之不盡。美國作家馬克吐溫（Mark Twain，1835～1910）說得好：「幽默的幽秘遠源不是喜而是憂，所以，天上沒有幽默。」（The secret source of humor is not joy but sorrow. There is no humor in heaven.）因此，文人的幽默文章往往寓含憂生憂世之意。許多人臣欲針砭時弊，為了避免批龍之逆鱗，甚至以詼笑之語曲達諫言。

棄生此詩作以鮑照俊語，寫曼倩詼諧，既題生壙也兼寫謝道隆的生活，又辨析詩歌內容與銘誄等應用文章體類間的分別，扣緊生壙主題，更切合徵詩的讀者群與作者。棄生所謂「自昔誄銘關素行，必待蓋棺論乃定，謝老依然肉食身，奈何勾我虞歌贈。」棄生是作者，謝道隆既是徵詩主人，又是定調徵詩主題的作者，也是生壙詩的讀者。棄生所謂「如何表聖攜鸞臺（司空妾鸞臺每共遊生壙），竟望原壙歌貍首。聞君墓下獨優游，山中猿鶴自春秋。」棄生此詩兼顧這多重關係，所謂「我與謝君尚生面，號咷尺素修相見。託友來求生壙詩，要余當作生芻奠。笑君欲聽雍門琴，笑君不來誄墓金。」棄生言「我嘑君返儻無魂」，不如此刻之書懷言情，如談玄名理。

「自昔誄銘關素行」即曹丕《典論・論文》「誄銘尚實」的主張。曾鞏〈寄歐陽舍人書〉推究銘誌的原本，認為「而銘者，蓋古之人有功德、材行、志義之美者，懼後世之不知，則必銘而見之，或納于廟，或存于墓，一也。」而歷史對於善惡無所不書，這是歷史不同於銘誌的地方。銘辭「所以使死者無有所憾，生者得致其嚴。而善人喜於見傳，則勇於自立，惡人無有所紀，則以愧而懼。至於通材達識，義烈節士，嘉言善狀，皆見於篇，則足為後法。警勸之道，非近乎史，其將安近？」提出只有「畜道德而能文章」之人才能

〔註36〕歐麗娟著，《紅樓夢人物立體論》（台北：里仁書局，2006年），頁385。

寫出「公與是」且「文章兼勝」的銘誌。〔註37〕

棄生此詩末云：「及今未泣洹水玉，勸君且進商山芝。」典故本自《搜神記》〈劉晨阮肇入天台〉故事有服食的情節，淵源本自屈原〈離騷〉。〈離騷〉中屈原成年之「變服」，又服食菊花。也是本自此服食養生的傳統。

此詩又云：「嵇康日日惟養生，范爕時時復求死。山川尙悲陵谷遷，人物豈有安全理。一笑張融欲凌雲，手執法華與老君。」正始名士嵇康有服食養生之說，如其〈答養生論〉以服食上藥如「流泉甘醴，瓊蕊玉英，金丹石菌，紫芝黃精」等「眾靈含英，獨發奇生。」「資妙物以養生」。重視「呼吸吐納」的「導引」。〈養生論〉：「上藥藥命，中藥養性，成知命之理，因輔養以通也。」洪棄生詩末二句即本此立論。又以嵇康〈琴賦〉「導養神氣，宣和情志。」之說，以詩代酒、琴，一抒謝道隆的心中塊壘，宣和情志以養生。《中庸》第一章云：「喜怒哀樂之未發，謂之中。發而皆中節，謂之和。」情緒未發已發之「中和」，影響後世音樂理論如〈樂記〉云：「樂者，使人精神平和，哀氣不入，天地交泰，遠物來集，故謂之樂也。」本儒家《中庸》觀點，融合道家《老子》「沖氣以爲和」，以化育群生的功能。迨至魏晉，名士如阮籍的〈樂論〉一文，又發揮《莊子・人間世》「聽之以氣」，「氣也者，虛而待物者也。」以「自然之道」爲音樂所產生的根源。欲達致「天和」，須識明：「乾坤易簡，故雅樂不煩。道德平淡，故五聲無味。不煩則陰陽自通，無味則百物自樂，日遷善成化而不自知，風俗移易而同於是樂。」爲政者無爲而治，百姓和樂自適。又將音樂的自然之道，合於天地之體，萬物之性，引申五聲、八音按音律之法則而行，不相凌越，乃能使神人和諧。進而批判俗樂「猗靡哀思之音發，愁怨偷薄之辭興，則人後有縱欲奢侈之意，人後有內顧自奉之心，是以君子惡大凌之歌，憎北里之舞也。」因而主張易簡之雅樂，此又承襲《禮記・樂記》政治教化的觀點。〔註38〕

南朝齊張融（字思光，吳郡吳人）與王僧虔書云：「融，天地之逸民也。進不辯貴，退不知賤，兀然造化，忽如草木。」建武四年，病卒，年五十四。無令建白旐無旒，不設祭，令人捉麈尾登屋復魂。曰：「吾生平所善，自當凌

〔註37〕曾鞏著，高克勤注譯，《新譯曾鞏文選》（臺北市：三民書局，2008年初版一刷），頁189～198。

〔註38〕阮籍著，林家驪注釋，《新譯阮籍詩文集》（台北：三民書局，2001年），頁85～112。黃潔莉〈阮籍〈樂論〉思想釐析〉，同前註，《哲學與文化》（月刊）革新號第433期，頁61～81。

雲一笑。」三千買棺，無製新裘。左手執《孝經》、《老子》，右手執小品《法
華經》。〔註39〕就佛、道二家思想相互激盪與融合言，張融等人的思想深受南
朝佛教學統影響，尤其是牛頭禪。牛頭禪，依印順法師的見解，是南北朝時
期，南朝江左牛頭山法融（牛頭山，在江蘇江寧。法融或作慧融，西元五九
四～六五七年）一系的禪學。印順認為中國禪的建立者，應該是牛頭禪的法
融。當時南朝佛教是「都市的佛教」，以「興福」、「義學」、「三論」形成廣義
的南朝學統。「義學」宣揚的經論，主要是「四經」──《維摩》、《大品》、《法
華》、《涅槃》。〔註40〕當時士人僧道如殷浩、支道林、竺法深等，或談《易經》、
《莊子》、《孝經》，或談《般若心經》大品、小品、《維摩詰經》等，所謂南
人學問「清通簡要」。〔註41〕棄生引張融此人物，有如前引嚴挺之的自為墓誌，
寫謝道隆自題，又徵求他人詩題生壙之舉，乃祈求以詩不朽，又其祈求死後
有靈祐。因此，洪棄生引用張融這樣的逸民寫謝道隆。以詼諧調笑筆法的還
有林癡仙〈題謝頌臣先生生壙十首〉云：

> 四面青山爽氣來，登高心眼一時開。羨君百歲神遊後，萬朵蓮
> 花捧夜臺。

> 桑戶他年此返真，清明祭掃到來頻。紙錢自掛棠梨樹，笑煞牛
> 山涕泣人。

> 萬古佳城寄翠微，祖孫魂魄永相依。報劉日短黃泉續，何用西
> 山恨落暉。

> 安石風流老更狂，自營香塚葬鴛鴦。憐他死傍要離者，地下齊
> 眉少孟光。

> 壯年縛袴覓封侯，豈意南冠學楚囚。壽域築成應有恨，裹尸馬
> 革願難酬。

> 華表嵯峨夕照間，知君倚立淚潸潸。即今城郭人民異，不待千
> 年化鶴還。

> 墓門一閉啓無期，寶劍何須掛樹枝。為報司空故人道，好將雞
> 酒祭生時。

〔註39〕同前註，《南齊書・高逸列傳第二十二》，卷41，頁728。
〔註40〕印順著，《中國禪宗史》（台北：正聞出版社，1989年6版），頁95～128。
〔註41〕劉義慶著，劉正浩注譯，《新譯世說新語・文學第四》（台北：三民書局，1996），
　　　頁170～190。

白玉樓成漫上天，願君且作地行仙。從教宿草迷生壙，游戲人間更百年。

曠達如君更罕聞，百年未滿早營墳。詩人生弔爭投句，不及陶潛自祭文。

我比先生更曠懷，久將土木視形骸。生平不信青烏術，荷鍤劉伶死便埋。〔註42〕

其一「萬朵蓮花捧夜臺」用佛家意象祈求死後有靈祐。其二言生祭調笑之舉。其三稱許謝道隆孝思。其四用梁鴻典故。其五寫遺民情懷。其六用華表鶴歸的神話。其七誇寫友朋深情。其八推崇爲逍遙名山的地仙。其九更讚許其自祭文，比擬謝道隆如陶潛。其十以劉伶任誕之情比擬謝道隆，兼以自比。俊語詼諧，用典工妙。

第二節 盡孝尊親，求祖穴安

謝道隆的生壙寓有「盡孝尊親，求祖穴安。」的孝思。論者余英時分析中國古代死後世界觀的演變，引用《左傳》「昭公七年」（公元前五三四年）子產解釋伯有是否「能爲鬼」的問題，說：「人生始化曰魄。既生魄，陽曰魂。用物精多，則魂魄強。是以有精爽，至於神明。匹夫匹婦強死，其魂魄猶能馮依於人，以爲淫厲。」指出子產的時代靈魂已不僅是王公的所有品，而是「匹夫匹婦」所同有的了。靈魂觀念擴大到每一個社會成員，一般而言，是和父權家庭的出現有關。所以這種匹夫匹婦都有他們個別的魂魄的觀念也許部分地源於西周以來宗法制度的發展。後來的解釋既以魂魄分屬天與地，陽與陰，氣與形，神與鬼，而魂更被賦予一種「芸動」之義，因此魂似乎比魄更爲重要。余英時認爲比較近情理的推測是「魂」的觀念也許是從南方傳來的。《禮記・檀弓下》記吳季子於魯昭公二十七年（公元前五一四年）葬子時曾說：「骨肉復歸于土，命也。若魂氣則無不之也！無不之也！」余英時引用《禮記・律曆志》孟康注曰：「魄，月質也。」分析：

吳季札只說「魂氣」，不言「魄」（「骨肉」不是「魄」）可證南方特重視人之魂，也許魄的觀念尚不甚發達。後來「楚辭」有「招魂復魄」之說，其重點也在魂不在魄。……魄以明白而成爲月之質，

〔註42〕謝道隆著，《小東山詩存》（臺中市：謝文昌再次重印，1974年），頁52。

亦正如人之魄「有精爽，至於神明。」懂得人的生死與月魄的生死
密切相關，我們便能進一步了解為什麼有些古代流行的與生死有關
的神話必然要牽涉到月亮了。嫦娥竊西王母不死之藥而奔月是其中
最著名的一個故事。不但如此，西王母以七月七日來見漢武帝，武
帝向她請不死之藥（見《漢武帝故事》），而民間流傳織女與牛郎相
會是在七月七日（見崔寔《四民月令》）為什麼一男一女的相會必須
在七月七日？（後來《荊楚歲時記》則說西王母見漢武帝在正月七
日。）我頗疑心這和「既生魄」的說法有關。《白虎通》「日月」云：
「月，三日成魄，八日成光。」（也見於緯書如「詩推度災」。）「八
日成光」之說與王國維推測「既生霸」「是自八、九日以降至十四、
五日相合」見（觀堂集林卷一「生霸死霸考」）。八日光已成，可見
七日正是魄生長的最後一天，其重要性自不待言了。〔註43〕

顧炎武《日知錄》卷三十有「泰山治鬼」說，並推測此傳說起於東漢。
謝道隆的生壙徵詩，作者之一洪棄生的〈再題謝君生壙詩後〉云：

> 黃土搏作人，幻成億萬身。一朝墮黑劫，千里為幽垠。人物委
> 蟲沙，江山生鬼燐。哀哉東瀛土，竟與北邙親。千峰萬壑間，慘淡
> 蓬蒿塵。華表歸遼鶴，城郭殊人民。惘惘市塵間，如行墟墓濱。真
> 仙泣銅狄，故老悲荊榛。積骨封三觀，薄殯盈九闉。家家守俘馘，
> 日日輸鬼薪。蓬萊氣寂寞，薤露聲酸辛。大哉方壺圖，亦與生壙均。
> 生者永埋沒，死者永沉淪。視死如視生，我愛謝茂秦。謝客願生天，
> 青山豫卜鄰。地非故鄉故，體是陳人陳。經營壤泉異，封樹窀穸新。
> 嵯峨石翁仲，舉罄瓦麒麟。世已無華夏，君自享秋春。於下開隧道，
> 於上開墓門。未掩萇弘魄，先招屈子魂。天地供幕席，風火俟轉輪。
> 泰山為籩俎，北海為犧罇。大塊為鼻祖，百代為雲孫。太祝歲祈死，
> 少微月告存。遙懸歸寢地，親署葬詩墳（「自營埋骨地，人謂葬詩墳」，
> 君之墓門聯也。）生抱無涯感，死抱不朽尊。未生未死間，皆以駢
> 拇論。曠達同司空，滑稽異齊髡。後有憑弔客，呼作謝公墩。

此詩寫劫難後天地如墟墳，昔日繁華如幻如夢，彷彿毀滅殆盡。黍離悲
涼無盡，對照今昔，倍感寂寞、酸辛。銅狄荊榛，華表歸鶴，暗寓家國滄桑。

〔註43〕余英時著，《中國思想傳統的現代詮釋》（臺北市：聯經出版社，1987年），頁
131。

曲折道出故老遺民生不如死的慘淡殘存。「未掩萇弘魄，先招屈子魂。」以下的生死觀，申明「魂」的觀念從南方傳來，以屈原〈招魂〉典故爲家國招魂。「遙懸歸寢地」等句寫其孝思。「少微月告存」以生死有關的神話而牽涉到月亮。「泰山爲簴俎」則引用「泰山治鬼」傳說。

　　關於儒家的孝道觀，以孔子、孟子的學說立論，孔子重孝，屢見《論語》。例如《論語‧學而》子曰：「弟子入則孝，出則弟，謹而信，汎而愛，而親仁，行有餘力，則以學文。」《論語‧爲政》孟武伯問孝。子曰：「父母唯其疾之憂。」又例如子游問孝。子曰：「今之孝者，是謂能養。至於犬馬，皆能有養。不敬，何以別乎？」又例如子夏問孝。子曰：「色難。有事弟子服其勞，有酒食先生饌；曾是以爲孝乎？」又例如孟懿子問孝。子曰：「無違。」「生，事之以禮；死，葬之以禮，祭之以禮。」《論語‧里仁》子曰：「事父母幾諫，見志不從，又敬不違，勞而不怨。」

　　孔子以德爲重，以文爲末，以孝弟爲行仁之根本。蓋天倫血緣之情，乃人最初生發之情感。父母襁抱提攜，其恩大矣。以孝弟爲基礎，推而爲國、爲天下，乃極切要且自然之事。孟子學說承孔門之遺緒，特別強調孝弟之重要。孝弟始於家庭。夫婦之倫，爲其肇端。故孟子強調「不孝有三，無後爲大。」認爲舜「不告而娶」，「爲無後也」（〈滕文公下〉）。又云：「無親戚君臣上下，是無人倫也。」人倫之端始於家，既有夫婦之別，更當求「父子有親」、「長幼有序」。孝弟既成，方能治國平天下，此可見孟子孝道觀之重要。孔子、孟子的孝道觀如下。

　　（一）行仁之根本：

《論語‧學而》有子曰：

　　　　其爲人也孝弟，而好犯上者鮮矣。不好犯上，而好作亂者，未
　　之有也。君子務本，本立而道生。孝弟也者，其爲仁之本與？

　　有子以孝弟爲行仁之根本，以爲人若孝弟，則鮮犯上。蓋孔子以爲「仁」指愛人，而其始於父母親子之愛。以此血緣之愛爲基礎，推廣爲「仁民愛物」，此孟子所謂「親親而仁民，仁民而愛物。」孟子言此特詳。如《孟子‧離婁上》云：

　　　　人有恆言：皆曰「天下國家」。天下之本在國，國之本在家，
　　家之本在身。

此即《大學》所言：「修身、齊家、治國、平天下」之本末次第。「修己以安人」本爲孔子所重視，修己行善之根源本於人性之善端，則爲孟子所強調。孟子所謂仁、義、禮、智四端，皆根於心，而應落實於事親。《孟子‧離婁上》云：

> 仁之實，事親是也。義之實，從兄是也。智之實，知斯二者弗
> 去是也。禮之實，節文斯二者是也。樂之實，樂斯二者，樂則生矣；
> 生則惡可已也？惡可已，則不知足之蹈之，手之舞之。

仁、義、禮、智、樂等德目節文，皆應落實於孝弟之中，由天倫之愛樂之中推廣，和諧人我之關係，乃行仁修身之緊要處。故孟子認爲「仁者，人也。」又於〈離婁上〉云：「不得乎親，不可以爲人。」孝弟爲行仁之根本，其重要可知。

（二）王道之始：

孟子認爲「養生送死無憾」（〈梁惠王上〉）爲「王道之始」。爲政者當保民、養民、教民，制民之產，「必使仰足以事父母，俯足以畜妻子」，〈梁惠王上〉「五畝之宅，樹之以桑，五十者可以衣帛矣」云云，強調順時生養、務實民生。此孟子提醒爲政者「制民之產」的方法，他如井田、什一之賦稅等制度，目的皆在養民、教民，使人民得以奉養父母妻孥。人民得以養家，則易於修身齊家，進而使國治而天下平。孟子身處戰國羣雄，以力爭戰之時，人民「樂歲終身苦，凶年不免於死亡」（〈梁惠王上〉）；「庖有肥肉，廄有肥馬；民有飢色，野有餓莩，此率獸而食人也。獸相食且人惡之，爲民父母行政，不免於率獸而食人，惡在其爲民父母也？」（〈梁惠王上〉）所以痛斥諸侯以力假仁，征伐殘民，認爲政治的主體和目的在於人民。行政施政，乃至政權的轉移，應順天應人。國之本既在家，則孝弟之宣教，家用之具足，自然爲「王道之始」。〈離婁下〉云：

> 養生者不足以當大事，惟送死者可以當大事。

當諸侯以富國強民爲要務，以養民爲征戰之工具，使人民不得安養其父母，則孟子「惟送死者可以當大事」一語，實對時君當頭棒喝。至於行孝的態度，以孟子的觀點爲例：

（一）明善思誠以修身

對於行孝的方法，孟子主要強調「順養親志」及「尊親」二點。至於態度，則一本修身以誠的原則。〈離婁上〉云：

居下位，而不獲於上，民不可得而治也。獲於上有道：不信於
友，弗獲於上矣。信於友有道：事親弗悅，弗信於友矣。悅親有道：
反身不誠，不悅於親矣。誠身有道：不明乎善，不誠其身矣。是故
誠者，天之道也；思誠者，人之道也。至誠而不動者，未之有也；
不誠，未有能動者也。

孟子本有子「其爲人也孝弟，而好犯上鮮矣」的意思，以爲君臣、朋友、
父子、夫婦、兄弟五倫中，前二者應當以後三者爲本，由天倫孝弟中，推而
和諧朋友、君臣之關係。又本孔子「修己安人」的原則，強調悅親端在修身，
修身則當明善思誠，本諸固有善端之心，有恆弗懈的實行。「苟無恆心，則放
僻邪侈，無不爲已。」（〈梁惠王上〉）。故孟子言必稱堯舜，讚仰舜終身怨慕
父母，而凡人則「知好色則慕少艾，有妻子則慕妻子，仕則慕君。」（〈萬章
上〉），未如舜之大孝。以舜爲典型之孝子，企盼凡民見賢思齊，修身行仁以
行孝弟。再論述孝親的方法，以孟子的觀點爲例：

（一）順養親志：

孝親的方法首在順養親志。〈離婁上〉云：

……熟不爲事？事親，事之本也。熟不爲守？守身，守之本也。
曾子養曾皙，必有酒肉；將徹，必請所與；問有餘？必曰：『有。』
曾皙死，曾元養曾子，必有酒肉，將徹，不請所與；問有餘？曰：『亡
矣。將以復進也。』此所謂養口體者也。若曾子，則可謂養志也。
事親若曾子者，可也。

孟子謂爲事親不僅於口體之養，繼志養志，方爲上。此本於《論語・學
而》孔子云：

父在觀其志，父沒觀其行。三年無改於父之道，可謂孝矣。

繼事述志方爲孝，故《論語・里仁》云：「事父母幾諫，見志不從，又敬
不違，勞而不怨。」孟子本此觀念，認爲父子不責善，故古人易子而教。〈公
孫丑下〉景子云：「父子主恩」。〈離婁下〉認爲「責善，朋友之道也；父子責
善，賊恩之大者。」故匡章，通國皆稱不孝，孟子不以爲然。可見孟子不僅
重視口體之養，更重視順養親志以厚親恩，故〈滕文公下〉對陳仲子摒絕父
子關係，自以爲廉潔的行爲，加以批駁。但孟子並不是主張一味順從親意，
毫無是非。〈滕文公上〉云：「父子有親，長幼有序」，此言父子各有本分，不
是只要求對方。故〈萬章上〉以舜對其弟象的態度是：

仁人之於弟也，不藏怒焉，不宿怨焉，親愛之而矣。

〈告子下〉孟子批評齊人高子說詩「固哉！」，認爲《詩經·小弁》之怨乃「親親」的表現，「親親，仁也。」與《詩經·凱風》之不怨，同得性情之正。孟子云：

> 〈凱風〉，親之過小者也；〈小弁〉，親之過大者也。親之過大
> 而不怨，是愈疏也；親之過小而怨，是不可磯也。愈疏，不孝也；
> 不可磯，亦不孝也。孔子曰：「舜其至孝矣，五十而慕。」

舜的大孝，在於終身怨慕父母，得性情之正，且能使其父幡然改悟，樂此天倫。故〈離婁上〉云：

> 舜盡事親之道而瞽瞍底豫，瞽瞍底豫而天下化，瞽瞍底豫而天
> 下之爲父子者定，此之謂大孝。

以事親爲樂，使父慈子孝，各安父子之位，斯爲大孝。若如《論語·顏淵》孔子云：「一朝之忿，忘其身以及其親，非惑與？」因責善求全，或一朝之忿，因而遺棄親人，都非孝道。

（二）尊親：

孝親的方法，以孟子的觀點爲例，更重在尊親。《孟子·萬章上》讚仰舜的大孝，孟子云：

> 孝子之至，莫大乎尊親；尊親之至，莫大乎以天下養。爲天子
> 父，尊之至也；以天下養，養之至也。詩曰：「永言孝思，孝思維則。」

舜之大孝不但堪足式法，其貴爲天子，「老吾老以及人之老，幼吾幼以及人之幼」，推廣爲養民保民之德政，乃「尊親之至」。當孟子學生桃應問道：「舜爲天子，皋陶爲士，瞽瞍殺人，則如之何？」孟子云：

> 舜棄天下，猶棄敝蹝也。竊負而逃，遵海濱而處，終身訢然樂
> 而忘天下。

以事親爲樂，視帝爲如敝蹝。此因孝弟之行根於心，乃天之所與，爲天爵；職位乃人所給予，爲人爵。前者不假外求，爲人所以爲人尊貴之處，遠較人爵爲重。故孟子認爲面臨「德」、「位」不可得兼時，應棄位保德，守身事親方可謂尊親。生壙詩寫事親方可謂尊親，如楊雲程〈題謝頌臣先生生壙〉云：

> 曩者子才子，生塚傍隨園。其旁附僕婢，羅列如屏樊。中間樹
> 華表，乃以葬壽萱。謂死果有靈，長此奉晨昏。遺風今已渺，韻事

不可諼。謝君挾輿術，日夕相高原。曠達慕先哲，擇地科山崙。爲
求祖穴安，兼欲妥己魂。攜酒招良朋，親自展墓門。興酣揮巨筆，
胸次雲夢吞。諸友羨其達，徵啓遍七鯤。我思葬者藏，寢假飽蟲蟳。
賢愚同一坵，富貴安足論。奈何諸老詩，亟亟爲兒孫。及身不早計，
日爲利欲煩。一朝時勢改，華屋嘆生存。如君之高尚，能令鄙夫敦。
題詞遙寄贈，爲傾一大樽。〔註44〕

　　清代文人袁枚（字子才，號簡齋，晚號隨園老人，又號小倉山居士。西
元一七一六～一七九七年）於乾隆三十四年己丑（西元一七六九年），在隨園
西爲兆域。袁枚〈隨園六記〉云：

　　嘗讀《晉書》，太保王祥有歸葬，隨葬兩議，方知「隨」之時
義，不止嚮晦入宴息而已也。……塋旁隙地曠如，余仿司空表聖故
事，爲己生壙。將植梅花樹松，與門生故人詩飲其中。若是者何？
子隨父也。壙界爲二，……若是者何？妻隨夫也。……嗟乎！古人
以廬墓爲孝，生壙爲達，瘞狗馬爲仁。余以一園之故，冒三善而名
焉。誠古今來園局之一變，而「隨」之時義通乎死生晝夜，推恩錫
類，則亦可謂大矣，備矣，盡之矣。〔註45〕

　　袁枚因有形家來，謀於隨園西爲兆域。袁枚請於其母，以其先父骨骸厝
於斯。又《晉書・王祥傳第三》云：

　　烈、芬並幼知名，爲祥所愛。二子亦同時而亡，將死，烈欲還
葬舊土，芬欲留葬京邑。祥流涕曰：「不忘故鄉，仁也；不戀本土，
達也。惟仁與達，吾二子有焉。〔註46〕

　　袁枚認同王祥子王芬隨葬的曠達，認爲「隨」之時義通乎死生晝夜，而
推恩錫類，即《論語・爲政》孟懿子問孝。子曰：「無違。」「生，事之以禮；
死，葬之以禮，祭之以禮。」《孟子・梁惠王上》孟子說：「養生喪死無憾，
王道之始也。」連橫〈題謝頌臣先生生壙八首〉其五云：

　　芥芥塵寰內，滄桑一刹那。先生眞曠達，此地足婆娑。傍祖全
純孝，偕妻誓靡他。年年松柏長，落葉滿岩阿。

〔註44〕謝道隆著，《小東山詩存》（臺中市：謝文昌再次重印，1974年），頁8。
〔註45〕袁枚著，《袁枚全集（貳）》、《小倉山房文集》卷十二（江蘇：江蘇古籍出版
　　　社，1997），頁209。
〔註46〕房玄齡等撰，楊家駱主編，《晉書・王祥列傳第三》（台北：鼎文書局，1980），
　　　卷33，頁990。

　　頸聯稱許謝道隆營建生壙的孝思。魏清德〈題謝頌臣先生生壙〉云：

　　　　自欲埋骨傍祖母，即是孝思之微忱。流連奇傲不駭世，卻有友
　　朋傳其心。微詩遠及潤菴子，偶值垂釣韋埠陰。歸來日暮且飲酒，
　　黑甜一枕又沈沈。天明酒退空如洗，手握詩箋口哦吟。嗟哉元素幾
　　何離，死生無常狀。蝴蝶爲莊周，莊周識其妄。怯夫求不死，達人
　　築生壙。君非莊周徒，何以能超放。聞君山水一死生，愧我未能曾
　　一營。只曉靜觀詠萬物，不知身世其他情。〔註47〕

「自欲埋骨傍祖母，即是孝思之微忱。」魏清德以文友寫詩徵答，以傳
其心。「怯夫求不死，達人築生壙。」稱許謝道隆營建生壙是既有孝忱且曠達。
這類的徵詩作品，謝道隆〈輓慧修鄭貞女〉云：

　　　　松貞竹孝兩堪嘉，生長人間富貴家。二十六年塵夢短，此身合
　　作妙蓮花。

　　　　曾來北郭挹清風，經卷薰爐示病中。天女欲歸兜率去，空勞乞
　　藥向龍宮。

　　此詩收錄於鄭毓臣《鄭貞女挽詩》。〔註48〕魏清德〈吾鄉鄭貞女慧修詩〉
《鄭貞女輓詩》所載詩題相同，又載於《臺灣日日新報》。詩末云：「悠悠宗
教若爲情，完用乍歸天理教。」知鄭貞女慧修是新竹人，皈依天理教，二十
六歲早逝。

　　黃金鋪，臺中人。其作品多散佚，祇於謝頌臣「科山生壙詩集」中見其
一律。〔註49〕〈題謝頌臣先生生壙〉七律云：

　　　　青島妙術獨深知，築得佳城兩得宜。與祖聯墳重繞膝，和妻共
　　穴復齊眉。牛眠早卜崇岡上，馬鬣先封未雨時，放達如君堪羨煞，
　　墓門華表自題詩。〔註50〕

頷聯推許謝道隆的孝思以及夫妻同命相依，舉案齊眉之情。

　　傅錫祺〈題謝頌臣先生壙〉

　　　　人情無論生與死，祇求棲身得寧宇。廿紀風潮捲地來，大陸茫

―――――――――

〔註47〕魏清德著，黃美娥主編，《魏清德全集壹：詩卷》（臺南市：臺灣文學館，2013
　　　　年12月），頁110。謝道隆著，《小東山詩存》（臺中市：謝文昌再次重印，1974
　　　　年），《科山生壙詩集》，頁23。
〔註48〕同前註，施懿琳主編，全臺詩編輯小組編撰，《全臺詩》第拾壹冊，頁66。
〔註49〕同前註，王建竹撰，〈臺灣中部詩人及其作品（三）〉，頁163。
〔註50〕謝道隆著，《小東山詩存》（臺中市：謝文昌再次重印，1974年），頁42。

茫幾淨土。先生擇地不辭勞，遠探禹域東南部。倦游買棹還故鄉，
故鄉好山不數覯。此山形勝異群山，鑿出神工與鬼斧。山靈不屑畀
凡庸，留待高人來作主。芟除荊棘築生壙，孝思不匱仍依祖。春秋
輒率友人來，墓前歌詩醉清酤。我願勝會逐年開，親見草木堪作杜。
此地頗僻隔紅塵，爲山不深絕狼虎。海天龍戰任紛紛，葬身有地安
如堵。得所我爲先生賀，得人我爲科山詡。科山鼎立甲溪北，埋沒
久與凡山伍。曩昔往來類土番，不則牧童與樵父。賞識自逢慧眼人，
石壁題詩不知數。不必新高萬千尺，名並先生傳萬古。〔註51〕

傅詩寫其師築生壙，孝思不匱，又開勝會，以避戰氛。

〔註51〕王建竹撰，〈臺灣中部詩人及其作品（二）〉。收於林衡道主編，《臺灣文獻》
　　　　第二十八卷第一期，（南投：臺灣省文獻委員會，1977 年 3 月 30 日版），頁
　　　　126。

第六章　怨世哀時，志士情懷

　　學者討論乙未年（西元一八九五年）臺灣人抵抗日人的占領，初期中北部的抗日活動，其中尤以客家族群作戰最力，客家人最積極，犧牲也最慘烈。在臺客家人寧死不屈，並組織義勇軍，在徐驤、吳湯興、姜紹祖、劉永福等客家戰士的領導下，兵分臺灣南、北各地和日軍廝殺，對抗時間達六個月，死傷十分慘重。而客家人當年之所以堅決作戰，主要是因為「不甘心」，不想台灣這塊土地平白被日本接收而去。這和所謂的「愛國」情操可能沒有多大關聯，「保鄉」情切也許才是他們浴血奮鬥的動機。〔註1〕論者陳運棟強調客家戰士徐驤為英雄。徐驤文武雙全，在地方望族的支持下舉兵，從北到南無役不與，最後戰死沙場，為的不是私利，而是公義。陳運棟藉徐驤呼籲所有的台灣住民，無論是小市民或政治人物，都該仿效徐驤的英雄歷程，因為英雄言行不為自己，而是為了淑世救人。〔註2〕

　　論者李文良表示，乙未戰爭中大料崁（現桃園大溪）地區民眾的抗日狀況，不是一開始就決定對日軍採取武裝抵抗行動。由地方菁英掌控的地方自治團體曾在初期試圖和前來接收的日軍聯繫，尋求地方社會秩序得以穩定度過政權轉換期。日軍對於佔領與接收台灣社會，也呈現樂觀態度。但到了六月底，北台灣對日本新政府態度有明顯變化，一方面是武裝抵抗運動的次數與區域明顯增加，另一方面則是武裝部隊將襲擊台北城謠言頻繁出現造成人心慌亂。李文良說，當年七月十二至十六日間發生大料崁戰役，日軍集結戰力，對大料崁溪右岸山區進行兩次徹底掃蕩行動。北台灣的淺山地區因而成

〔註1〕《乙未戰爭與客家》學術研討會（臺北：臺灣師大舉行），共有一場主題演講、八篇論文發表。見《中國時報》（西元 2005 年 12 月 28 日星期三），A16 版。
〔註2〕《中國時報》（西元 2005 年 12 月 28 日星期三），A16 版。

爲日軍「無差別殺戮（格殺勿論）」政策最初的試驗地。〔註3〕

　　臺灣割讓之際，謝道隆募集義勇軍，率「誠」字正中營駐桬頭前莊（今桃園縣蘆竹鄉）；後因義軍節節敗退，遂西渡避難。不以成敗論，謝道隆是客家戰士、抗日英雄，也是守土有責的志士。返回臺灣原鄉的謝道隆，詩〈寫懷〉云：

> 觸緒無端祇自鳴（鳴？），催人歲月老堪驚。搖鈴且賣葫蘆藥，
> 把酒休談草木兵。海叟棲遲原有定，塞翁禍福總難明。當年屐齒今
> 猶在，只合登臨過此生。〔註4〕

　　「把酒休談草木兵」句，深有怨世哀時的志士情懷，末言「只合登臨過此生」，暗寓登臨以望故國的憂時哀感。

第一節　乙未抗日，孤臣志士

　　謝道隆與丘逢甲在乙未年（西元一八九五年）堅決抗日，無奈孤臣無力回天，兵敗內渡大陸祖居地。此爲文友詠詩主題之一，例如洪棄生〈四題謝君生壙詩後〉云：

> 南山可爲欂，泰山可爲銘。茫茫坤輿域，屍解鴻毛輕。日月升
> 玄墟，雲霞起赤城。笑把東皇袖，揮手騎長鯨。神仙自有骨，何必在
> 紫清。遙尋盧敖洞，蛻去餘空院。又見王喬棺，虛墳一夕成。崟崟嵩
> 高間，浮邱伯所營。大山小山霍，南斗北斗衡。陵谷已陡徙，況乃穴
> 螻蟻。我友謝夷吾，素有猿鶴盟。青山舊息壤，遺下廣漠坣。陸沉身
> 不壞，沆瀣壽長生。何藉一抔土，遠與天尊爭。寓公聊寄託，大造自
> 踐更。豈無榑桑谷，亦藏太乙精。峴水日以淺，峴山日以平。龜筮不
> 可知，往事問巫彭。方君誓墓時，蝸角正吞并。劉安謀舉宅，地軸東
> 南傾。君作遼東鶴，空塚亦崢嶸。他日芙蓉主，不讓石曼卿。（合水
> 土、爭天尊，用唐吉頊對武曌語，亦暗用張翁、劉翁爭天帝事。）

　　此詩洪棄生的詩友評云：「人多賞前三作之奇曠，而此作飄然欲仙，實入逸品。」評論的當。此詩對人物品鑑，從「形象」昇華到「神味」的「美的觀照」。以一種「名士」風度來寫人物。若要討論洪棄生的「名士」風度，則

〔註3〕《中國時報》（西元2005年12月28日星期三），A16版。
〔註4〕謝道隆著，《小東山詩存》（臺中市：謝文昌再次重印，1974年），頁5。

人物舉止灑脫不群，超然自得的風姿神貌，輕蔑禮俗，無爲而無不爲的自由精神，談玄論道，寄託幽遠的吐屬玄思，優遊不迫，超脫死生危懼的從容境界，以及縱情飲酒，放浪形骸的曠達作風。

　　《世說新語・任誕》說「名士不必須奇才」，「痛飲酒，熟讀離騷，便可稱名士。」洪氏〈戒煙長歌〉充分表現此種風度。其〈吸煙戲詠〉戲稱「糟丘須知肉不敗」。又詩中香草美人的比喻，儼然名士。宗白華指出「晉人超然生死禍福，臨危鎮定的大無畏精神是一種神韻的美。」此乃「名士」風度。他認爲神韻指「事外有遠致」，不沾滯於物的自由精神，如嵇康的詩「目送歸鴻，手揮五弦。」此精神的美，或哲學的美，如庾道季見戴安道所畫行像，謂之曰：「神明太俗，由卿世情未盡！」建立中國文藝批評的標準「雅」、「絕俗」。〔註5〕

　　論者廖蔚卿論名士爲在思想上以老莊爲主體，在生活態度上爲狂狷之士。〔註6〕例如裴啓《語林》中的孔明爲例，堪稱其爲「名士」。

　　論者牟宗三闡述「名士」是天地之「逸氣」，如三國曹操、諸葛亮等人，雖日理萬機，無暇爲名士，但有從容與風流，是則清逸、俊逸、風流、自在、清言、玄思、玄智，皆名士一格之特徵。「名士」必有識，識不同於志局，志局成功名，識則無成無不成，此所以爲玄遠而超凡俗也。「名士」也是天地之「棄才」。一無所成，一無所主，一無所用。「四不著邊，任何處掛搭不上的生命。」不把人生意義確定在任何模式的價值觀上，人生態度不實際，虛無而荒涼。

　　名士看似瀟灑自在，內心卻永遠處在反省的狀態中。不能忘情世界，又不能贊同、不能安心於世界，於是關情世界之餘，折返回來的心情，總是一種近乎感傷、近乎悲抑的情懷，這點是魏晉以後名士所共有的心態。

　　名士的社會意義，是他個體生命的疏離性；名士的文化意義，是他個體生命的獨特性；名士的宇宙意義，是他個體生命的虛無性。這樣的氣質人格，難免如牟宗三所說的荒涼感和悲劇性。〔註7〕洪棄生言王維〈桃花源詩〉如「名

〔註5〕宗白華著，〈論世說新語和晉人的美〉。宗白華著，《美學的散步I》（台北：洪範書店，1981年），頁71～86。

〔註6〕廖蔚卿著，〈論魏晉名士的狂與癡〉。廖蔚卿著，《漢魏六朝論集》（台北：大安出版社，1997年），頁149～164。

〔註7〕牟宗三著，《才性與玄理》（台北：台灣學生書局，1985年7月修訂7版），頁67～74。

士」，韓愈題桃源圖的詩如「名將」。此生命情調是天賦的，外在環境只能誘發它，而不能逼成它。

洪棄生詩流露的焦慮，是因不認同日本統治，而對國族與文化存亡懷抱使命感。學者約翰·畢比認為真誠是希望獲得品德的基本態度，而持續性的焦慮能幫助我們識別出真誠。因此，修德養品要在傾聽良心寂靜、細微的聲音。尤其要不怕擁抱「羞恥」——無論羞恥感是因低於原來的期望、缺乏正確方向，或因做錯事感受到羞辱。而不知如何對待羞恥而感到沮喪的陰影反應，使人憤怒。若陰影能「充分揭露」，感覺將恢復完整，使基本品德有了起碼的感覺。〔註8〕洪詩認真對待此一陰影，詩中的同理、容納、想像，既與其友謝道隆誠實交流，也是真心承諾，願彼此分享療癒心傷的經驗，因為臺灣割日，兩人都因此失去出仕濟民的機會，無法為國家效力而感到羞恥。

謝道隆預築生壙，邀友吟詩詠志，表達面對死亡而頡問生命意義，思索存在的種種困境。生壙是預設的地下歸藏，詩則是虛擬的想像世界。而洪吟詠之際，更頻繁仰慕凡昔之典型人物。如此心理，如約翰·畢比所說，無非為情感的自由表達提供了一個安全的空間，然後才能導向正確的心靈。〔註9〕為何生者與死者協商，成了寫作時必要的功課？瑪格莉特·愛特伍（Margaret Atwood）云：

> 所有的作家都向死者學習。只要你繼續寫作，就會繼續探討前輩作家的作品，也會感覺被他們評判，感覺必須向他們負責。但你不只向作家學習，更可以向各種形式的祖先學習。死者控制過去，也就控制了故事，以及某些種類的真實——威佛瑞·歐文在那首描寫進入冥界的詩〈奇異的會面〉中，稱其為「未說出的真實」——所以你若要浸淫在敘事中，遲早就得跟那些來自先前時間層面的人打交道。〔註10〕

洪棄生詩敘述古來各個典型人物的故事，如瑪格莉特·愛特伍所說，回到很久很久以前，將死者的寶藏帶回人世，進入時間。「何藉一抔土，遠與天尊爭。」借神話意象揭露一敘事的母體，即以漢文化下同一國族——中國——

〔註8〕約翰·畢比（John Beebe）著，魯宓譯，《品德深度心理學》（臺北：心靈工坊文化事業公司，2010年4月），頁71、73、99、105。

〔註9〕同前註，約翰·畢比（John Beebe）著，魯宓譯，《品德深度心理學》，頁135。

〔註10〕瑪格莉特·愛特伍（Margaret Atwood）著，嚴韻譯，《與死者協商：瑪格莉特·愛特伍談寫作》（臺北：麥田出版社，2004年5月），頁228。

抵抗外侮，強調個人對社群的義務與忠誠，也爲日本治臺時，傳統知識份子的「命運」發聲。因此，整個中國成了一共同的文化場域，知識份子借由文章典故的喻示針砭現實，找尋生之意義，所以說：「南山可爲槨，泰山可爲銘。茫茫坤輿域，屍解鴻毛輕。」朝聞道，夕死可矣。洪棄生〈予既連題謝君生壙詩五言古矣意有未盡作放歌第五〉云：

> 嗚呼！人生不得登神仙，鼎湖白日凌紫煙。飛升去拍洪崖肩，要當兵解沙場邊。馬革裹屍載馬韉。又當犁穴匈奴庭，歸來築塚像祁連。或爲樓船輿櫬出橫海，誓澂禪海清神堧。赤松黃石從此逝，脫身九地兼九天。不然穿壙近要離，高人烈士好墓田。或如虞翻死海上，青蠅弔客來周旋。或如憤世申屠狄，懷沙負石沉流川。臺佟矯慎逃穴中，巖棲谷飲爲高騫。如此落落皆不朽，俯視一撮塵土猶蹄筌。浸假把譏老死甕牖下，便與劉伶埋去方快游。抑或肉骴委途路，下飼螻蟻上烏鳶。附贅懸疣歸一潰，無覆無載無垓埏。奈何瘢痕爪跡留眼前，有土一簣岡一拳。一副頭骨付兒孫，異時拋擲荒山巔。窾竆入地號生壙，疑生疑死然未然。豈知人生在世同一夢，夢中生死誰分焉。生爲羈旅死爲歸，死或安逸無拘攣。或爲蝴蝶或魚鳥，或蕉覆鹿蛻解蟬。無何有鄉好歸宿，不知誰氏庶流傳。天壤地文俱多事，日瘃月竁殊糾纏。生前鑿竅失渾沌，死後瞑目獲晏眠。醉生夢死夢夢中，翻覆不覺變坤乾。一鍤一鍬誰與我，或封或樹咸無權。邇來滄桑逾十載，市壚壙地難自專。渴葬薧葬欲求速朽，募山買水空使錢。有時裸焚付爐灰，慘於陳肆溝壑塡。古碣今碑紛狼籍，生王死士周垂憐。羨君及早計一塵，空寢窅竆今幾年。荊棘縱橫世路狹，墓門安穩山中穿。未死輒存既死想，將了姑留未了緣。近慕虛龕白樂天，遠謝騎鯨李青蓮。玉樓持板雖遲赴，夜壑藏舟終靡牽。殯宮預定沈子文，完柩待賦班孟堅。我來芒鞋藤杖登君阜，千峯如龍隨蜿蜒。前有林木後有泉，他日將表瀧岡阡。董相有陵名下馬，邵公何地聞啼鵑。一壑半邱君主客，千秋萬古誰愚賢。太華峯頭作重九，胸中獺祭皆豆籩。不懼摸金有校尉，豈愁發塚到彭籛。願君長作許季山，願予亦作馬文淵。床頭兒女非正命，山上兆塋非寢筵。大荒披髮叫巫咸，地爲方域天爲圓。沒字高存秦代石，明銘深刻漢時甎。湘君雲將豫臯復，風車霧馬遙蹁躚。倘復人間厄陽九，可許

　　吾子歸大千。但恨中原無路近，一堆淨土讓人先（許季山將死，禱泰山得死，見《漢書》許曼傳。）。

　　「嗚呼！人生不得登神仙，鼎湖白日凌紫煙。」首先歌詠兵解沙場、馬革裹屍的英雄。論者坎伯闡述《聖經・舊約》中的英雄摩西，「帶來規範整個新社會的誡律。那是典型的英雄行為三部曲─出發、完成、返回。」「人們必須離開舊有環境，而去尋找像種子般的觀念，一種能醞釀帶來新事物的觀念。」其尋求過程，表現「意識明覺」與「行動程度」。〔註11〕

　　此外，坎伯認為英雄尋求而找到日常生活的世界裡欠缺的東西。「之後的問題是，要不就是堅持它，拋掉現實世界，不然就帶著那個恩賜回來，並且在您回到你的社會時，仍然緊緊的抱著它不放。那不是件容易的事。」因為英雄為某個理念，為某事犧牲，這是行為內在的英雄精神。因此必須放下自己，把自己交付給更高目的或他人，才了解到終極的試驗。所有的神話都必須處理某種意識上的轉化。方法不是經由試驗本身，就是經由智慧的啓示，「試驗與啓示便是轉化之全部內涵。」〔註12〕英雄冒險的目的在找出人生目標，生命的本質和來源，因此其「內在旅程」是「心象追求」，追求一種恩賜，一種心象。

　　「豈知人生在世同一夢，夢中生死誰分焉。生為羈旅死為歸，死或安逸無拘攣。或為蝴蝶或魚鳥，或蕉覆鹿蛻解蟬。無何有鄉好歸宿，不知誰氏庶流傳。天壤地文俱多事，日瘞月竁殊糾纏。生前鑿竅失渾沌，死後瞑目獲晏眠。醉生夢死夢夢中，翻覆不覺變坤乾。」棄生詩中夢境表達個人志向，更結合內外兩個宇宙，創作使人超越個人的身心，使人有自然的治癒力。心理學家容格發現夢是人類的集體潛意識。他以「同時性」對夢的解釋可擴展到由目的論所支配的類心理現象。而人的情緒與情感扮演重要的角色。生命之氣就成了超心理現象的精神感應。

　　洪棄生詩「不然穿壟近要離」句，典用東漢梁鴻（字伯鸞，扶風平陵人），嘗受業太學，家貧而尚節介，博覽無不通，與其妻孟光偕隱，仰慕前世高士，而為四皓以來等人作頌。及卒，友人伯通等為求葬地於吳要離冢傍。咸曰：「要

〔註11〕喬瑟夫・坎伯、莫比爾（Joseph Campbell、Bill Moyers）著，朱侃如譯，《神話》（臺北縣：立緒文化，1995 年），頁 229～230。
〔註12〕同前注，喬瑟夫・坎伯、莫比爾（Joseph Campbell、Bill Moyers）著，朱侃如譯，《神話》，頁 216～220、198。

離烈士，而伯鸞清高，可令相近。」又有隱逸者臺佟（字孝威，魏郡鄴縣人），鑿穴爲居，采藥自業，以保終性命，存神養和爲幸，又有矯慎（字仲彥，扶風茂陵人），少好黃老，隱遯山谷，因穴爲室，仰慕松、喬導引之術。後人有見慎於敦煌者，故前世異之，或云神仙焉。〔註13〕

　　至於三國吳國虞翻性疏怠，數有酒失，忤孫權而被罪徙交州，翻因以典籍慰情，依《易經》設象，以占吉凶。自云：「自恨疏節，骨體不媚，犯上獲罪，當長沒海隅，生無可與語，死以青蠅爲弔客，使天下一人知己者，足以不恨。」陳壽史評稱其「古之狂直」。面對權勢欺凌，虞翻寧可困窘羞辱而不改其道，乃《易經・大過卦》所謂「獨立而不改」，卻未能遯世而無悶，可見亂世中知識分子處境之艱難。〔註14〕而申屠狄見紂王無道，抱石沉河而死。〔註15〕更是爲家國殉道之烈士。例如丘逢甲〈答臺中友人〉七律四首，收於《嶺雲海日樓詩鈔》卷四，清光緒二十四年（一八九八年）〈戊戌稿〉。〈答臺中友人四首〉其二云：

　　　　抱石申屠劇可憐，（原注：臺人有賈于泉者，聞臺亂家亡，投萬安橋下而死。）一庵待死伴枯禪。（原注：內渡後有諸生爲僧。）湛身難訴遺民苦，殉義誰彰故部賢？（原注：謂部下吳、徐、姜、丘諸將領。）碧血縱埋非漢土，赤心不死尚唐年。（原注：臺中義士，尚奉中國正朔。）扁舟但益飄零感，過海何曾便是仙？〔註16〕

　　申屠狄抱石沉河而死，比擬臺人有賈于泉者，聞臺亂家亡，投萬安橋下而死。相反的是任誕的竹林七賢中的劉伶（字伯倫，沛國人也），身長六尺，容貌甚陋，放意肆志，常以細宇宙齊萬物爲心。常乘鹿車，攜一壺酒，使人荷鍤而隨之，謂曰：「死便埋我。」其遺形骸如此，其〈酒德頌〉自云：

　　　　先生於是方捧罌承槽，銜杯漱醪，奮髯箕踞，枕麴藉糟，無思無慮，其樂陶陶。兀然而醉，怳爾而醒。靜聽不聞雷霆之聲，熟視不睹泰山之形，不覺寒暑之切肌，利欲之感情。俯觀萬物，擾擾焉

〔註13〕同前註，《新校本後漢書并附編十三種・逸民列傳第七十三》，卷83，頁2765～2772。

〔註14〕陳壽著，楊家駱主編，《新校本三國志注附索引・虞陸張駱陸吾朱傳第十二》（台北：鼎文書局，1997），卷57，頁1323。

〔註15〕劉向撰，高誘註，《戰國策》（四庫全書・史部・雜史類，臺北：商務印書館，1983年10月初版），卷7。

〔註16〕同前註，丘逢甲著，黃志平、丘晨波主編，《丘逢甲集》，頁247～248。

若江海之載浮萍。二豪侍側焉,如螺蠃之與螟蛉。〔註17〕

晉代正始年間的名士,因司馬氏高壓屠殺,少有能保全身家者。劉伶溺於酒而放浪,因無益於世用而以壽終。「其愚不可及也。」劉伶齊觀生死,及時行樂,放浪形骸的曠達,相較阮籍口不臧否人物的謹慎世故,雖不免世人荒誕耽溺之譏,卻比阮籍多了些適性自足的坦率天真。

洪棄生雖未如劉伶溺於酒,但卻嗜食鴉片煙成癮,其詩〈吸煙戲詠〉云:「糟丘須知肉不敗」,典故出自《晉書・任群傳》,群性嗜酒,(王)導嘗戒之曰:「卿恆飲,不見酒家覆瓿布,日月久糜爛邪?」答曰:「公不見肉糟淹更堪久邪?」為自己的酒癮辯解,任群不在乎嗜癖是否會使人糜爛短命,但求適性解癮罷了!棄生吸煙以求適性,其作風似此。

洪棄生詩「殯宮預定沈子文,完柩待賦班孟堅。」「沈子文」即南唐沈彬,沈彬字子文。取名字表面的意見作雙關語。因為身後而「沉埋子文」;班固字孟堅,但求棺柩「堅固」。董相典故出自《唐國史補》,此書收錄舊說董仲舒墓門,人過皆下馬,故謂之下馬陵、後人語訛為蝦蟆。

「邵公」典故出自范曄所著《後漢書》卷四十五,袁安本傳:「袁安,字邵公。……初,安父沒,母使安訪求葬地,道逢三書生,問安何之,安為言其故,生乃指一處,云:『葬此地,當世為上公。』須臾不見,安異之。於是遂葬其所占之地,故累世隆盛焉。」

「不懼摸金有校尉」,「摸金校尉」典故出自漢末陳琳為袁紹作討曹操檄,極言曹操的貪殘。《昭明文選》收錄陳琳〈為袁紹檄豫州〉云:「操又特置發丘中郎將,摸金校尉,所過隳突,無骸不露。」

東漢初年的馬援(字文淵,扶風茂陵人),因戰功封伏波將軍,嘗云:「男兒要當死於邊野,以馬革裹屍還葬耳,何能臥床上在兒女手中耶?」人許為烈士之言。許季山乃東漢人許曼(汝南平輿人)祖父,名峻,善卜占之術,多有顯驗,時人方之前世京房,自云少嘗篤病,三年不癒,乃謁太公請命,此因太山主人生死。〔註18〕「但恨中原無路近,一堆淨土讓人先。」以此為卜疑之詞,點出臺灣遺民身處日人殖民統治,心懷故國而感天地跼蹐之悲哀。哀時怨世,空懷澄清天下之志而無報效之路。

〔註17〕同前註,《晉書・列傳第十九》,卷49,頁1375~1376。
〔註18〕同前註,《新校本後漢書并附編十三種・方術列傳第七十二・列傳第十四》,卷82、卷24,頁2731,頁827~852。

第二節　批評日人，治臺苛政

　　洪棄生此詩又批評日人治臺的苛政。「邵公」典故與「不懼摸金有校尉」，呼應前面「邇來滄桑逾十載，市墟壙地難自專。渴埊藁歛求速朽，募山買水空使錢。有時裸焚付爐灰，慘於陳肆溝壑填。」批評日人為了防疫，強行橫加隔離、焚屍。洪棄生於丁酉年（西元一八九七年）所作〈病中責鬼檄〉，及其後所作〈擬鬼答檄文〉以為「鬼，乘衰氣而興者也。」引《漢書・五行志》：「災害變怪，乘衰迭出。」以及《易經》〈困卦〉、〈剝卦〉、〈泰卦〉、〈否卦〉，以及《詩經》〈小雅〉、〈大雅〉等變雅篇章，哀悼臺灣割日，日人領臺初期之種種暴政。例如明治二十九年（西元一八九六年）臺灣鼠疫橫行，日人強行橫加隔離、焚屍，以無經驗的公醫，強行治療患者的愚昧。〔註 19〕臺人習俗人死多以土葬，為避開日人檢疫焚屍之嚴令，往往隱匿親人死訊，以伺機下葬，洪棄生於戊戌年（西元一八九八年）所作〈弔楊君子玉祖母葬文〉說得最清楚：

> 安人中年守節，撫育諸孫，賑人之乏，濟人之急，所有私蓄，聞有死者、病者、貧無告者，無不一言立應以去，此其全受全歸，靈光獨完，亦天所以報其德歟！乙末之秋，外國兵來，里人之廬舍多為所據，安人之居廓如也，有引兵人獨遺之而去，而安人得以夷然而養病，此天之報於生前也。及其後也，災疫流行，西洋之法搜檢蔡嚴，如香港之例，病者有驅，死者有焚，生者有禁，不驅不焚者，亦時時有防察，防察之人甚勤動而不憚瑣煩，防察之時甚剽疾不可預避，或早而至，或夕而至，入深房，闖邃室，瞪其目，勃其色，咆其聲，而婦子縠觫，其俟以此無敢諱言病者，得病者或灌之，或刺之，或居之，其死者或刳之，其葬者或火之，不火者，無不裸而藥以醃之，其器具衣服或焚之，其人物居室則閉之，日夕早夜邏守之，以此除疫之傳染也。除疫之善法如此也，西國之善法亦類如此也，其視古者以方相四目入人家真假何如也，然鄉人之不達者，咸苦之，而安人乃未疫而沒以，晏然含殮，不受斯災，此天之報於死時也。……疾疫盛行之日，懼其蔓延也，凡土之積者，物之穢者，

〔註 19〕洪棄生著〈病鬼責鬼檄〉、〈擬鬼答檄文〉，同前註，《寄鶴齋古文集》，頁 237～240。詩作見〈公醫行〉、〈清潔行〉、〈檢疫歎〉等，同前註，《寄鶴齋古文集》，頁 143、173。陳光瑩著《臺灣古典詩家洪棄生》（台中市，晨星出版社，2009），頁 180～183。

氣之聚者，無不疏剔芟夷以滅毒氣之發，而尤最忌死之厝棺不葬者，以是為流毒之具也，故或見之必速去之，否則代為焚之，焚尸首，灰骸骨西洋本為常事，而臺人以為至慘，故當其時而死者，無不家匿而戶隱，無敢厝棺者，乃安人獨厝棺三年，疫屢起，檢屢嚴，而長眠如故，無擾之者，今年卜吉奉殯而遷，盡禮而葬，此天之報於死後也，天之報安人如是而不第如是也。〔註20〕

日人強行橫加隔離、焚屍，只因疫屢起，檢屢嚴，不能體恤臺灣人種土葬的習俗，惹起臺人反感。日人佐倉孫三云：

臺人之喪，先選良材製棺槨，形如剖木舟，臟屍於其中。鑿地僅二、三尺置棺，粘土塗其上，如土饅頭。經過三、四年，而開棺洗骨，改葬於壙穴，建碑標。但貧者經數年猶不能改葬，土饅頭沒於草萊之間，頗極淒涼，可謂戾古聖追遠之教矣。邦人厚於喪，超於臺人。棺材、壙穴固盡其善，而如碑標最注意，刻字於貞石建之，以高柵繞之，蓋不啻衒外觀，亦盡人事而已矣。

評曰：余曾遊郊野，觀土人掘土探物。就視之，則發墓拾骨。髑髏暴露，異臭撲鼻。訊之，即洗骨也。余竊愛孝情，而惡其陋態。屍體一歸土，則無復洗骨之要。即雖謂習俗，亦宜加改善者矣。〔註21〕

佐倉孫三觀察到臺人墓地習俗，「如碑標最注意，刻字於貞石建之，以高柵繞之，蓋不啻衒外觀，亦盡人事而已矣。」洪棄生題詠生壙，詩作典重如墓誌銘，因而批評日人焚屍之舉動。日人佐倉孫三云：

臺地多疫病，瘴癘、鼠疫為最慘毒者。鼠病俗呼曰草疫，又曰瘟疫，以當其春氣漸動之時發生也。鼠疫之發也，鼠必斃於屋之內外，其毒浸染人體，是以稱鼠病。此疫流行之時，土人戒不食餅果油罩等，蓋鼠族多嗜糖類也。余曾在總督府官舍，所使役廝夫殪此疫，警吏來命十日間通行遮斷，頗悉其慘狀。當時竊謂臺地衛生之術未開，不免鼠疫之來襲。我邦則氣候清涼，衛生之術亦整備，雖有鼠疫，不能侵入。既而神戶、大阪、東海地方發此毒，上下狼狽。氣候之不可恃，其亦如此耳。評曰：鼠疫之害猛於虎，是所謂窮鼠

〔註20〕 同前註，《寄鶴齋古文集》，頁205～206。
〔註21〕 佐倉孫三著，《臺風雜記》（南投：台灣省文獻委員會，1996年），頁5。

噬虎者非歟？〔註22〕

佐倉孫三夸言斃鼠毒慘狀，為求防疫，手段不免過於嚴苛。日人據臺初年又深受瘴癘毒毒害。佐倉孫三云：

> 我文武官之在臺者，大抵為瘴癘所染，重者一再病而殞，輕者經五、六十回而不死。唯屢罹者，氣血枯喪，歸國而後尚不能脫者，往往有焉。此病之發，或每日、或隔日而患之，不違時間而來。先感惡寒，忽而戰慄眩暈，如以磐石壓頭腦。或苦吟發囈語，似病風者。評曰：瘴癘之毒，不啻臺地，我亦有之，稱曰瘧。頭痛惡寒，身神共衰。然比之臺瘴，未至其十分之一。近時我軍隊之在彼地者，以瘴毒為蚊蛾之所誘，穿手套、張蚊帳以防之，大奏奇效云。〔註23〕

甲午戰後，清廷割讓臺灣給日本。日本佔領臺灣，作為「北守南攻」的基地，日後向馬來半島和南洋群島推進。卒於西元一八九七年八月二十四日的日本外相陸奧宗光所撰寫的《關於臺灣島的鎮撫之策》中，認為佔領臺灣的目的有兩個。一是將其作為將來向中國大陸和南洋群島擴展版圖時的據地。一是開發資源、培育工業、掌握通商的權益。陸奧認為鎮撫統治的關鍵有三條，「第一要以武威壓住島民；第二是從臺灣逐漸削弱支那的風俗；卻因瘧疾、痢疾、腳氣病而患病者層出不窮，八月二十九日佔領中部彰化的近衛師團，並未繼續向南方推進，一直休整調養到十月三日，「各隊的人員幾乎都已減半。」情況頗為窘迫。〔註24〕日人身受瘧疾害命，防疫工作自然從嚴從細。洪棄生〈三題謝君生壙詩後〉云：

> ……臣身幸高舉，不願埋塵寰。帝曰汝凡骨，應墮海東山。山中有方相，勾陳玄武仗。其位避孤虛，其氣占生旺。其星周十二，月吉辰交向。可喚焦先山，羞嗤郭璞葬。龍脈雙峰嶠，牛眠千里共。跌龜載穹碑，石虎峙虛壙。羅叉不汝殃，蜿蜒豈汝抗。汝或厭凡囂，茲山即芒碭。山下長蒿萊，佳城鬱鬱哉。星星白榆樹，早有靈運栽。誰何荒空洞，不見有形骸。為言存生兆，將待身後埋。下山訪其人，古服方外裁。道貌迎我入，一揖笑口開。自道今生戚，十載備棺材。

〔註22〕佐倉孫三著，《臺風雜記》（南投：台灣省文獻委員會，1996年），頁55～57。
〔註23〕佐倉孫三著，《臺風雜記》（南投：台灣省文獻委員會，1996年），頁55～57。
〔註24〕原田敬一著，徐靜波譯，《日清、日俄戰爭》（香港：香港中和出版公司，2016年4月第一版第一刷），頁143～148。

滄桑天地老，萬化皆塵埃。逝者咸薰去，零落金銀臺。安得遂坵首，
白馬素車來。邀余作比鄰，千載共一坏。如此良得所，所欠清淨土。
尚祈正寢終，地下脫諸苦。世界入荼毗，毛髓伐彭祖。無死辭爽鳩，
失國哀杜宇。碧海從爛枯，青山藏臭腐。松柏垂千年，桃苑祓百蠱。
他日杜公陵，今朝蘇父圖。輸與長眠人，歡娛萬萬古。

「山中有方相」，方相一指古時逐疫所用的神像，一指送葬所用之具，
此處應指後者。「孤虛」，孤指六甲之孤辰。若甲子旬中戌亥無干，是為孤
也。對孤為虛，或曰孤虛，天地門戶也。此處孤虛應指天地門戶。「牛眠」
應指卜葬之吉地也。「山中有方相」以下十句應指葬地之形氣和方位。黃宗
羲在〈讀葬書或問〉說：「形者，山阜之象形於金木水火土也。氣者，山川
之脈理，或聚或散，聚者，其生氣也。」又說「方位」：「以八卦辨龍之貴
賤，及二十四山之衰旺生剋是也。」棄生所云，與黃宗羲相似，都認為厭
惡葬地之不吉，與厭惡焚屍無異。生在亂世，只要安於故土，免於戮屍之
虐就好。〔註25〕但是日治初期的防疫措施，對染疫死者採焚屍之苛政，違
背台人土葬之慣習，因此棄生批評「有時裸焚付爐灰，慘於陳肆溝壑填。」
並不是厭惡焚屍，而是諷刺日本當局為了防疫，逕自以火葬的方式處理台
人屍體，實不夠厚道。因此稱許謝道隆的曠達，所謂「古碣今碑紛狼籍，
生王死士罔垂憐。羨君及早計一麈，空寢穹窿今幾年。荊棘縱橫世路狹，
墓門安穩山中穿。」

日人治臺行苛政，傳統仕紳的有志難伸，又見於洪棄生於西元一八九八
戊戌年，代陳槐庭為王松詩集的序文。臺灣遺民王松（譜名國載，字友竹、
寄生，祖籍福建晉江，新竹人，一八六六～一九三〇）自幼攻詩，弱冠加入
「北郭園吟社」與鄉先達相倡和。論者稱乙未割台後，王松曾短暫逃至中國，
返台後自號滄海遺民。乙未前自名書齋為「四香樓」，取湯顯祖「四香戒」，「四
香」即「不亂財，手香也；不淫色，體香；不誑訟，口香；不嫉害，心香。」
以此表現年少誠正的性格。乙未返台後，將舊居「四香樓」易名為「如此江
山樓」，以誌滄桑之意。其光緒二十年（一八九四年）以前的詩作共存三十五
首，收於詩集《四香樓餘力草》，即《四香樓少作附存》。詩集《如此江山樓
詩存》收乙未後，跨越一八九六到一九一四年的詩作，共一百二十八首。《四

〔註25〕黃宗羲著，《南雷文定》（台北：台灣商務印書館，1970 年 4 月初版），頁 169
～171。

香樓餘力草》與《如此江山樓詩存》後來合編爲《滄海遺民賸稿》，於大正十四年（一九二五年）由劉承幹將前兩書在上海發行。王松的詩論著作則有《臺陽詩話》。〔註 26〕王松《臺陽詩話》收錄謝道隆〈割臺書感〉（和約書成走達官）一首，記錄下臺灣割讓、被迫離鄉的悲憤心緒。洪棄生〈如此江山樓詩序（代作，戊戌八月廿五走筆。）〉云：

> ……友人王君，新著詩集三卷。緊時臺灣喪亂之後，大老、巨公無有存者；或力求韜晦，無有知者。如此〈江山樓詩序〉，下逮於予。予謂薦紳者流，詞不雅馴，蠅營狗苟；及身之名，草木同腐，不能自傳，能傳作者乎！得附名作者之集，是干青雲而得顯也，亦未足以序作者之詩也，而余又烏足以序作者乎哉！余與作者談詩之正變可矣。變風之詩曰：「升彼墟矣，以望楚矣。」則詩人悽愴之氣，如見衛人先困，徬徨無路之時也。又曰：「式微、式微，胡不歸！」則詩人代黎之臣子哀痛狄人之暴於泥中之辱，而歎恨其欲歸、不歸也。「褎如充耳」，則示人以竄伏避禍處危亂之道也。變雅之詩曰：「今此下民，亦孔之哀。」又曰：「邦靡有定，士民其瘵。」則有慨於危亂之後，服屬靡常；異邦之政，罪罟之密。士民之弊，如罹痼疾而重言以怨之也。「誰生厲階，至今爲梗！」是深憾夫日蹙國百里之流也。後世得其意者，惟杜公、陸公也。王君遭時喪亂，航海去來；其感慨於心者，殆如變風、變雅之詩人。其於時俗毀譽、人世浮名，殆如雲煙過眼之不足留於心乎！其有得於杜公之意否乎？其遭時之變，殆有甚於陸公乎？時無韓、歐，其不足爲作者推輓矣。推輓如韓、歐，其不足爲作者定衡矣。故其詩之所造，淺者見淺，深者見深；三卷具在，聽人自會可也，不必贅也。然「李侯有佳句，往往似陰鏗。」又不能不爲作者言也。其詣在鄉先輩「北郭園」之上也；充其造，又不止於是也。
>
> 其曰「如此江山樓」者，若曰如此江山，付之庸奴而不能守也，付之他族而不能治也。惜乎！如此江山也，然有作者之樓，則江山不寂寞矣；虛譽之辭，又烏足以爲作者重乎！

棄生引用《詩經・邶風・式微》詩喻指臺灣割日，則清廷國勢式微，臺

〔註 26〕王松著、謝崇耀選注，《王松集》（臺南市：臺灣文學館，2011 年 12 月初版），導言，頁 13～18。

灣被棄而淪爲日人殖民地，深有受辱受困之事。《詩經・邶風・式微》云：

> 式微式微！胡不歸！微君之故，胡爲乎中露。
>
> 式微式微！胡不歸！微君之躬，胡爲乎泥中。

　　《詩序》云：「式微，黎侯寓于衛，其臣勸以歸也。」王靜芝按：「黎爲侯國，故地約當今山西長治縣西。」並引用鄭玄箋云：「黎侯爲狄人所逐，棄其國而寄於衛。衛處之以二邑，因安之。可以歸而不歸，故其臣勸之。」然中露及泥中，《毛傳》作邑名解，毫無意義。王靜芝由語氣分辨，「必爲受辱受困之義方妥。」〔註27〕又《邶風・旄丘》的末章云：「瑣兮尾兮，流離之子。叔兮伯兮，褎如充耳。」此詩詩旨，王靜芝引《詩序》云：「旄丘，責衛伯也。狄人迫逐黎侯。黎侯寓于衛，衛不能修方伯連率之職，黎之臣子，以責於衛也。」末章寫黎臣流離瑣尾，其哀傷以對照筆法，如王靜芝云：「而衛臣諸人叔某伯某，竟盛服如常，似乎充耳不聞於我黎之君臣也。」〔註28〕映應對照臺人在日治時期的艱難處境，古今異世而同情。悽愴受困，徬徨無路；哀痛暴政，歎恨欲歸。所謂「異邦之政，罪罟之密。」哀嘆日人治台種種苛政。一如《詩經・小雅・小明》：「豈不懷歸，畏此罪罟。」滕志賢闡述此詩意旨：「此是行役者自述怨苦之詩。」〔註29〕臺灣遺民竄伏避禍，處危之道，只能敢怒不敢言，自述怨苦而已。而國土日蹙，重怨以言，一如《詩經・大雅・抑》：「訏謨定命，遠猶辰告。」滕志賢闡述此詩意旨：「當爲老臣諷諫周王之辭。」〔註30〕《詩經・大雅・桑柔》：「誰生厲階，至今爲梗！」滕志賢依據《詩序》闡述此詩意旨：「此是芮伯刺厲王，並斥執政同僚之詩。」〔註31〕《詩經・大雅・瞻卬》：「邦靡有定，士民其瘵。」《詩序》闡述此詩意旨：「凡伯刺幽王大壞也。」滕志賢認爲大旨不誤，此詩意旨：「刺幽王寵褒姒將致亡國之詩。」〔註32〕《詩經・大雅・召旻》：「日蹙國百里。」《詩序》闡述此詩意旨：「凡伯刺幽王大壞也。旻，閔也。閔天下無如召公之臣也。」滕志賢認爲大旨不誤，此詩意旨：「刺幽王重用小人禍國殃民之詩。」〔註33〕而《詩經・

〔註27〕王靜芝著，《詩經通釋》，頁 102。
〔註28〕王靜芝著，《詩經通釋》，頁 102～104。
〔註29〕滕志賢注譯，《新譯詩經讀本》（台北市：三民書局，2008 年），頁 644～649。
〔註30〕滕志賢注譯，《新譯詩經讀本》（台北市：三民書局，2008 年），頁 866～878。
〔註31〕滕志賢注譯，《新譯詩經讀本》（台北市：三民書局，2008 年），頁 879～891。
〔註32〕滕志賢注譯，《新譯詩經讀本》（台北市：三民書局，2008 年），頁 935～941。
〔註33〕滕志賢注譯，《新譯詩經讀本》（台北市：三民書局，2008 年），頁 942～946。

小雅・小旻》云：「潝潝訿訿，亦孔之哀。」學者王靜芝闡述此詩意旨：「此
感王之惑於邪謀而不能救，乃憂傷而爲此詩。」〔註34〕國家的君臣惑於邪謀
而不能救，志士莫不哀傷。

〔註34〕王靜芝著，《詩經通釋》（臺北：輔仁大學文學院，1991 年 10 月 12 版），415
　　　　～418。

第七章　敘事與抒情技巧

　　以敘事美學言中國史書，特別自《史記》以降皆以紀傳體爲體例的正史，除了重視傳主的生平行誼，與紀人敘事的史筆，更重視史識史德的闡揚幽微。古人自少爲學，多涉覽經史。史籍不但提供是非得失，興壞理亂的事實以爲龜鑑。優良的史官，如曾鞏（字子固，江西南豐人，西元一○一九～一○八三年）所說，應具備「明」、「道」、「智」、「文」四個條件，也就是識見、思想、才能和文采四方面的要求。〔註1〕深造自得者，議論言理，自然有過人識見。

　　前引抒情美學「內化」以及「象徵」的兩項特徵，比興手法也因「情景交融」而強化抒情美學「內化」以及「象徵」的兩項特徵。又引陳世驤認爲：「以字的音樂作組織，和內心自白作意旨是抒情詩的兩大要素。」前者如劉勰《文心雕龍・聲律》：「異音相從謂之和，同聲相從謂之韻。」分別指詩的節奏和詩的韻律。以此特點論述如下。

第一節　取法傳記的寫作風格

　　謝道隆自題，又徵求他人詩題生壙之舉，眾文友的作品多就生壙一事發揮。詩情具有傳記的寫作風格。眾多文友借生壙題詠以澆個人的心中塊壘，詩旨又有自傳性的寫作風格。雖然詩題生壙有「銘誄尚實」的特色。但以西方小說的寫實主義來析論，即使寫實主義的故事，就如泰瑞・伊格頓提到，故事依舊過修飾。〔註2〕羅伯特闡釋小說敘事性的分析，舉例法國作家福樓拜

〔註1〕曾鞏著，高克勤注譯，《新譯曾鞏文選》，〈南齊書目錄序〉，（台北：三民書局，2008），頁58。
〔註2〕泰瑞・伊格頓著，《如何閱讀文學》，頁180。

的《包法利夫人》，一方面以實體對應物（physicl correlatives）來象徵主角愛瑪的思想狀態。另一方面，書中的敘述性評述將作者排除在小說之外，以客觀冷靜、不偏不倚的權威來評述人物。當然這種評述既非冷靜客觀，亦非不偏不倚。〔註3〕敘述者在分析性段落中，以對人物的觀照來細緻的升華道德或訓誡，中國古典短篇文言小說《聊齋誌異》，作者蒲松齡在小說篇末的「異史氏曰」的議論。一方面是作者自稱，取法《史記》「太史公曰」；一方面深化主題，抒發己見。以其名篇〈勞山道士〉爲例，篇末的「異史氏曰」所評述者，除了細緻入微的道德昇華，也表達憤世之情而有自傳的特徵。此處如前引洪棄生〈生壙詩歌第六〉開頭云：「君胡不作丁令威，千年華表一來歸。化鶴無恨城郭非，學仙蛻去冢纍纍。又胡不作楊王孫，棺衾不聽祈侯論。預命贏身入九原，葛藟緘屍屍不墳。」詩以古來典型人物爲喻，棄生與謝道隆以對話的方式，幽微傳達遺民志節，藉著用典曲折婉達，有自傳的特徵。其特點如下。

一、嚴格選材，著力傳神

棄生的傳記文章身受清代桐城派祖師方苞的影響。方苞的傳記文章名篇〈左忠毅公軼事〉的義法，深得傳記文的「嚴格選材，著力傳神。」之妙趣。

方苞的「義法」，在內容上要求「言有物」，形式上要求「言有序」。周中明認爲：兩者的關係是形式取決於內容，內容又不可能脫離形式。用方苞的話來說：「夫法之變，蓋其義有不得不然者。」義與法的關係，如同經緯交織，密不可分，方能「爲成體之文」。周中明認爲文學作品要求多樣性和獨創性的創作規律的手法，即是「嚴格選材，著力傳神。」周中明指出方苞〈左忠毅公軼事〉不寫左光斗（西元一五七五～一六二五年）爲明代御史等政績，卻極力描寫左光斗與史可法交往中的三件事：一是左光斗的識才、愛才；二是寫左光斗在獄中慘遭酷刑，史可法探監遭到左光斗的訓斥，從中既表現了左光斗剛毅不屈的愛國精神；三是寫史可法後來如何以實際行動不忘左光斗的教育。選材嚴格，使全文毫不蕪雜，顯得精煉簡潔至極，更重要的是，它還足以收到精妙傳神、感人至深的藝術效果。周中明指出〈左忠毅公軼事〉寫史可法化裝成清潔工冒險探監時，見左公一段文字，精采處在於：

「奮臂以指撥眥」的奇特動作，「目光如炬」的光輝形象，「國

─────────────

〔註 3〕羅伯特・斯科爾斯等著，《敘事的本質》，頁 207。

家之事，糜爛至此」的沉痛感慨，「天下事誰可支拄」的殷切期望，「吾師肺肝，皆鐵石所鑄造」的崇高贊語，把左光斗那胸懷滿腔愛國激情的英雄形象，刻劃得眞是如同活現紙上。此因嚴格選材，著力傳神，突出刻劃人物的「性資風采」。

此文記事簡潔而有波瀾變化，記言繁簡得宜，因爲屬於「口述傳記」，極有臨場感和個性。又以逸事側寫人物，所以能「一篇跳出」。有形象與感染力，卻沒有違反人物的眞實性。

棄生詩作有此妙趣者如前引〈予既連題謝君生壙詩五言古矣意有未盡作放歌第五〉所云。詩中的英雄尋求冒險的目的在找出人生目標，生命的本質和來源。「豈知人生在世同一夢，夢中生死誰分焉。」棄生詩中夢境表達個人志向，更結合內外兩個宇宙，創作使人超越個人的身心，使人有自然的治癒力。

「不然穿壟近要離」句，典用要離烈士而伯鸞清高，又有隱逸者臺佟以保終性命，存神養和爲幸，又有矯愼（字仲彥，扶風茂陵人），少好黃老，隱遯山谷或云神仙焉。又用三國吳國虞翻古之狂直，以及申屠狄見紂王無道，抱石沉河而死。對比映襯可見亂世中知識分子處境之艱難。

竹林七賢中的劉伶齊觀生死，及時行樂，棄生嗜食鴉片煙成癮，其詩〈吸煙戲詠〉云：「糟丘須知肉不敗」，典故用任群不在乎嗜癖是否會使人糜爛短命，但求適性解癮罷了！棄生吸煙以求適性，其作風似此。嚴格選材，著力傳神，突出刻劃人物的「性資風采」。又批評臺灣鼠疫橫行，日人強行橫隔、焚屍，以無經驗的公醫，強行治療患者的愚昧。詩末以東漢初年的馬援的烈士之言，自喻個人的壯志。以人物的形象傳神，有感染力。

此外，〈生壙詩歌第七〉舉西漢楊王孫、唐人傅奕、晉及南朝人皇甫謐、劉杳、劉歊、劉訏、郭文及金人辛愿等曠達齊觀生死之舉。以排比句法，寫人物的墓葬觀。善於以物象捕捉人物特徵，以突顯主題，用典方法當本自文天祥〈正氣歌〉一詩「在齊太史簡」等句。用螻蛄、行尸、大隧、幽寢、混沌，形容城市丘墟，民不聊生。因舉李適、盧照鄰、顧榮、王濛之清約曠達，妙用封樹、遺骹、安琴、塵壒等意象。「安琴」、「邱壑」雙關「安情」及「邱壟」意。以趙岐、袁閎、王樵、范粲自勉。王敬胤、劉歊、劉訏、褚伯玉、姚崑（字斯勤，棄生誤作勤斯）、皇甫謐等人，典型足仰，讚其「無入而不自得」。芻狗、鼠肝蟲臂、蟻穴蜂壤，見斯世營苟不安。徐衍、屈平二句寓身世

之悲，又以顧歡、傅奕、王績、柳世隆四人之事寓曠達之懷。全詩之意象以「生壙」爲類，是窄題寬作、類之成巧之佳例。

二、以「擬言」、「代言」，以「記言爲敘事」

論者錢鍾書評論《左傳》中密談與獨白之私語，如介之推與母偕逃前之問答、鉏麑自殺前之慨嘆，以及渾良夫夢中之譟，皆是「生無傍證，死無對證」之代言。皆是《左傳》的歷史想像。論者張高評闡述此設身處地，揣情度變的歷史想像。從情節、人物、觀點和意義，由敘事文學不可或缺的要素，申明史傳、小說、戲曲等敘事文學共通之處。戲曲的「代言」是塑造人物個性，推展情節，轉換視點，更是曲折表達作者意義的方式與技法。如何畢肖人物的口吻，虛造境地，實合於設身處地，揣情度變的歷史想像。《左傳·魯成公十六年》記晉、楚鄢陵之戰：

> 楚子登巢車以望晉軍，子重使太宰伯州犁侍於王後。王曰：「騁而左右，何也？」曰：「召軍吏也。」「皆聚於中軍矣。」曰：「合謀也。」「張幕矣。」曰：「虔卜於先君也。」「撤幕矣。」曰：「將發命也。」「甚囂且塵上矣。」曰：「將塞井夷竈而爲行也。」「皆乘矣。左右執兵而下矣。」曰：「聽誓也。」「戰乎？」曰：「未可知也。」「乘而左右皆下矣。」曰：「戰禱也。」伯州犁以公卒告王，苗賁皇在晉侯之側，亦以王卒告。皆曰：「國士在，且厚，不可當也。」

此役透過伯州犁「解讀」晉軍陣勢。伯州犁在此前一年，即魯成公十五年（公元前五七六年）逃來楚國，楚任之爲大宰。以之爲敘述人，其口吻表示對晉軍深入了解。敘事觀點由楚王「望」再寫伯州犁，敘事視點從「外聚焦式」改爲「內聚焦式」。論者錢鍾書評論：「不直書甲之運爲，而假乙眼中舌端出之（indirect presentation），純乎小說筆法矣。」論者張高評闡述此爲「內聚焦式」的觀點，因使閱讀焦點集中，其切實的解碼和詮釋，表現說話者伯州犁的「國士」形象和睿智。此乃「以記言爲敘事」最精采神奇者。

〈左忠毅公軼事〉「以記言爲敘事」最精采神奇者，如左公使史可法拜見其夫人，左公對其夫人說：「吾諸兒碌碌，他日繼吾志事者，爲此生耳。」以師者傳道自居，將國家大事和平生志業託付史可法，可見器重之深。而左公獄中責以大義，肺肝如鐵石，看似驚駭的轉折，已鋪墊日後史可法公忠爲國的事蹟。此技巧例如洪棄生〈三題謝君生壙詩後〉云：

軀殼落塵垢，踞躇邱陵間。遊方海水淺，卷土蓬瀛屏。旦夕騎箕尾，直叩天閶關。天上覓方域，願近白玉壇。雲幢夾左右，願賜白玉棺。玉女導我馭，前鶴後青鸞。香案列上清，叼廁頑仙班。再拜陳下方，苦劫浩漫漫。人人歌虞殯，京觀立巑岏。臣身幸高舉，不願埋塵寰。帝曰汝凡骨，應墮海東山。山中有方相，勾陳玄武仗。其位避孤虛，其氣占生旺。其星周十二，月吉辰交向。可喚焦先山，羞嗤郭璞葬。龍脈雙峰矯，牛眠千里共。趺龜載穹碑，石虎峙廬壙。羅乂不汝挾，蜎蜎豈汝抗。汝或厭凡囂，茲山即芒碭。山下長蒿萊，佳城鬱鬱哉。星星白榆樹，早有靈運栽。誰何荒空洞，不見有形骸。爲言存生兆，將待身後埋。下山訪其人，古服方外裁。道貌迎我入，一揖笑口開。自道今生戚，十載備棺材。滄桑天地老，萬化皆塵埃。逝者咸薰去，零落金銀臺。安得遂坵首，白馬素車來。邀余作比鄰，千載共一坏。如此良得所，所欠清淨土。尚祈正寢終，地下脫諸苦。世界入茶毗，毛髓伐彭祖。無死辭爽鳩，失國哀杜宇。碧海從爛枯，青山藏臭腐。松柏垂千年，桃苿祓百蠱。他日杜公陵，今朝蘇父圃。輸與長眠人，歡娛萬萬古。

藉由天帝御旨，以及方外得道之人的「擬言」、「代言」，以「記言爲敘事」，以超越的觀點來開解人世的困阨處境。

第二節　敘事技巧

謝道隆自題，又徵求他人詩題生壙之舉，眾文友的作品多就生壙一事發揮。文友詩題生壙的作品，以其敘事技巧言，試援用小說虛構的本質來析論，包括人物的體態姿勢、敘事策略、文本「空白」與「聚焦」。小說寫人物的體態姿勢，從心理理論言，可理解爲人物心理意圖的表徵。這不但發生在小說人物「不斷通過觀察去推斷其他人物的心理狀態，同時也在於類似的過程必然會發生在讀者身上。」引用羅彬・沃霍爾的研究，以維多利亞時期那些帶有異故事敘述者的小說，以研究小說對受述者（即敘述者的假想讀者）所進行的直接發言。發現女性作家在對受述者的發言中屢屢用「吸引型」（engaging）策略。此類技法「一方面旨在拉近敘述者與受述者之間的距離，另一方面也力圖拉近受述者與實際讀者間的距離。」相較之下，男性作家往往讓其敘述

者採取「疏遠型」（distancing）策略。

進一步分析，女性敘述之所以會表現女性氣質，原因不在作者的性別，而是敘述者的表現，如性別有關的文化成規。因此，男性和女性作家均可採用女性敘述，也均可表現女性氣質。〔註4〕這些說法，拿來省視中國許多代言體的詩作，也解釋得通。例如謝道隆〈雜興五首〉云：

> 玉貌盈盈月一團，臉邊春色最堪餐。東風吹到微含笑，恰似能言白牡丹。

> 飯餘避熱到章台，並坐如蓮並蒂開。笑奪合歡團扇去，好風吹得帶香來。

> 午夢初醒日已斜，烏雲小綰未簪花。鸚哥喚罷欣郎至，請喫芭菰待喫茶。

> 有時乘興到天臺，少喫胡麻便欲回。臨別牽裾低語道，郎歸何日得重來。

此詩收於《臺灣日日新報》「文苑」欄。西元一八九九年九月二十七日第一版。編者注：「節四」。〔註5〕詩中有「微含笑」，不知是否暗指其妾蔡紫薇？但四首詩風光旖旎，郎情妾意，風流情致可掬。

羅伯特·斯科爾斯等人進一步分析敘事策略，就敘述者三條不同交流軸像所發揮的作用，他們會進行「報導」，主要是因循事實、人物和事件這一軸線。另一軸線當然也會進行倫理、價值判斷。另一軸線則是感知、閱讀及解釋。每個軸線再區分「錯誤」和「不充分」兩種不可靠敘述法，就形成了六種類型。〔註6〕

進一步分析文本中的「空白」（gaps），英伽登──伊瑟爾分析三種相互聯結的敘事關注。一是懸念──涉及讀者對尚未講述內容的關注。一是好奇──讀者對已述內容中的空白保持關注。一是驚訝──讀者通過意外方式對空白加以填充時所經歷的認識活動。〔註7〕例如王學潛〈題謝頌臣先生生壙三首〉云：

> 其一

> 水秀山環草木榮，細尋龍脈築佳城。羅盤好自占方向，墓石曾親寫姓名。半世逍遙囊有句，一身健在塚生荊。他年蹕屐登高去，

〔註4〕《敘事的本質》，頁336～339。
〔註5〕同前註，施懿琳主編，全臺詩編輯小組編撰，《全臺詩》第拾壹冊，頁67。
〔註6〕《敘事的本質》，頁339。
〔註7〕《敘事的本質》，頁311。

服得仙芝羽蛻輕。

其二

一山如畫靜雲烟，好證先生翰墨緣。礧礫人宜添鶴算，綿長地已得牛眠。不須死後墳留劍，只要生前酒作泉。壽域鋪張延客席，依然世上活神仙。

其三

磊落襟懷絕點塵，一斑文字見精神。浮沉世事休相問，生死關頭敢認真。村女踏歌疑弔客，山靈虛左待詩人。定名馬鬣千秋在，為禁樵蘇壠草新。〔註8〕

其一「他年躡屧登高去，服得仙芝羽蛻輕。」是懸念。涉及讀者對尚未講述內容的關注。其二「壽域鋪張延客席，依然世上活神仙。」進行「報導」，進行倫理、價值判斷。其三「村女踏歌疑弔客，山靈虛左待詩人。」以村女好奇，表達讀者對已述內容中的空白保持關注。

熱奈特「聚焦」的術語，指敘述者人物之間的知情比例。所謂零聚焦（或之後學者說的「自由聚焦」），敘述者比人物知道更多，並享有在故事世界中自由移動的特權，可以隨意批評這個或那個人物。例如吳梅村〈圓圓曲〉，作者吳偉業對吳三桂、陳圓圓的評述。另一個「外聚焦」，人物比敘述者知道得更多，因為敘述者局限於對自己所能觀察到的人物加以報導。〔註9〕例如魯迅小說〈孔乙己〉中的敘述者小夥計。另一個「內聚焦」，在內聚焦當中，敘述者和人物知道得一樣多，因為敘述者僅侷限於人物的視角中。例如方苞的〈左忠毅公軼事〉，文末云：「余宗老塗山，左公甥也。與先君子善，謂獄中語乃親得之於史公云。」則方苞所錄乃實錄，所知道的左公軼事，相當於獄中史公親聞自左公之言。例如胡南溟〈題謝頌臣先生生壙〉云：

謝先生、謝先生、曠達空復情。不知天下事，徒為爾怦怦。峨峨科山上，往復多營營。司空亦不貴，大地一棋枰。蘧廬與窀穸，何分死與生。死者長已矣，地勝以人名。願爾千秋萬歲後，式墓而過者必有謝先生。

〔註8〕王建竹撰，〈臺灣中部詩人及其作品（二）〉。收於林衡道主編，《臺灣文獻》第二十八卷第一期，（南投：臺灣省文獻委員會，1977年3月30日版），頁128。

〔註9〕羅伯特・斯科爾斯、詹姆斯・費倫、羅伯特・凱洛格著，于雷譯，《敘事的本質》，頁334。

胡南溟認為生壙題詩乃是以詩為史的「詩史」，所錄乃實錄，後人從人物的視角中，景仰謝道隆。

文本中的「空白」與「聚焦」，使我們透過不同的角度看待人生。誠如泰瑞・伊格頓提到：「人生並非只是目的驅動、邏輯展開與前後一貫的故事。唯有透過不同的角度，我們才能對人生有更多的體驗與感受。」〔註10〕試以前述洪棄生〈生壙詩歌第八即以為跋并靳謝老〉，分析此詩的敘事特徵，如明線、暗線。明線是指徵詩一事，暗線卻是月旦人物之難，從假設謝與棄生的對話，帶出謝與朋友攜妓遊生壙的放達之舉，以「表聖攜鶯臺（司空妾鶯臺每共遊生壙）」，引唐末司空圖的典故，象徵亂世士人的苦悶。描述古人嵇康等人事跡，反思生命的價值與意義。

此外，人物的體態姿勢，從心理理論言，可理解為人物心理意圖的表徵。女性作家在對受述者的發言中屢屢用「吸引型」（engaging）策略。相較之下，男性作家往往讓其敘述者採取「疏遠型」（distancing）策略。此詩則介於兩者之間，「我欲向君一鳴呼，奈君健啖顏如朱。」用「吸引型」（engaging）策略;「自昔誄銘關素行，必待蓋棺論乃定，謝老依然肉食身，奈何句我虞歌贈。」採取「疏遠型」（distancing）策略。上下文交錯理念與形象描寫，深度刻劃「生壙」實為結合「生為大樂」與「死為大痛」的複雜意象。

此外，就敘事文本中的「聲音」，學者蘇珊・蘭瑟的《虛構的權威》提到小說作品中的女性作家聲音：「某一特定聲音的權威……乃衍生於社會屬性及修辭屬性的結合。」聲音的修辭屬性來自於說話者在採用具體文本策略時，所表現出來的技巧。

蘇珊・蘭瑟說：「當然，那些文本策略乃是獨立於社會等級制度而存在的。儘管女性作家對權威均不乏矛盾心態，但寫作本身恰恰是以一種含蓄的方式表徵了對權威的主張或探求。」她因而主張小說中有「公開型聲音」和「私下型聲音」的基本形式差異。敘述者向虛構世界內的受述者發言為「私下型聲音」，若向虛構世界之外的受述者則擁有「公開型聲音」。

蘇珊・蘭瑟又分辨三種主要聲音，即「作者型」、「個人型」和「集體型」。「作者型」的聲音是公開的，它們也是異於故事性的聲音，當然亦可能是自我指涉性的聲音。例如清朝初年蒲松齡《聊齋誌異》〈勞山道山〉小說結束後

〔註10〕泰瑞・伊格頓著，黃煜文譯，《如何閱讀文學》（台北市：商周出版社，2014年），頁 174～186。

的「異史氏曰」。「個人型」聲音可以是公開的或私下的，但它們屬於自身故事（autodiegetic）當中那種以自覺方式講述其本人故事的敘述者。例如《莊子》中的寓言常以莊周為主角，《莊子》〈外物〉「求我於枯魚之肆」，即以莊周為主角，自嘲嘲人之餘，寓言中又有寓言。

「集體型」聲音既可能屬於某一位代表集體的個體發言人，也可能屬於某個以第一人稱複數進行敘述，或以相輔相成的方式進行序列化敘述的群體。例如胡適的〈差不多先生〉。不過蘭瑟就女性作家立場，指出這三種聲音的主張和風險。「作者型」聲音要求獲得最高權威，但主張可能會被強烈的抵制。蒲松齡的敘述方式則假借狐鬼之流，婉諷以避罪。

蘭瑟就女性作家立場，認為「個人型」聲音，一旦「超越了女性氣質可為接受的界限」，那這種較為有限的權威主張，亦可能遭到抵制。《詩經·衛風·氓》中的女子不就是抱怨：「士之耽兮，猶可說也。女之耽兮，不可說也。」張愛玲小說〈金鎖記〉中的主角七巧，「有一個瘋子的審慎與機智，她知道，一不留心；人們就會用嘲笑的，不信任的眼光截斷了她的話鋒，她已經習慣了那種痛苦。」這是「個人型的聲音」，小說作者設定角色後，如果超越角色可為接受的界限，其權威可能遭到抵制。張愛玲用角色道出「個人型」聲音的限制。

至於「集體型」聲音的權威主張是因自身與所代表集體之間的關聯而得以實現。此聲音「也在含蓄地挑戰著西方小說中將權威與單一聲音相聯繫的主導範式。」〔註11〕若以明代劉基《郁離子》中〈術使〉寓言為例，小狙則代表群體挑戰統治者與單一聲音相連的主導範式。

此外，熱奈特提到故事內（intradiegetic）聲音與故事外（extradiegetic）聲音。故事內聲音的敘述乃是嵌入在基本的情節層面中，包含在框架敘述者所發出的另一種敘述聲音中，而異故事敘述者便代表了一種典型的故事外聲音。此外，從標題、章節標題和卷首引文中，也可聽見故事外聲音。〔註12〕此例如唐代詩人王維的詩作〈息夫人〉。據孟棨《本事詩》記載，王維此詩是在諷刺當時寧王強佔民婦一事。相較之下，孟棨的說法算是故事外的聲音。

〔註11〕 理論文字引自羅伯特·斯科爾斯、詹姆斯·費倫、羅伯特·凱洛格著，于雷譯，《敘事的本質》（南京市：南京大學出版社，2015 年 1 月 1 版），頁 321～322。

〔註12〕 羅伯特·斯科爾斯、詹姆斯·費倫、羅伯特·凱洛格著，于雷譯，《敘事的本質》，頁 334。

　　蘇珊‧蘭瑟分辨三種主要的聲音，即「作者型」、「個人型」和「集體型」。〈三題謝君生壙詩後〉一詩，「作者型」的聲音即詩一開始的「軀殼落塵垢，踽踽邱陵間。」等句，想像自苦難的塵世飛升天界。「個人型」的聲音即詩中「下山訪其人，古服方外裁。」隱身世外的智慧老人。作者的聲音，融入「集體型」的聲音即詩中「臣身幸高舉，不願埋塵寰。帝曰汝凡骨，應墮海東山。」以謫貶人間的凡人形象，代指日治時期認同中國文化的臺灣遺民。詩作往往有其本事，兩者如敘事文本與詩作的交響共鳴。借題寫照，知之始覺其佳。所謂故事內（intradiegetic）聲音與故事外（extradiegetic）聲音。例如〈四題謝君生壙詩後〉「何藉一抔土，遠與天尊爭。」等句，即用《山海經》、《淮南子》、《玉芝堂雜薈》等書中的典故，以神話人物喻示謝道隆乙未年抗日的猛志。

第三節　抒情技巧

　　抒情技巧分為表情方式與寄託情志的寓言詩兩個觀點來論述。

一、表情方式

　　梁啓超在《中國韻文裡頭所表現的情感》將中國古典詩詞表情藝術，依表情方式分解為六種。第一種是「奔迸的表情法」，「忽然奔迸，一瀉無餘。」因受到意外的刺激，因感情強度和力度極大，或大叫一聲，或大哭一場，或大跳一陣。梁啓超舉《詩經‧小雅‧蓼莪》「蓼蓼者莪，匪莪伊蒿。哀哀父母，生我劬勞。」失怙失恃的哀痛，連淚帶血迸出來。其他如樂府〈箜篌引〉。又如〈隴頭歌辭三曲〉「隴頭流水，流離山下。念吾一身，飄然曠野。」「朝發新城，暮宿隴頭。寒不能語，舌捲入喉。」「隴頭流水，鳴聲幽咽。遙望秦川，心肝斷絕。」寫身在秦川的人，西行服役，回望家鄉，悲思欲絕。〔註13〕

　　第二種是「迴蕩的表情法」，梁啓超將「迴蕩的表情法」細別為四類，並舉《詩經》中的五篇詩歌為例。一是螺旋式，如《豳風‧鴟鴞》。一是引曼式，如《王風‧黍離》。這兩者都是「曼聲」。一是堆疊式，如《小雅‧小弁》、《唐風‧鴇羽》。一是吞咽式，如《邶風‧柏舟》，這兩者都是「促節」。

〔註13〕溫洪隆、溫強注譯，《新譯樂府詩選》，頁54。郭延禮著，《中國近代文學發展史》第二卷，頁221。

　　第三種是「蘊藉的表情法」。含蓄蘊藉的表情法，梁氏說這是中華民族特性的最眞表現，是「拿灰蓋著的爐炭」，是溫的。第一種是抒情主人公感情正強的時候，卻用很節制的樣子去表現，如用溫泉來浸，令人在極平淡之中，慢慢領略出極淵永的情緒。如〈古詩十九首〉中〈涉江採芙蓉〉，和謝朓的〈暫使下都夜發新林至京邑贈西府同僚〉（大江流日夜）爲代表。第二類是「不直寫自己的情感，乃用環境或別人的情景烘托出來。」乃「烘雲托月」式。〔註14〕

　　第三種的蘊藉表情如曹操詩「索性把情感完全藏起不露，專寫眼前實景（或是虛構之景），把感情從實景上浮現出來。如〈步出夏門行四解〉其一云：

　　　　東臨碣石，以觀滄海。水何澹澹，山島竦峙。樹木叢生，百草
　　　　豐茂。秋風蕭瑟，洪波湧起。日月之行，若出其中。星漢燦爛，若
　　　　出其裡。幸甚至哉，歌以詠志。〔註15〕

　　梁啓超說此詩僅僅寫海景，讀後卻感受到曹操寬闊的胸襟，豪邁的氣概。

　　第四類的蘊藉表情法同於第六種象徵派的表情法，確立自《楚辭》。

　　第四種是浪漫派的表情法。梁氏舉歐洲近代文壇，浪漫派和寫實派相雄長。以此「傾向」論中國古典詩歌，他舉屈原的詞賦，李太白的詩，蘇軾、辛棄疾的詞，湯顯祖的戲曲〈牡丹亭〉。其藝術特點有三。

　　一是神祕意識，如《楚辭》中的崑崙。二是豐富的想像力，如李白〈蜀道難〉。三是抒情主人公的胸次高曠，如李白、王安石一流人。〔註16〕

　　第五種是寫實派的表情法，其特點是「作者把自己情感收起，純用客觀態度描寫別人情感。作法要領是要將客觀事實照原樣極忠實的寫出來，還要寫得詳盡。因爲如此，所以所寫的多是三幾個尋常人的尋常行事或是社會上眾人共見的現象。截頭截尾單把一部分狀態委細曲折傳出，簡單說，是專替人類作斷片的寫照。」他舉漢樂府〈孤兒行〉。古詩〈孔雀東南飛〉。左思的〈嬌女詩〉，杜甫的〈後出塞〉、〈麗人行〉。又如白居易的諷諭詩，詩末總愛下主觀的批評，不過梁氏說其批評「微而婉」。〔註17〕

〔註14〕郭延禮著，《中國近代文學發展史》第二卷，頁222～223。
〔註15〕溫洪隆、溫強注譯，《新譯樂府詩選》，頁137。郭延禮著，《中國近代文學發展史》第二卷，頁223。
〔註16〕《中國近代文學發展史》第二卷，頁223～224。
〔註17〕《中國近代文學發展史》第二卷，頁224～225。

　　第六種象徵派的表情法，確立自《楚辭》。其中的美人、芳草大多象徵賢才、君子和屈原崇高的理想、高潔的情懷。正如司馬遷所說：「其志潔，故其稱物芳。」漢魏五言詩有象徵意味像〈古詩十九首〉中的〈庭中有奇樹〉、〈迢迢牽牛星〉。此外，如張衡的〈四愁詩〉，詩序云：「效屈原以美人為君子，以珍寶為仁義，以水深雪雾為小人。思以道術相報，貽於時君，而懼讒邪不得以通。」因此，梁啓超評其「寄興深微一路，足稱《楚辭》嗣音。」象徵派的作品，梁啓起又舉李商隱〈錦瑟〉、〈碧城〉、〈聖女祠〉、〈燕台詩〉、〈河內〉等。他舉〈碧城三首〉其一「碧城十二曲欄干」評說：「他（李商隱）講的什麼事，我理會不著。拆開一句一句的叫我解釋，我連文義也解不出來；但我覺得他美，讀起來令我精神上得一種新鮮的愉快。須知，美是多方面的，美是含有神祕性的。若我們還承認美的價值，對於這種文學是不容輕輕抹煞啊！」〔註18〕

　　第一種是「奔迸的表情法」，例如謝道隆詩〈哭春亭三首〉云：

其一

　　庭前月色黯無光，小弟阿兄伺在床。悽絕彌留腸欲斷，強來雙手拜爹娘。

其二

　　老大悲秋既可傷，無端觸緒更難亡。窗前曉日仍如舊，不見隨兄上學堂。

其三

　　三隅並坐讀唐詩，兄弟時聞笑語嬉。自汝既亡虛一位，案頭空剩舊鈔書。〔註19〕

　　哀輓其子，詩句如「悽絕彌留腸欲斷」、「無端觸緒更難亡」等語，哀痛連淚帶血迸出來。第二種是「迴盪的表情法」，例如謝道隆詩〈斷雁二首〉云：

其一

　　列陣同過絕塞雲，朔風吹斷便離群。天生羽翼遭摧折，惆悵樓頭叫夕曛。

〔註18〕郭延禮著，《中國近代文學發展史》第二卷，頁 223～225。
〔註19〕謝道隆著，《小東山詩存》（臺中市：謝文昌再次重印，1974 年），頁 4。

其二

排空字斷不成行，風急天高黯夕陽。我亦兵餘傷失侶，倚樓怕見汝南翔。〔註20〕

〈斷雁二首〉堆疊意象寫離群失散的悲涼，詩情吞咽。又如謝秋石〈題謝道隆先生生壙〉云：

男兒重意氣，豈在生與死。心死乃可悲，身死其次耳。何以不達人，諱死如仇抵。不知百年身，譬猶終日已。日出作不息，日入當棲止。生天固虛誕，齊彭亦妄擬。玉棺飛不來，終歸一丘坻。莫知猿與蟲，寧知臧與否。所以顏延之，愛爲靖節誄。所以司空圖，宬夕自經紀。苟非慧業人，安能參此理。吾宗有先達，所作頗類是。聞其方壯時，焚膏且繼晷。一期烽火生，投筆冒石矢。不求富與貴，但求志所喜。學得長房術，有壺不懸市。獨愛鼎窩山，行將寢於此。有時作清遊，邀朋又挾妓。我心獨嚮往，未能陪杖履。從人問山形，山形相對峙。兩山如旗鼓，兩山平地起。前山如拱帳，後山如高壘。莫笑造化奇，陳兵空山裡。山川妙鍾毓，牛眠屬孝子。傍祖墳可安，偕妻計良美。勝地以人傳，佳話自茲始。他年巾車過，松醪向君釃。不然三步痛，當知謝處士。〔註21〕

此是螺旋式，用類似的句法，愈轉愈深。後幅敘述謝道隆的功績和品行，「莫笑造化奇，陳兵空山裡。」將兵法移做風水形勝的譬喻，深化謝道隆的志士情操。

第三種是「蘊藉的表情法」。例如謝道隆詩〈病馬二首〉云：

其一

汗血沙場百戰回，毛焦力憊既虺隤。何時待得霜蹄健，復與將軍逐電來。

其二

早負天閑上駟材，傷心伏櫪卻堪哀。將軍尚戀千金價，芻豆猶頻秣飼來。〔註22〕

梁啓超所謂「不直寫自己的情感，乃用環境或別人的情景烘托出來。」

〔註20〕謝道隆著，《小東山詩存》（臺中市：謝文昌再次重印，1974年），頁7。
〔註21〕謝道隆著，《小東山詩存》（臺中市：謝文昌再次重印，1974年），頁7。
〔註22〕謝道隆著，《小東山詩存》（臺中市：謝文昌再次重印，1974年），頁7。

乃「烘雲托月」式，藉由病馬意象寫懷，蘊藉生動。又如林仲衡〈題謝頌臣先生生壙〉七絕二首：

其一

滿山靈草仙人藥，一徑松風處士墳。自作輓聯題墓柱，徐洄溪後又逢君。

其二

左旗右鼓鬱嵯峨，自卜牛眠睦督科。行樂生前猶及見，管他荊棘沒銅駝。〔註23〕

刻意不言滄桑，「管他荊棘沒銅駝」，及時行樂要緊。此即梁啓超所謂「拿灰蓋著的爐炭」，是溫的。抒情主人公感情正強的時候，卻用很節制的樣子去表現，如用溫泉來浸，令人在極平淡之中，慢慢領略出極淵永的情緒。

第四種是浪漫派的表情法。梁氏舉其藝術特點有三。一是神祕意識，二是豐富的想像力，三是抒情主人公的胸次高曠。例如謝道隆詩〈遊圓山〉云：

客中養病且勾留，聞說圓山結伴遊。風景依然供眼底，興亡無限到心頭。湛盧去國潭空綠，滄海楊（揚？）塵佛也愁。老我自尋排遣法，欲攜絲竹上扁舟。〔註24〕

首二句扣題，頗有《世說新語》寫過江諸人與王導，於春秋佳日，會於新亭的情景，頷聯因而有風景興亡之思。頸聯想像幽奇而充滿騷怨，末借絲竹陶情，強自解懷。

第五種是寫實派的表情法，例如謝道隆詩〈仙根以肖像見贈賦此卻寄〉云：

欲慰相思寄寫眞，誰知一見轉傷神。西窗剪燭吟詩夜，眼底分明萬里人。〔註25〕

情摯語眞，寫眼前景卻情通萬里。〈寄近照與仙根媵之以詩〉云：

覿面與君未有期，寫眞寄去慰相思。鬖鬖莫訝形容異，老大頹唐便可知。〔註26〕

寫眞傳神，妙在景中含情。又如林友竹〈題謝道隆先生生壙〉云：

〔註23〕謝道隆著，《小東山詩存》（臺中市：謝文昌再次重印，1974年），頁45。
〔註24〕謝道隆著，《小東山詩存》（臺中市：謝文昌再次重印，1974年），頁12。
〔註25〕謝道隆著，《小東山詩存》（臺中市：謝文昌再次重印，1974年），頁11。
〔註26〕謝道隆著，《小東山詩存》（臺中市：謝文昌再次重印，1974年），頁11。

　　科山山水自然佳，仰釜奇觀孰與齊。此地築墳思傍祖，他年同
穴欲偕妻。公將後事勞經紀，我把新詩試品題。如此胸襟眞曠達，
司空而後有誰分。〔註27〕

頷聯和頸聯直賦其事，平實而味長。

第六種象徵派的表情法，確立自《楚辭》。例如謝道隆詩〈秋感〉云：

　　風高樓外雁聲哀，萬里秋光入眼來。嘆息詩人堪比瘦，籬邊殘
菊傲霜開。〔註28〕

此詩有士人悲秋之感，家國情懷與文人雅興全借意象象徵，情韻婉轉。
又如李耀卿〈題謝道隆先生生壙〉云：

　　南溟鯤影天半高，萬里長空捲怒濤。巨濟無人中流急，茫茫人
海生風波。先生投筆毅然起，拔劍狂歌向天矢。誓挽狂瀾護眾生，
願向沙場拼一死。門牆桃李更軒昂，頓將翰墨化戎裝。長槍大劍猛
如虎，願隨先生赴火與蹈湯。絕似雷霆頒令甲，泣鬼驚神下大荒。
百姓如魚愁傍釜，日望先生如望雨。忽聞霹靂震長空，瀛海魚龍皆
起舞。誰知肉食計偷安，坐昧先機招外侮。金碧玲瓏舊版圖，甘心
棄置輕如土。先生手本無斧柯，翹望中原如望魯。悲歌一曲繼龜山，
可惜英雄難用武。嗚呼，雷雨風雲事未眞，轉眼滄桑迹已陳。異夢
驚廻多根觸，始願難償轉爲身。回頭早備買山錢，不求長生不學仙。
繁華勢利付流水，惟有科山明秀足流連。先生杖履日徘徊，早向山
靈乞一坏。消盡塵心委造化，壽藏懷抱一齊開。嬋嬛韻事匠心作，
物外形骸欣有托。靜俟他年壽考終，聊向雲山縱逸樂。英雄至此萬
念空，豈爲堪輿能造福。君不見湖山自古多芳躅，忠臣孝子鍾情處，
山水與人相委曲。至今人傳地亦傳，蜚聲不讓凌烟閣。〔註29〕

開頭意象象徵臺灣乙未割日的戰爭。誇飾謝道隆的英雄氣概。滄桑後縱
情逸樂的韻事，相較前幅神秘的意象，淡然雋永。

二、寄託情志的寓言詩

　　關於中國寓言詩歌，論者林淑貞討論中國寓言詩歌的特色有兩點。一是
以諷諭政教爲導向，如《詩經》〈鴟鴞〉、〈碩鼠〉，「緣事而發」的樂府詩，以

〔註27〕謝道隆著，《小東山詩存》（臺中市：謝文昌再次重印，1974年），頁40。
〔註28〕謝道隆著，《小東山詩存》（臺中市：謝文昌再次重印，1974年），頁3。
〔註29〕謝道隆著，《小東山詩存》（臺中市：謝文昌再次重印，1974年），頁21。

及唐代元稹、白居易的「新樂府」。另一特點是「多託借物象以迂曲致意」。或以禽鳥，例如鳳凰、鵙、雀；或假植物，如松、竹、柏、梅、桃。〔註30〕

在義界釐清上，寓言詩同於敘事詩者在「敘事」。不同者即「寓言詩」重寓意，情節或事件有時較簡易。以西方的（allegory）稱寓言詩，指表層意義之外，還有一層意義的文學藝術作品。相較於以人、事、物爲譬而不必有故事的寄託詩作，寓言詩雖然也重言外寄意，但有故事情節。論者又強調寓言詩與賦、比、興的修辭手法不同。〔註31〕

（一）由遊仙故事而寄託情志的寓言詩

寓言詩歌的特色有兩點。一是以諷諭政教爲導向。另一特點是「多託借物象以迂曲致意」。「寓言詩」重寓意，情節或事件有時較簡易，同於敘事詩者在「敘事」。因此，探討情節或敘事進程的概念。

探討情節概念時，英國作家維吉尼亞・吳爾夫認爲認爲小說家對情節的實驗應視爲形式革命與政治主張的複合體。打破序列，向常規的情節模式發出抗議，也探詢各種形式以展現那些模式所忽略的諸多經驗與價值觀念。〔註32〕情節和敘事的差異，泰瑞・伊格頓提到：

> 究竟，敘事與情節有何不同？……如桃樂絲・謝爾斯（Dorothy L. Sayers）、P.D.詹姆斯（P.D. James）、露絲・蘭道爾（Ruth Rendell）與伊恩・藍欽（Ian Rankin），這些作者都將情節植根在更豐富的敘事脈絡裡。因此，情節是敘事的一部分，但情節無法道盡敘事的全貌。我們一般將情節稱之爲故事的重要行動。情節決定了人物、事件與處境三者相互連結的方式。情節是敘事的邏輯或內在動力。亞里斯多德的《詩學》提到，情節是「事件或故事裡各種被完成事物的結合」。簡言之，當某人問我們這篇故事在說什麼時，他想知道的就是所謂的情節。〔註33〕

情節是敘事的一部分，但情節無法道盡敘事的全貌。敘事的其他特徵——場景設定，對話，氣氛，象徵，描述，反思，深度刻劃等等，不能以情節來

〔註30〕林淑貞著，《中國寓言詩析論》（臺北市：里仁書局，2007年2月10日初版），頁337～338。

〔註31〕林淑貞著，《中國寓言詩析論》，第二章。

〔註32〕羅伯特・斯科爾斯、詹姆斯・費倫、羅伯特・凱洛格著，于雷譯，《敘事的本質》（南京市：南京大學出版社，2015年1月1版），頁322。

〔註33〕泰瑞・伊格頓著，《如何閱讀文學》，頁174～186。

概括。羅伯特‧斯科爾斯等人以術語「敘事進程」（narrative process）取代情節，此代表文本的內部運動，文本從頭到尾的發展，也是作者的讀者對此發展的動態反應。文本的內部運動指不穩定因素和緊張因素等懸而未決之物。讀者在追蹤這些因素時，會產生三大類關注。

一是模仿類，此指關注現實可能性的人物及與我們相仿的世界。

一是主題類，即關注敘事的思想、價值觀和世界觀。

一是合成類（synthetic）即作爲人工構想的敘事。羅伯特‧斯科爾斯等人云：

> 通過因循敘事的內部動力，讀者不僅發現了這些關注點，同時他們還會積極參與到許多更爲具體的反應活動當中去：對人物進行評判，對他們施與希望、欲望和期望，並就總體的敘事形態和方向提出嘗試性的假設。

此外，羅伯特‧斯科爾斯等人又探究了作者的讀者對敘事進程進行闡釋性、倫理性及美學性評判的重要意義。〔註34〕

所謂模仿類，此指關注現實可能性的人物及與我們相仿的世界。例如白玉簪〈題謝道隆先生生壙〉云：

> 君不見謝公墩下草青青，山水因人錫嘉名。又不見永嘉山水環迴列，太傅屐齒聽流鶯。好山好水難多得，呵護鬼神待有德。芒鞋踏遍無處尋，美女遮羞人莫識。頌臣爲祖卜巖阿，三載前遊睦督科。守護山靈鍾毓厚，蟠龍翔鳳鬱盤窩。孝思神鑒慰其求，東勢西偏眠卜牛。旗鼓相當金鎖鎖，帳屏開列玉鉤鉤。聳抱嵐鋒如仰釜，又如大帥坐觀兵。先生辟草芟荊棘，宅兆金蛇定祖塋。又營黃土埋詩骨，擊節銅琶弔吟魂。掛劍未來吳季子，親朋爲我笑開罇。白首與妻商共穴，青山傍祖可安墳。仙根工部知曠達，遠寄科山生壙文。雍容玉佩瓊琚曳，倒海排山放厥詞。摩詰輞川營別墅，空濛烟雨益離奇。禮從野人非野，谷號愚公公豈愚。左瑟右琴歌纂纂，鹿蕉蝶羽夢籧籧。畫意誰傳董北苑，丹青設色繪全圖。回春草、池塘北。斗酒雙柑聽鷓鴣。崇山好種商山菜。琪草盤根並紫芝。抑種蘇仙桃數樹，月明鶴白踏棲枝。一曲幔亭長會酒，縱山子晉不聞笙。崇封五尺封

〔註34〕 羅伯特‧斯科爾斯、詹姆斯‧費倫、羅伯特‧凱洛格著，于雷譯，《敘事的本質》（南京市：南京大學出版社，2015 年 1 月 1 版），頁 323～324。

虛土，可喜餐芝壽老彭。我無片語暫題贈。只此聞風傾遽聽。異日
登臨策杖來，主人爲指松楸徑。〔註35〕

詩引用典故，關注現實可能性的人物，即以風水「大帥坐觀兵」，預兆子孫興旺。「畫意誰傳董北苑，丹青設色繪全圖。」關注現實與我們相仿的世界。

所謂主題類，即關注敘事的思想、價值觀和世界觀。例如趙雲石〈題謝道隆先生生壙〉云：

人生芥芥塵寰裡，大舞台中活傀儡。妻子髑髏名利坑，忙忙碌碌驅人死。猿鶴蟲沙造化中，古佛神仙蛻終委。青山白骨又青山，大暮同歸等如此。終古無人一達觀，解釋陰陽消長理。生前三窟費經營，狡兔之謀狡且詭。身後綢繆正首邱，牛眠見亦子孫起。子孫禍福未可知，陵谷遷移無論矣。先生學識達天人，心地光明行磊磊。不作今人傲古人，今人爭媿古人美。本乎至性發乎情，傍祖偕妻義所取。黃泉相見樂天倫，雅人深致佳山水。鍋山形勢龍氣眞，先生意復區區豈。〔註36〕

「先生學識達天人，心地光明行磊磊。」以下闡發謝道隆樂天倫且安命的曠達，其中哲思實非淺識者所能臆測。

所謂合成類（synthetic）即作爲人工構想的敘事。例如陳滄玉〈題謝道隆先生生壙〉云：

君不見漢家將士圖麒麟，功名赫赫萬古新。又不見古人封侯開異域，戰死沙場裹馬革。胡爲鬱鬱守園邱，經營身後墳三尺。謝君少年推文雄，一朝投筆起從戎。大廈將傾支一木，運籌帷幄終無功。晚年性躭山水樂，絲竹東山欣有託。時出青囊活世人，人道前身是扁鵲。前葷芝顏幸見之，魁梧狀貌皓鬚眉。與談時局多感慨，此中心事誰能知。自言科山築生壙，前峯突兀列旗鼓。名曰大帥觀兵地，知君寓意固在斯。嗚呼田橫五百今何在，英雄末路空束手。男兒失意死便埋，一坏豈問牛眠否。莫作尋常生壙視，邱邇果是知心友。青山知道此雄心，山與人傳千載後。〔註37〕

〔註35〕謝道隆著，《小東山詩存》（臺中市：謝文昌再次重印，1974 年），頁 26。
〔註36〕謝道隆著，《小東山詩存》（臺中市：謝文昌再次重印，1974 年），頁 32。
〔註37〕謝道隆著，《小東山詩存》（臺中市：謝文昌再次重印，1974 年），頁 29。

　　以風水「大帥坐觀兵」形勝，作爲人工構想的敘事，結以轉化修辭「青山知道此雄心，山與人傳千載後。」

　　以洪棄生由遊仙故事而寄託情志的寓言詩，〈三題謝君生壙詩後〉屬於合成類（synthetic）即作爲人工構想的敘事。就主題類言，即關注敘事的思想、價值觀和世界觀。如前引〈三題謝君生壙詩後〉云「山中有方相」前已分析日治初期的防疫措施，對染疫死者採焚屍之苛政，違背台人土葬之慣習，因此棄生批評「有時裸焚付爐灰，慘於陳肆溝壑塡。」因此稱許謝道隆的曠達，所謂「古碣今碑紛狼籍，生王死士罔垂憐。羨君及早計一塵，空寢穹窿今幾年。荊棘縱橫世路狹，墓門安穩山中穿。」又虛構一方外之人來開解作者失去國家而淪爲異族統治的哀傷，所謂「無死辭爽鳩，失國哀杜宇。碧海從爛枯，青山藏臭腐。」詩以寓言的方式，藉由天帝御旨，以及方外得道之人的開解，映襯身爲遺民的滄桑和惘惘不甘，有生而清醒不如死而安眠的憤世之情。此類藉由遊仙故事而寄託情志的寓言詩，例如白居易〈夢仙〉云：

　　　　人有夢仙者，夢身升上清。坐乘一白鶴，前引雙紅旌。羽毛忽飄飄，玉鸞俄錚錚。半空直下視，人世塵冥冥。漸失鄉國處，纔失鄉國處，纔分山水形：東海一片白，列岳五點青。須臾群仙來，相引朝玉京。安期羨門輩，列侍如公卿。仰謁玉皇帝，稽首前致誠。帝言汝仙才，努力勿自清。卻後十五年，期汝不死庭。再拜受斯言，即寤喜且驚。秘之不敢泄，誓志居巖扃。恩愛捨骨肉，飲食斷羶腥。朝餐雲母散，夜吸沆瀣精。空山三十載，日望輜駢迎。前朝過已久，鸞鶴無來聲。齒髮日衰白，耳目減聰明。一朝同物化，身與糞壤并。神仙信有之，俗力非可營。苟無金骨相，不列丹臺名。徒傳辟穀法，虛受燒丹經。只自取勤苦，百年終不成。悲哉夢仙人，一夢誤一生。

〔註38〕

　　白居易此詩寫凡人以肉身求仙終不可得，以人夢仙求仙而離世遠求，自誤一生而終不醒悟。藉由遊仙故事而有寓意。相較棄生詩，棄生同樣以仰謁天帝，蒙獲開示的故事情節。但又多了尋訪方外之人的情節，故事性更強，寓意更豐富。

〔註38〕白居易著，《白居易集》（北京：中華書局，1986年），卷1，諷諭1，頁4。

（二）多重敘述者：見證者與博學家

寓言詩同於敘事詩者在「敘事」，而詩作敘事中的往往有多重敘述者。作品敘事中的多重敘述者，例如以敘事中的見證者講述看似真實的故事，以「博學家」的身分進行發現。按照自己的原則對事實加以呈現，展開評價、比較、訓誡和歸納，告訴讀者該如何思，暗示該如何作為。

論敘事中的多重敘述者，此在散文、小說或敘事詩中常見。依羅伯特・斯科爾斯等人的觀點，敘事中的「見證者」講述一則看似真實的故事，他既可能受限於其眼所見，亦可能為彌補此缺陷而以「博學家」的身分進行發現。他可能是真實的化身，亦可能完全或部分的不可信賴。〔註39〕

「博學家」關注著如何在閱讀者面前確立自己作為通曉事實者的身分。他是一位孜孜不倦的調查者和分析者，一位冷靜公正的評判員。簡單地說，就是一位權威人士。他不僅可以按照自己的原則對事實加以呈現，而且也可以圍繞它們展開評價、比較、訓誡和歸納，告訴讀者該如何思，甚至暗示他們該如何為。〔註40〕

陶淵明的〈桃花源記〉中的漁人為見證者敘事，以及劉子驥的博學家角色，從別人（即漁人）的敘述去探尋真理，以及桃源中人在生活經驗中展現的美學召喚，似虛構又似真實。一如學者李豐楙研究，進入洞天的神話敘事早已成為桃花源文學虛構的敘事架構。因此，其寓言性質更突顯出諷世的深意。

此外，見證者敘事，以及博學家角色的敘述觀點，又如杜甫〈義鶻行〉：

> 陰崖二蒼鷹，養子黑柏顛。白蛇登其巢，吞噬恣朝餐。雄飛遠求食，雌者鳴辛酸。力強不可制，黃口無半存。其父從西歸，翻身入長煙。斯須領健鶻，痛憤寄所宣。斗上捩孤影，嗷哮來九天。修鱗脫遠枝，巨顙拆老拳。高空得蹭蹬，短草辭蜿蜒。折尾能一掉，飽腸皆已穿。生雖滅眾雛，死亦垂千年。物情有報復，快意貴目前。茲實鷙鳥最，急難心炯然。功成失所往，用舍何其賢。近經滴水湄，此事樵夫傳。飄蕭覺素髮，凜欲衝儒冠。人生許與分，只在顧盼間。聊為〈義鶻行〉，用激壯士肝。〔註41〕

〔註39〕 羅伯特・斯科爾斯、詹姆斯・費倫、羅伯特・凱洛格著，于雷譯，《敘事的本質》（南京市：南京大學出版社，2015年1月1版），頁277～278。

〔註40〕 《敘事的本質》，頁280。

〔註41〕 張忠綱、趙睿才、綦維注譯，杜甫著，《新譯杜甫詩選》（台北：三民書局，2009），頁134。

　　依照前者的定義，杜甫〈義鶻行〉是寓言詩。〈義鶻行〉此詩，張忠綱、趙睿才、綦維的題解云：

　　　　這是一首寓言詩，作於乾元元年（西元七五八年）。鶻，一種
　　兇猛的鳥。詩藉猛鶻向吞噬幼鷹的白蛇復仇的故事，熱情讚揚了愛
　　憎分明、見義而動的俠義行為。藉物以寄懷，表現了詩人嫉惡如仇
　　的精神。

　　〈義鶻行〉此寓言詩的本事乃樵夫所傳。樵夫可能是見證者。杜甫描寫生動，好像也是見證者。但又是「博學家」，關注著如何在閱讀者面前確立自己作為通曉事實者的身分，冷靜公正的評判員。「物情有報復，快意貴目前。」以下發揮寓意。

　　論敘事中的多重敘述者，此在散文、小說或敘事詩中常見。依羅伯特・斯科爾斯等人的觀點，敘事中的見證者講述一則看似真實的故事，他既可能受限於其眼所見，亦可能為彌補此缺陷而以「博學家」的身分進行發現。他可能是真實的化身，亦可能完全或部分的不可信賴。〔註42〕博學家關注著如何在閱讀者面前確立自己作為通曉事實者的身分。他是一位孜孜不倦的調查者和分析者，一位冷靜公正的評判員。簡單地說，就是一位權威人士。他不僅可以按照自己的原則對事實加以呈現，而且也可以圍繞它們展開評價、比較、訓誡和歸納，告訴讀者該如何思，甚至暗示他們該如何作為。〔註43〕

　　陶淵明的〈桃花源記〉中的漁人為見證者敘事，以及劉子驥的博學家角色，從別人（即漁人）的敘述去探尋真理，以及桃源中人在經驗性生活中展現的美學召喚，似虛構又似真實。一如學者李豐楙研究，進入洞天的神話敘事早已成為桃花源文學虛構的敘事架構。因此，其寓言性質更突顯出諷世的深意。

　　此處就「寓言」（fable）一詞和上述寓言詩的「寓言」（allegory）由來及其含義略有異同。論者黃瑞雲認為近代中國用《莊子・寓言》中「寓言」一詞來翻譯歐洲（fable）這種文體，非常準確。論者黃瑞雲認為就《莊子》書中所謂「寓言」，和現在通常所理解的文學寓言並不完全相同。〈寓言〉篇說：「寓言十九，重言十七。」「寓言」和「重言」並提的。郭象對於「寓言」，注為「寄之他人」。陸德明解釋說：「寓，寄也。以人不信己，故託之他人。」

―――――――――――

〔註42〕《敘事的本質》，頁 277～278。
〔註43〕《敘事的本質》，頁 280。

成玄英疏解說：「鴻蒙、雲將、肩吾、連叔之類，皆寓言耳。」關於「重言」，郭象注為「引重之言」。陸德明解釋：「謂為人所重者之言也。」成玄英疏解說：「長老鄉閭尊重者也，老人之言。」黃瑞雲綜合這些解釋，認為「寓言」所謂「寄之他人」者，「寄之於假託的神話傳說故事中人物之言也」；「重言」所謂「引重之言」者，「借重先哲時賢之言也。兩者並無絕對的區別。」因此，《莊子》書所謂寓言為託之故事人物之言，「言」指言論。黃瑞雲認為：「《莊子》汪洋恣肆的大塊文章都是寓言，與西方（fable）那種短小精悍的故事有很大的不同，但在『寓意』這一點上是相通的。在《莊子》書中，則既有不同於（fable）的大塊文章，也有全同於（fable）的短小故事；因之用『寓言』來翻譯（fable）是正確的。」〔註44〕相較之下，寓言詩雖然也重言外寄意，但有故事情節。

　　論者龔鵬程闡述子書的另一種寫法，不正面持論，而以寓言的方式來寫，源頭是莊子的〈漁父〉、〈說劍〉。唐代柳宗元的〈捕蛇者說〉，明代劉基的《郁離子》，都是這類作品。關於歷代生壙詩中的多重敘述者，例如袁枚〈造生壙〉一詩云：

　　　　莫笑先賢造化臺，何人不向此中來？譬如華屋身將住，可不梅
　　花手自栽！三板暫教風月閉，一門且待子孫開。香山墳畔泥漳酒，
　　先與群公醉幾回。〔註45〕

　　首二句曠達以視生死，「一門且待子孫開」，有孝子繼志述事，《論語》子曰：「慎終追遠，民德歸厚矣。」的孝思。首二句和第六句以博學家角色的敘述觀點，用典故以闡發生死達觀之理趣，末二句以見證者的敘述觀點。洪棄生〈謝生為生壙來徵詩為題四作（稱先倣史漢恢先鄧先例）〉其一云：「人生如蟬蛻，終與大化游。」以下二十四句以博學家角色的敘述觀點，寫「豈知身在世，未死猶贅疣。」的達觀。接著「何如謝先生，乘氣出九州。」以下二十六句以見證者的敘述觀點。〔註46〕見證者即作者和謝道隆。例如鄭汝南〈題謝道隆先生生壙〉云：

　　　　人生當暮年，諱死情轉深。就悟去來理，桑榆樂餘陰。多君方

〔註44〕黃瑞雲注譯，《新譯歷代寓言選》（臺北市：三民書局，2012年初版二刷），導讀，頁1～2。
〔註45〕袁枚著，王英志編，《袁枚全集》，第壹冊（江蘇：江蘇古籍出版社，1997），頁767。
〔註46〕洪棄生著，《寄鶴齋詩集》（南投：臺灣省文獻委員會，1993），頁272。

外遊，山水開胸襟。種花長夜臺，生前宴朋簪。執鐸唱挽歌，和以絲竹音。當其得意時，一瞬視古今。我亦荷錔流，把臂曾入林。仰攀手植檀，拱矣材可任。俯讀題名碑，龜趺宿草侵。喜君老彌健，人世猶滯淫。劫灰飛仙山，文獻久銷沈。可無魯靈光，留鎮滄海潯。君既棄儒冠，藥囊有良針。懸壺兵燹後，到處活殘黔。國手世交推，陰德神共欽。一老天慭遺，鬼伯安敢尋。五星行聚奎，八埏淨氛祲。墮驢期一笑，慍解薰風琴。豈必服金丹，飛昇跨彩禽。佳城鬱蔥蔥，日月重照臨。及身見太平，埋骨應甘心。誌銘我預草，待索諛墓金。
〔註47〕

「我亦荷錔流，把臂曾入林。」可知作者是見證者。「可無魯靈光，留鎮滄海潯。」作者和謝道隆又為博學者和見證者。既閱盡臺灣割日的滄桑，又以陰陽鬼神之說預卜他日河山重光。

〔註47〕謝道隆著，《小東山詩存》（臺中市：謝文昌再次重印，1974年），頁6。

第八章　餘論：風格分析

　　如何理解謝道隆的詩，以及生壙徵詩的風格？誠如薩伊德討論面對生命轉折，他以音樂為喻，應為故事引入新的音符組成、新的和絃結構和新的排列組合。〔註1〕薩伊德提到「批判性地閱讀」云：

　　　　也就是不只把一本書當成一本書來讀，而是把它放入脈絡，以
　　　理解它是怎樣產生的。沒有任何書是憑空迸出來的。寫作是一種選
　　　擇行為，其中牽涉一系列的選擇，由作者與社會互動而形成。……
　　　這些書是一個由理解、資訊與知識構成的網絡的一部分。

　　因此，「知識與閱讀都永無止境。他們（筆者按：指學生）需要無休止地探問、發現與挑戰。」〔註2〕薩伊德「批判性地閱讀」可應證孟子所謂「知人論世」、「以意逆志」的理論。除了文本之外，相關資料的知識與閱讀都永無止境。無休止地探問、發現與挑戰，而不是穿鑿附會，才能闡發文本的意涵。薩伊德則將文本從根本視為關於權力和替代的事實，引用狄爾泰的著作，視文本為「心智人生」的一個方面進入歷史意識之中，文本形式就是心知人生的一種安排，而不是有威脅的障礙。文本具有與其他文學形式相容，或成為其一部分的超凡能力。也就是說：「文本中的援引對讀者的意義要遠遠少於對其他文學形式的意義。」他舉艾略特等作家援引傳統為例子。「證明作者的文本趨向於一種對元文本或超文本的掌握，但他的書寫（因為挑起了生產文本的苦役而）遭受的懲罰和清除掉的障礙的明證。」而就生產文本的作者而言，風格就是他生涯的語言，也是一個文本的地位和體量中，必不

〔註1〕《文化與抵抗》，頁216。
〔註2〕愛德華・薩伊德（Edward W. Said）著，梁永安譯，《文化與抵抗》（台北：立緒文化出版社，2004年8月），頁97～98。

可少的一部分。作家從元文本和超文本的掌握中，表現最原始、最基本的經驗，風格是他本人獨有的把符號彼此相連的方式。薩伊德從語義學的意義，視風格是作家把他的符號和它們意圖完成的文本連在一起的工具。薩伊德說得好：

> 風格不是文本的起源，而是文本的開端所意圖呈現的對象。風格是摧毀起源、代之以開端的書寫，風格就是書寫他的文本的作家。（我在這個討論中並不像風格學那樣，把風格限定爲分析的對象或現象，而是限定在以作家創作文本爲開端的書寫活動之中。）而且，風格取代了言說，就像文本——通過其體量和地位——取代了任何一個起源一樣。由此，一個意圖創造文本的文本性的開端，通常可以把語言轉化爲一個特定作家所寫的特殊文本。〔註3〕

文本爲「心智人生」的一個方面進入歷史意識之中，「文本中的援引對讀者的意義要遠遠少於對其他文學形式的意義。因此，生壙徵詩的風格形成，援引《詩經》、《楚辭》以及史籍等經典，證明作者的文本趨向於一種對元文本或超文本的掌握。而就生產文本的作者而言，風格就是他生涯的語言，也是一個文本的地位和體量中，必不可少的一部分。作家從元文本和超文本的掌握中，表現最原始、最基本的經驗，風格是他本人獨有的把符號彼此相連的方式。風格不是文本的起源，而是文本的開端所意圖呈現的對象。則風格的產生就是作品不斷新變的過程。

如果風格就是書寫他的文本的作家，則臺灣遺民面對身分認同與殖民統治等問題，寫其特殊處境的詩作，則歷代文人有所謂「詩窮而後工」的觀點。韓愈〈荊潭唱和詩序〉云：「夫和平之言淡薄，而愁思之聲要妙。歡愉之辭難工，而窮苦之音易好也。是故文章之作，恆發於羈旅草野。」〔註4〕至於「詩窮而後工」一說，自宋初歐陽修主倡之後，歷代頗多應和者。學者張健曾析論此說之淵源與流裔云：

> 這種說法自唐人白居易「與元九書」以來，素有二流裔：一爲詩能窮人；一爲人窮而後詩工。〔註5〕

〔註3〕同前書，《開端：意圖與方法》，頁317、389～390。

〔註4〕韓愈著，周啓成、周維德注譯，《新譯昌黎先生文集》，頁377。

〔註5〕張健〈陳師道的文學批評研究〉，張健著，《宋金四家文學批評研究》（台北市：聯經出版事業公司，1983年第二次印行），頁243。

　　所謂「窮」，張健指「物質的困頓」，「精神上的重負」，後者包括完成一作品時患得患失，廢寢忘食之心理，以及身受他人妒忌、漠視、譏謗的煩惱。張健又云：

> 後山（筆者案：陳師道）〈王平甫文集後序〉一起一伏，一正一反，然後合於「窮達不足論」，定依「論其所傳而已」。把「達」作最廣義解——指有名譽，有影響力，而不復是有地位，享富貴了。〔註6〕

　　詩人窮而後工，原因是人要超越自己而提出許多問題，尤其在「界限情況」（frontier situation）時更顯迫切。「界限情況」就是當人遭遇矛盾、罪惡、痛苦或死亡之時刻；在這種情況下，人要質問自身存在的問題。卻不是作形上抽象之思索，而是反省自己待人處世之道，如孟子所謂「行有不得，反求諸己。」求諸良心，而良心指「高於人與世界的存在層次」。以謝道隆《科山生壙詩集》中的眾多詩人之一，洪棄生的詩作常以古人來對比，自我解嘲。作詩誠然是個人精神的滿足。至於「人窮而後詩工」，他〈戒煙長歌〉一詩以煙癮為譬，暢言詩癖一如煙癮，可排解憂憤。其〈吸煙戲詠〉又云吸煙之快感，在肉體極亢奮時，同時感到肉體的真實與空虛。那種物我相融相忘之快感，使人暫忘俗世之塵氛、荒誕與怪異。御氣同遊造化、吞針能化痛為游戲，其實不止講吸煙，更與作詩時的「移情同感」、「馳騁想像」、「提煉昇華」等原理相似。以詩筆為戈，掃蕩窮愁。不恤流俗道德的評價，但求陸地行仙，以煙癮暫且舒緩肉體的痛苦（氏素有頭痛之疾），以作詩自救心靈。詩末看似迷溺淪落，反應視為自我超脫的形象。

　　因此，為免「詩能窮人」，棄生善於求田問舍，先謀身自安，以待身後聲名。直將詩癖視同煙癮，自樂自適，愈窮愈愛，愈愛愈工，可謂狂癡、智者兼達者。謝道隆的曾孫謝東漢講述，吳餘德記載，謝道隆歸臺之後的生活是：

> 謝道隆至此灰心已極，雖然開設泰和藥舖和診所如昔時一般的經營，但每為了解愁，就在此時染上了阿芙蓉之癖。在其所作〈寫懷〉詩云：〔註7〕

〔註6〕張健著，《宋金四家文學批評研究》，頁79。
〔註7〕謝東漢、吳餘德著，《徘徊在兩個祖國》（臺北市：謝東漢、吳餘德，2016年12月第一版），頁19。

觸緒無端祇自鳴（鳴？），催人歲月老堪驚。搖鈴且賣葫蘆藥，
把酒休談草木兵。海叟棲遲原有定，塞翁禍福總難明。當年屐齒今
猶在，只合登臨過此生。〔註8〕

頷聯「海叟」二句自我超脫的形象。呼應前論洪棄生煙癮暫且舒緩肉體
的痛苦，以作詩自救心靈的生活態度。謝道隆〈寄科山集與山（仙？）根〉
云：「舊雨十年勞夢想，秋風萬里寄書難。殘年心事科山集，燈下君應仔細看。」
〔註9〕詩中對丘逢甲坦承殘年心事在《科山生壙詩集》。「燈下君應仔細看」，
可見謝道隆作詩言志抒情，吟詠閒情因病困而轉勤，例如〈病後寄仙根二首〉
云：

蕭蕭白髮已盈頭，那管生勞與死休。半榻茶煙書一卷，能消永
日復何求。

臥病經冬復歷春，松楸石蔭老吟身。胸中萬念消磨盡，尚有閒
情憶故人。〔註10〕

那管生勞與死休，老吟詩作而憶故人。不覺白髮已盈頭，但有茶煙書卷，
能消永日，人生夫復何求？

第一節　雄渾

謝道隆的生壙題詩，寫詩徵應的文友作品，風格雄渾者，先論此格定義。
前面章節引用黃慶萱關於「比興」的闡述，以《詩經・大雅・崧高》為例，
其風格雄渾，以唐代司空圖《二十四詩品・雄渾》云：

大用外腓，真體內充。反虛入渾，積健為雄。具備萬物，橫絕
太空。荒荒油雲，寥寥長風。超以象外，得其環中。持之非強，來
之無窮。

陳國球注釋《二十四詩品》，書中錄楊振綱《詩品解》引《皋蘭課業本
原解》云：「此非有大才力、大學問不能，文中惟莊馬，詩中惟李杜，足以
當之。」〔註11〕學者張健云：「詩人心胸中充滿真才實質，故能表現出強烈

〔註8〕謝道隆著，《小東山詩存》（臺中市：謝文昌再次重印，1974 年），頁 5。
〔註9〕謝道隆著，《小東山詩存》（臺中市：謝文昌再次重印，1974 年），頁 10。
〔註10〕謝道隆著，《小東山詩存》（臺中市：謝文昌再次重印，1974 年），頁 11。
〔註11〕司空圖著，陳國球注釋，《二十四詩品》（臺北：金楓出版公司，1987 年 6 月），
頁 44。

渾厚的外貌，虛懷若谷，物我兩忘，乃能顯現宇宙間一切的物理人情，且剛勁有力，籠罩萬物。」〔註12〕

關於積健爲雄的雄偉風格，西方隆吉努斯認爲應從藝術家的才能手藝，解釋雄偉的策略如何運作。安伯托・艾可闡述隆吉努斯的雄偉風格，是指它們產生之後如何在文本線性的表面上被安排，在讀者的眼裡反映出風格最深刻的作用。將「雄偉」的五個源頭列舉出來：「構思高尚概念」的能力，「展現並且喚起高貴熱忱」的能力，「創造合宜修辭格」的方法，經由「字彙的揀選以及修辭格的精確運用」而表現高尚的天賦，最後則是「文本全面整體的安排」。這些便是尊貴高尚文體的來源。〔註13〕論者安伯托・艾可闡述隆吉努斯找尋那種產出雄偉感覺的雄偉光合作用：他指出在描寫神聖是爲了造成壯闊的效果時，荷馬如何運用精采絕倫的「形象化描寫」，讓讀者產生浩瀚宇宙的距離感。例如楊昭若的〈題謝頌臣先生生壙〉：

> 君不見科山山上草青青，今古榮枯歲幾經。又不見大甲溪頭水急湍，奔流到海不復返。人生世上等浮雲，富貴榮華如夢轉。謝公慷慨老英雄，昔曾投筆事從戎。虎鬭龍爭天地慘，百萬貔貅盡喪膽。詔書一下割邊疆，先生勒馬歎紅羊。世界興亡在俄傾，幾人慟哭扶主鼎。無如大帥棄甲逃，孤臣隻手喚奈何。馬革裹屍志未遂，英雄末路淚雙墜。吁嗟乎！滄桑變後隱邱林，培蘭種菊娛其心。有時醉倒丹爐側，日夕懸壺喜保赤。平生曠達氣最豪，卜葬詩魂鍋底窩。自古司空稱達士，先生豁達亦如此。又欲齊眉傍祖居，墓碑石碣手親書。墓高惟見生荒草，歲歲登臨空祭掃。嗟余地僻鄉村外，願祝者稀與墓古。〔註14〕

詩一開始寫今古榮枯，以景起興，描寫壯闊的效果，形象化言謝道隆的生壙四周風景。「人生世上等浮雲，富貴榮華如夢轉。」爲全篇主幹，呼應生壙，視生如夢，如浮雲變換虛空。「謝公慷慨老英雄，昔曾投筆事從戎。」等句「展現並且喚起高貴熱忱」的能力；至於「創造合宜修辭格」的方法，經由「字彙的揀選以及修辭格的精確運用」而表現謝道隆的志士情懷，最後則

〔註12〕張健著，《中國文學批評》，頁116。
〔註13〕安伯托・艾可著，翁德明譯，《艾可談文學》（臺北市：皇冠，2008年1月），頁210。
〔註14〕謝道隆著，《小東山詩存》（臺中市：謝文昌再次重印，1974年），頁28。

是「文本全面整體的安排」。則隆吉努斯探討形象化描寫以及誇張描寫的技巧，印證「世界興亡在俄傾，幾人慟哭扶主鼎。無如大帥棄甲逃，孤臣隻手喚奈何。」等語。此外，像比興技巧的運用，大開大闔描寫局勢的轉換如「虎鬥龍爭天地慘，百萬貔貅盡喪膽。詔書一下割邊疆，先生勒馬歎紅羊。」也令論述具有戲劇張力。「虎鬥龍爭天地慘，百萬貔貅盡喪膽。」是兼含比喻的興，如屈原的〈離騷〉諷兼比興，以虎鬥龍爭比喻天地間戰爭慘酷，含蓄而富有情趣。「滄桑變後隱邱林，培蘭種菊娛其心。」猶如〈離騷〉之文，依《詩》取興，善鳥香草以配忠貞。

第二節　典雅

謝道隆的生壙題詩，寫詩徵應的文友作品，風格典雅者，以《詩經・小雅・楚茨》為例，此因《詩經》風格成為後世詩人仿效的典範。典雅風格的定義，以唐代司空圖《二十四詩品・典雅》云：

> 玉壺買春，賞雨茆屋。坐中佳士，左右修竹。白雲初晴，幽鳥相逐。眠琴綠陰，上有飛瀑。落花無言，人澹如菊。書之歲華，其曰可讀。

陳國球注釋《二十四詩品》，書中錄楊振綱《詩品解》引《皋蘭課業本原解》云：「此言典雅，非僅徵材廣博之謂。蓋有高韻古色，如蘭亭金谷、洛社香山，名士風流，宛然在目，是為典雅耳。」書中錄楊振綱《詩品解》云：「高古矣，而或任質以為高，簡率以為古，非極則也，故必進之以典雅。」無名氏《淺解》云：「典則不枯，雅則不俗。」孫聯奎《詩品臆說》云：「典，乃典重。雅，即『風雅』『雅飭』之雅。」〔註15〕學者張健云：「飲酒聽雨，佳客修竹相伴，更有白雲、好鳥。琴瀑交錯，耳目合一。典是莊重，雅是閒雅。與文心雕龍的『典雅』專以儒家為依歸者略有不同。」〔註16〕《詩經・小雅・楚茨》云：「楚楚者茨，言抽其棘。自昔何為？我藝黍稷。我黍與與，我稷翼翼。我倉既盈，我庾維億。以為酒食，以享以祀，以妥以侑，以介景福。」云云。此咏祭祀之詩，風格典雅莊重。〔註17〕後世詩人運用典故，隳栝古雅

〔註15〕司空圖著，陳國球注釋，《二十四詩品》（臺北：金楓出版公司，1987年6月），頁59。
〔註16〕張健著，《中國文學批評》，頁106。
〔註17〕滕志賢注譯，《新譯詩經讀本》，頁667。

字入詩詞，卓然成家者如辛棄疾的詞。論者葉嘉瑩稱許辛棄疾的詞「可以用古典典雅的字，《詩經》、《莊子》、《論語》、《楚辭》、《世說新語》，他都可以把它融會到詞裡邊，而且寫得非常好。」〔註18〕詩風莊重閒雅者，如莊龍〈題謝頌臣先生生壙〉云：

其一

群山如黛望中收，攜妓閒從謝傅遊。涼意分來千頃竹，歌聲飄出一林秋。樽前蝶影迷團扇，座上花枝映白頭。合向此間行樂死，何須埋骨在揚州。

其二

收拾雄心築壽墳，飄然杖履避塵氛。司空曠達山中老，蘇軾風流海外聞。黃菊開時來野客，疎林缺處補秋雲。酒酣圍坐鳴絲竹，陶寫閒情到夕曛。〔註19〕

詩中謝安、司空圖的比擬貼切。海外蘇軾的典故曲傳臺灣遺民，被祖國拋棄與放逐的悲哀。黃旭東〈題謝頌臣先生生壙〉云：

吾鄉健者謝超宗，志吞滄海氣吐虹。白頭不遂功名願，剩水殘山一短筇。屐齒印遍瀛洲東，獨愛科山鬱蔥蔥。人生在世不稱意，埋骨此地鬼亦雄。巍然築墳白雲中，左旗右鼓中元戎。自言此為大帥觀兵地，但見草木皆兵如八公。嗚呼！男兒撫髀思立功，結纓無地真命窮。附會堪輿說形勢，何異畫餅餓腸充。方今五湖四海鬥蛟龍，兵氣慘澹愁皇穹。爭攘萬民命，以易一侯封。誰登韓信壇，國士稱無雙？可憐君有六奇策，憔悴科山成老翁！

「憔悴科山成老翁」的落寞，對比謝頌臣的文韜武略，用淝水之戰典故，詩風莊重閒雅。黃旭東〈丁未重陽後游侶一輩攜酒飲於謝頌臣翁鍋卓窩生壙賦呈頌翁〉云：

壽藏何處白露（雲？）深，紅袖青衫結伴尋。風送溪聲來斷續，氣蒸山色作浮沉。祭生雞酒多名士，書事歌詩盡變音。劫後陶情只絲竹，謝公已是負初心。〔註20〕

頸聯強調生壙詩是名士的變音，可謂深中肯綮。林載釗〈題謝頌臣先生

〔註18〕 葉嘉瑩著，《唐宋詞十七講》（臺北：長安出版社，1985 年 4 月初版），頁 462。
〔註19〕 謝道隆著，《小東山詩存》（臺中市：謝文昌再次重印，1974 年），頁 43。
〔註20〕 謝道隆著，《小東山詩存》（臺中市：謝文昌再次重印，1974 年），頁 29、43。

生壙〉云：

其一

放遲兩日始登高，裙屐聯翩步不勞。欲與謝公作生祭，非關避厄共題糕。

其二

笙歌林下集團團，映座花枝帶笑看，雞酒滿前須暢飲，他年酹到九泉難。

其三

侑酒墳前有麗姝，玉山醉倒遣花扶。不知百歲神遊後，依舊風流似此無。

其四

杯盤狼藉夕陽斜，絲竹聲和笑語譁。絕好半山殘照裡，白頭酣醉伴紅花。

其五

佳城自築亂山中，攜妓頻來興不窮。合與司空贊同調，千秋曠達繼斯翁。〔註21〕

「玉山醉倒」、「杯盤狼藉」用習見典故和成語，卻多了典雅。葉仁昌〈題謝頌臣先生生壙〉云：

其一

追隨杖屨上層巒，四顧風光眼界寬。一壑一邱俱入畫，合將此谷號王官。

其二

滿山紅葉過重陽，壽域登臨壽一觴。行樂及時時未晚，世途何必問滄桑。

其三

妓唱新歌士唱詩，酒酣簪珥草間遺。繞墳拍手兒童笑，爭笑山公倒接䍦。

其四

主賓歌笑一歡同，四座風流屬謝公。日薄西山君莫嘆，夕陽光

射海門紅。

　　　　其五
　　去天尺五氣橫秋，吐納煙霞共唱酬。手把茱萸爲後約，年年此
日此山遊。〔註22〕

　　「繞墳拍手兒童笑，爭笑山公倒接䍦。」用李白〈襄陽歌〉開頭詩句。「夕
陽光射海門紅」暗喻望海思故國。「去天尺五氣橫秋，吐納煙霞共唱酬。」化
豪情爲逸興，典雅可頌。

　　《小東山詩存》中的詩風，謝道隆以及諸詩友精心結撰，可謂苦心孤詣，
本不僅僅於雄渾和典雅兩品。然而評論謝道隆爲儒醫，儒雅博學與英雄志士
的學行，最能評論文爲心聲，人與文合一的詩篇佳作。

　　緒論提到遺民詩人本自用夏變夷的文化優越論，證諸《小東山詩存》詩
作，隱藏著余英時提到的「羨憎交織」（Resentiment）的心理。批評西方的
器物，往往從中國文化優越的立場，視之如蠻夷之風。例如謝霽綠〈題謝頌
臣先生生壙〉云：「方今大陸風雲惡，血空山河民爛糜。爭作文明新樣子，
誰封京觀爲收屍？」一方面看出他的羨憎交織，卻由此闡發文化中的人自己
都共同承認的核心價值，謝道隆詩與《科山生壙詩集》中的眾多詩人的題詠
主題之一，即是遺民情懷。此因日人治臺時，臺日民族間的衝突和對抗的張
力，突顯身分認同的課題。據殖民與後殖民理論分析下的社會身分認同，日
治時期洪棄生因貞隱不仕，屬於隸屬團體，他的文章在辯論日本帝國霸權和
抵制它的可能性之間的關係。此爲他理論的普遍結構與批評意識的根源。
〔註23〕

　　就謝道隆《科山生壙詩集》中的眾多詩人，就其作品的文本性研究，和
這些詩人在日本人控制下的屈從與抵抗經驗有關。這使他們的批判意識具有
複雜性與同時性，近於薩伊德所謂的「對位」。〔註24〕因此分析作品的獨特性
和差異性，其觀點一如泰瑞・伊格頓言，根據社會概念的開放肌理與美學概
念的緊緻紋理。〔註25〕泰瑞・伊格頓認爲在文化的藝術意義上，文化是一群

〔註22〕謝道隆著，《小東山詩存》（臺中市：謝文昌再次重印，1974年），頁51。
〔註23〕「普遍的結構」一詞，借用喬納森・卡勒著《文學理論入門》，頁122。
〔註24〕艾德華・薩伊德（Edward W. Said，1935～2003）著，單德興譯《知識份子論》
　　　　（臺北：麥田出版社，2004年），頁178、271。
〔註25〕此處借用泰瑞・伊格頓（Terry Eagleton）著，李尚遠譯《理論之後：文化理
　　　　論的當下與未來》（臺北：商周出版社，2005年），頁111。

具有根本價值之作品的集合。〔註 26〕其中包括文學作品。就謝道隆《科山生壙詩集》中眾多詩人之一，洪棄生頑固的忠於自我，以此作爲一種政治批判。他以中國古典文學的理想性質疑事物必須具有功能才能維持下去的假設。以此批判日本人施政的功利性。在日人殖民統治下，中國古典文學如何繼往開來，是他無法擺脫的文化懸念和焦慮。身爲詩人，他敏於詩與社會的議題：詩的體製與對社會問題的批評。此因晚清知識份子必須處理中國政治的變革問題，尤其面對西方帝國侵略的危險和威脅，清帝國的興衰可以不顧，但民族文化的永續性成爲重要的課題。這也是丘逢甲與謝道隆乙未年的抗日義舉，得到眾多詩人關注，成爲《科山生壙詩集》中的題詠主題。

　　正因爲儒醫謝道隆是隱逸行醫的典範，《科山生壙詩集》中的題詠本自宇宙天道哲思，而歸結於個人修身齊家的道德關懷。思想根本自《易經》坤卦六二爻辭「直大方」。傅佩榮認爲直代表「眞誠」，方代表「方正」，大代表「包容」。對內眞誠對外方正，互爲表裡；而根本態度則是包容，坤卦象辭所謂：「君子以厚德載物」。〔註 27〕坤卦六二爻辭：「直、方、大，不習，无不利。」《朱子語類》以坤卦此爻最純粹。六二居中故「直」，直爲正直。朱熹《周易本義》稱「柔順正固」。居陰得位故「方」，方爲合矩。《周易本義》云：「賦形有定」。與乾五合德故「大」，大爲偉大。此即《周易本義》云「德合无疆」。

　　「不習无不利」，黃慶萱引《禮記・大學篇》：「心誠求之，雖不中，不遠矣。未有學養子而后嫁者也。」認爲「爲人作事，正直、合矩，自然形成偉大的人格。無須刻意規劃，重加修飾，反顯矯作。」所謂「不習无不利」。〈象傳〉云：「六二之動，直以方也；不習无不利，地道光也。」論者黃慶萱引王安石《易解》：「六二之動者，六二之德，動而後可見也。因物之性而生之，是其直也；成物之形而不易，是其方也。」黃慶萱並引用瑞士教育家裴斯塔洛齊（Pestalozz, Johan Heinrich，西元一七四六～一八二七年）認爲教育應基於兒童本性的發展。他說：「教育的目的無他，但在供應適當環境，使兒童發展，潛能能夠循序實現，並促使人生的幸福而已。」〔註 28〕此說可與王安石

〔註 26〕同上註，泰瑞・伊格頓（Terry Eagleton）著《理論之後：文化理論的當下與未來》，頁 129。

〔註 27〕傅佩榮解讀，《傅佩榮解讀易經》（臺北：立緒文化出版社，2005 年 2 月），頁 31。

〔註 28〕黃慶萱著，《新譯乾坤經傳通釋》，頁 269。

的理論相印證。黃慶萱又引用項安世《周易玩辭》解坤卦六二此爻。以六二之直，即「至柔而動剛」；六二之方，即「至靜而德方」；其大，即「後得主而有常，含萬物而得光」。不習无不利，即「坤道其順乎，承天而時行。」將六二之地道與九五之天德，以及六二〈象傳〉和坤卦〈文言傳〉一一比較說明。此卦〈文言傳〉云：「直其正也，方其義也。君子敬以直內，義以方外，敬義立而德不孤。『直方大，不習无不利』，則不疑其所行也。」「正」當作「敬」。「敬」爲敬慎，是敬畏天命的表現。黃慶萱引牟宗三《中國哲學的特質》，強調「敬」源於憂患意識，初步表現是臨事而懼的負責認真的態度。孔子所憂乃「德之不修，學之未講，聞義不能徙，不善不能改。」故人能修德，因「敬」則天命天道步步下貫，注入人心而作爲生命的主體，即乾九二〈文言傳〉所說的「誠」。即自我肯定地位的重要，責任的重大。可與《大學》「慎獨」，以及《中庸》「道也者，不可須臾離也。」的「慎獨」說較論，所謂「敬以直內」。而「義以方外」，非以「義」爲外在，應是義根於心而形於外，《孟子・盡心篇》云：「仁義禮智根於仁。其生色也，睟然見於面，盎於背，施於四體，不言而喻。」即孟子「行敬」之義。「敬義立而德不孤」，程顥所謂「敬義夾持，直上天德如此。」《朱子語類》以此解「大」字。〔註29〕朱熹強調須「善推所爲」，從「惻隱之心，仁之端也。」求之，推以事親從兄，處物處事的端處省察，發見而知其所以然。「誠能默識而存之，擴充而達之，生生之妙，油然於中，則仁之大體，豈不可得乎？」（《南軒文集・潭州重修嶽麓書院記》，卷十）因此，朱熹論修養，以集義格致爲常道。〔註30〕論者以爲朱熹因而以涵養未發爲主，進而推及察識端倪。此「敬」之主宰，乃心統性情，心之性並非寂然不動，情之動必然合乎節度。因此，特別重視在心的根本（即未發處）專注存養之功。論者以爲統性、情的心寂然感通、周流貫徹。體用不相離，則性情之德、中和之妙盡然收攝於此。因此，《中庸》所謂的「戒慎恐懼，只是說人欲之私不能有片刻萌發其間，並不是便要人虛空其心，反觀於此，以求見夫所謂中者，而遂執之以爲應事之準則也。」要人虛空其心，近於佛家思想，「敬」爲主宰，心統性情，心之性並非寂然不動，情之動必然合乎節度。重視在心的根本（即未發處）專注存養之功。〔註31〕如謝道隆《科山生壙詩

〔註29〕黃慶萱著，《新譯乾坤經傳通釋》，頁 267～274。
〔註30〕荒木見悟著，《佛教與儒教》（台北：聯經出版社，2008 年 4 月版），頁 322～324。
〔註31〕荒木見悟著，《佛教與儒教》，頁 330～331。

集》中眾多詩人之一，陳懷澄〈題謝頌臣先生生壙〉云：

> ……我料先生有深意，全豹難以管見窺。正惟李悝盡地方，埋骨彌恐無立錐。鑿坏之舉實先著，闍黎火葬悔已遲。上池洗眼占王氣，不勞世俗青烏師。地下團圓計良得，傍祖繞膝妻齊眉。惟是鯤溟千里一坏佔，題名圓石應自悲。荒山曠野足音罕，爭墩後代更有誰！海濱青蠅作弔客，虞翻耄矣無人知。會當留命待桑田，卻老食盡三山芝。玉棺飛來蛻骨去，空墳留與後人疑。〔註32〕

當時日人苛政橫加於臺灣人身上，謝道隆營建科山生壙，又徵詩題詠，但內心滄桑悵惘，如陳懷澄云：「虞翻耄矣無人知」，只因「鑿坏之舉實先著，闍黎火葬悔已遲。」日治時期臺灣常有疫病，日人以火葬來銷屍杜絕傳染，謝道隆生壙不免引來時人與後人生疑，卻是生前先料理身後，曾國藩所謂慎獨乃即事即理，於此可見。謝道隆營建科山生壙，又暗合元亨利貞中的亨。「亨者，生物之通。物至於此，莫不嘉美。故於時爲夏，於人則爲禮，而眾美之會也。」生前以文會友，身亨而隆禮。《左傳・隱公十一年》鄭伯使許大夫百里奉許叔以居許東偏，所以懷柔其民。是以君子謂鄭莊公：「於是乎有禮。禮，經國家，定社稷，序民人，利後嗣者也。無刑而伐之，服而舍之，度德而處之，量力而行之。相時而動，無累後人，可謂知禮矣。」謝道隆的科山生壙度德量力，相時而動，可謂知禮。

此外，從文本詮釋與文化抵抗，《小東山詩存》中的詩風，謝道隆以及諸詩友精心結撰，苦心孤詣以詩文批判日人殘苛暴虐，並傳承漢學於不墜。

從孟子強調讀詩的態度是「知人論世」、「以意逆志」。從讀者言，作爲「內容」的自體，可藉由閱讀作品「以意逆志」，了解其人。另一方面，「知人論世」以理解其人身處的時代與環境，也就是「背景脈絡」下的自體。〔註33〕可藉由閱讀作品「以意逆志」，即運用心理治療「當面對質」、「澄清」、「詮釋」的特定語言溝通模式。另一方面，「知人論世」以理解其人，則在歷史巨流與瞬息萬變的宇宙中，「我」其實只是「背景脈絡」而非「內容」。因此，所有與研究主題相關的文本，例如研究屈原作品時，楚國乃至戰國的史料都值得一提。「背景脈絡」下的自體，是自體站在別人對「我」以言語回應的位置，

〔註32〕 王建竹撰，〈臺灣中部詩人及其作品（二）〉。收於林衡道主編，《臺灣文獻》第二十八卷第一期，（南投：臺灣省文獻委員會，1977 年 3 月 30 日版），頁 123。

〔註33〕 同前註，〈接納與創傷生存者：適用的主題與問題〉，頁 263～264。

是人們對自己的看法或觀點的知覺。這個自體是一致的並且一直存在。作為「內容」的自體是我們以言語創造來理解自己、自己的歷史和行為的概念。從創作者言，《易・繫辭》「修辭立其誠」、以及孔子言「有德者必有言」，即要求言行相符。

此種理解和詮釋文本的觀點，漢斯——格奧爾格・伽達默爾的詮釋哲學，依照趙敦華的說法，能理解存在的就是語言，其本質是對話，他所強調的最原始、最基本的經驗，否定自然科學方法是獲得真理唯一方法。日常語言所表述人的生存狀態，其表述是任何一種理論能完全解釋，也是任何一種語言（如各學科語言）所能完全表達。伽達默爾說明「語言具有獨立於社會成員意識的規則。」如「遊戲」，「語言作為一種社會活動，有著自身獨立的存在論的地位。」他解釋漢斯——格奧爾格・伽達默爾的詮釋哲學，「處境是由環境與過去的理解共同造成的，而界域的融合又造成處境面向未來的變化。」〔註34〕

因此，文本的作者意圖或作品的社會背景，當代人不可能「客觀」再現，「文本」的「原義」也不可能恢復，但「時間間距」反而消除讀者對文本的功利興趣和主觀投入，「起到過濾偏見的作用，使偏見成為只與歷史性相關，而與個人利益無關的權威性和普遍性的理解。」〔註35〕

謝道隆《科山生壙詩集》中眾多詩人之一，洪棄生身遭日本殖民統治，乙未年（西元一八九五年）清廷割讓台灣給日本後，他貞隱不仕，拒絕與日本人合作。如抱器之魯生，傳授漢學，以詩文批判日人殘苛暴虐。

若以薩伊德（Edward W. Said，西元一九三五～二〇〇三年）「文化抵抗」的觀點，認為「文化對權力是有威脅性的。一九八二年夏隆率軍入侵見魯特時，曾特意把那些官方保存的檔案文件加以破壞摧毀。」他提到殖民者禁止被殖民者學習自己民族的語言。並稱許阿拉伯的詩人穆罕默德・達維希被認為是巴勒斯坦的民族主義詩人，以詩來抵抗以色列，其詩作〈身分證〉起句云：「寫下來，我是個阿拉伯人。」〔註36〕

薩伊德被認為是「說故事人」，因他自認「我們乃是一群無國之民和放逐

〔註34〕趙敦華編著，《現代西方哲學新編》（台北市：五南圖書公司，2002 年），頁168。

〔註35〕同前註，趙敦華書，頁167。

〔註36〕愛德華・薩伊德（Edward W. Said）記述，梁永安譯，《文化與抵抗》（臺北縣：立緒文化，2004 年 8 月初版），頁 186～187。

之人。」而知識份子的「一個任務就是透過說故事，圖解般說出這起苦難的
性質，提醒每一個人，我們正在談的是人。」〔註37〕對被殖民者而言，提供
希望、解放、批判性參與和人與人之間的攜手並肩的信仰很重要。〔註38〕要
了解民族的文化資產，應了解文化偉人——偉大的作家、藝術家、畫家、科
學家、雕刻家等。〔註39〕他認為巴勒斯坦好像智利詩人聶魯達一樣，以詩來
回應處境的要求。「本來，任何詩人其實都是以某種方式回答其自身所處的政
治與歷史情勢的要求，所以每個詩人都是與政治存在隱含關係的。

　　薩伊德引用德國哲學家阿多諾（Adorno）的說法，哪怕是最私人形式的
一種詩歌——也就是抒情詩——都是與政治脫離不了關係的。」〔註40〕美學
與政治交織，努力去界定我們的處境，從習用語和信仰中汲取資糧，創新新
的語言去對抗舊的語言。詩人應是積極參與反殖民運動者，其語言充滿爭論，
以語言來反對權力，訴諸詩以表達不滿。記憶是一種保存身分認同感的有力
集體工具。而「語言確實是銘刻記憶的一塊大書板，應該加以激活化和利用。
它可以把過去帶進現在再帶往未來，讓它不致消失，不致被扔到記憶洞
（memory hole）裡。〔註41〕他說得好：

　　　　凡是政治認同受到威脅的地方，文化都是一種抵抗滅絕和被抹
　　　拭的方法。文化是「記憶」抵抗「遺忘」的一種方式。就此而言，
　　　我認為文化極端重要。但文化論述還有另一個面向：它具有分析的
　　　力量，可以超越陳腔濫調，可以戳破官方赤裸裸的謊言，可以質疑
　　　權威，可以尋找替代方案。這些全都是文化抵抗的軍火庫的一部份。
　　〔註42〕

　　文化之所以有此力量，他以音樂為例，當人們的分析力被痲痹和遲鈍化，
接受容易懂的東西，文化的複雜性和困難性，那種與其透過調和來理解音樂，
不如透過不調和。他覺得自己一生都在求其平衡，活在差異中，像一束不同
水流的集合，去追求自由、啟蒙與解放的人匯聚之所在，即「勝利的集合點」。
〔註43〕這須要永無止境的追求知識和閱讀，無休止的探問、發現與挑戰。所

〔註37〕　同前註，《文化與抵抗》，頁 216～217。
〔註38〕　《文化與抵抗》，頁 186。
〔註39〕　《文化與抵抗》，頁 199。
〔註40〕　《文化與抵抗》，頁 190～195。
〔註41〕　《文化與抵抗》，頁 211。
〔註42〕　《文化與抵抗》，頁 185。
〔註43〕　《文化與抵抗》，頁 218～223。

謂批判性的閱讀，是將文本放入脈絡，理解如何產生。因為寫作是一種選擇行為，其中牽涉一系列的選擇，由作者與社會互動而形成。因此，知識份子的責任是反對，以對立面來篩選、判斷、批判、揀別，將選擇權，也就是個體意識的價值選擇權回到自己手裡。〔註44〕他反對用二元對立，或狂想出來，有本質屬性，屬於大寫的「他者」（the Other）來看待民族或文化上的差異與衝突。文化的多元性、多樣性、具體性，使我們看待對方時，有必要用更分析性、更體諒和更自省的態度。〔註45〕例如鄭濟若〈題謝頌臣先生生壙四首〉云：

> 倜儻憶昔年，投筆學馳騁。拔劍向天磨，欲把乾坤整。滄桑忽變更，雄圖成畫餅。我痛謝先生，囊錐又藏穎。

> 魯戈已難借，落日揮未得。回首望中原，空自淚沾臆。宦途不可登，醫道學更力。我敬謝先生，病人儘飽德。

> 不必哭窮途，亟須尋佳域。能葬好男兒，山川亦生色。踏破鐵鞋尋，終年尋始得。我愛謝先生，此中有特識。

> 近處有科山，山迴水亦灣。萬木曉含翠，好鳥暮知還。紅塵飛亦遠，白雲護自閒。我喜謝先生，生壙擇此間。

> 聞我所未聞，有人所未有。登山攜美姬，折柬邀親友。東山列管絃，北海傾樽酒。我羨謝先生，艷福此生受。〔註46〕

鄭濟若的詩強調文化的力量。謝道隆歸隱是「囊錐又藏穎」。轉而「醫道學更力」，懸壺以濟世。此賢者不化於蕭艾而堅持雅操。文化的價值須通今博古，以見特識。詩稱許謝道隆預營生壙的見識。生前樂於山水，身後化為山阿，遠紅塵而護身閒放白雲間。又以絲竹會友陶情冶性，不諱美姬風流。「東山」、「北海」用謝安和孔融的典故，使山水「中原化」，隱然抗拒日人統治的臺灣山河。

〔註44〕《文化與抵抗》，頁117～119。
〔註45〕《文化與抵抗》，頁136～145。
〔註46〕謝道隆著，《小東山詩存》（臺中市：謝文昌再次重印，1974年），頁11。

參考文獻

一、謝道隆著作及研究謝道隆相關著作

1. 施懿琳主編，全臺詩編輯小組編撰，《全臺詩》第拾壹冊（臺南市：臺灣文學館，2008 年 3 月）。

2. 謝道隆著，《小東山詩存》（臺中市：謝文昌再次重印，1974 年）。

3. 謝東漢、吳餘德著，《徘徊在兩個祖國》（臺北市：謝東漢、吳餘德，2016 年 12 月第一版）。

二、洪棄生著作及研究洪棄生相關著作

1. 洪棄生《寄鶴齋詩話》（南投：台灣省文獻委員會，1993）。

2. 洪棄生《寄鶴齋詩集》（南投：台灣省文獻委員會，1993）。

3. 洪棄生《寄鶴齋駢文集》（南投：台灣省文獻委員會，1993）。

4. 洪棄生《寄鶴齋古文集》（南投：台灣省文獻委員會，1993）。

5. 洪棄生《八州詩草》（南投：台灣省文獻委員會，1993）。

6. 洪棄生《八州遊記》（南投：台灣省文獻委員會，1993）。

7. 洪棄生著，《時勢三字編》（南投：台灣省文獻委員會，1993）。

8. 洪棄生著，《洪棄生先生遺書》第七冊（台北：成文出版社，1960）。

9. 洪棄生著，《洪棄生先生遺書》第七冊《寄鶴齋制義文集》（台北：成文出版社，1960）。

10. 程師玉凰著，《洪棄生的旅遊文學——《八州遊記》研究》（台北：文津出版社，2011 年）。

11. 程師玉凰著，《洪棄生及其作品考述》（臺北縣：國史館，1997）。

12. 陳光瑩著，《臺灣古典詩家洪棄生》（台中：晨星出版社，2009 年 2 月）。

三、詩經著作

1. 方玉潤著,《詩經原始》(台北:藝文出版社,1960 年)。
2. 王先謙撰,《《詩》三家義集疏》(臺北:明文書局,1988 年 10 月 10 日初版)。
3. 王靜芝著,《詩經通釋》(台北:輔仁大學文學院,1991 年)。
4. 孔穎達撰,《《毛詩》正義》(臺北:中華書局,1966 年 3 月臺一版)。
5. 朱熹集註,《《詩》集傳》(臺北:中華書局,1969 年)。
6. 朱熹集註,《《詩》集傳》(臺北:中華書局,1970 年 9 月臺三版)。
7. 朱善著,《詩解頤》《文淵閣四庫全書・經部三・詩類》(台北:商務印書館,1983)。
8. 李辰冬撰,《《詩經》通釋》(臺北:水牛出版社,1980 年 11 月 15 日三版)。
9. 余培林著,《詩經正詁》(臺北市:三民書局,2007 年)。
10. 吳宏一著,《詩經新繹・國風編・國風一:周南、召南、邶風、鄘風》(臺北市:遠流出版社,2018 年 5 月)。
11. 屈萬里著,《《詩經》詮釋》(臺北:聯經出版社,1983)。
12. 屈萬里著,《《詩經》詮釋》(臺北:聯經出版社,1996 年 7 月初版第十刷)。
13. 姚際恆撰,《《詩經》通論》(臺北:廣文書局,1971 年 11 月再版)。
14. 胡承珙撰,《《毛詩》後箋》(收於《續四庫全書》冊 67,上海:上海古籍出版社,1995 年 3 月)。
15. 高亨撰,《《詩經》今注》(臺北:里仁書局,1981 年 10 月 15 日版)。
16. 馬瑞辰撰,《《毛詩》傳箋通釋》(臺北:中華書局,1980 年 1 月臺三版)。
17. 魏源撰,《《詩》古微》(湖南長沙:嶽麓書社,1989 年 12 月第一版)。

四、楚辭著作

1. 王逸原注,何錡章編著,《王逸注楚辭》(台北:黎明文化,1984)。
2. 朱熹集注,《楚辭集注》(台北:文津出版社,1987)。
3. 朱熹撰,《楚辭集註八卷後語六卷辯證二卷五冊》。收於《國立中央圖書館善本序跋集錄・別集(一)》(明萬曆間楊鶴南京刊本。台北:1994 年 4 月)。
4. 朱熹集注,《楚辭集注》(合肥市:黃山書社,2009)。
5. 吳福助註譯,《楚辭註繹》(台北市:里仁書局,2007)。
6. 傅錫壬註譯,《新譯楚辭讀本》(台北:三民書局,1987)。

7. 魯瑞菁著，《楚辭騷心論：諷諫抒情與神話儀式》（上海：上海書店，2016年11月第1版）。

五、詩（詞）話、詩箋、詩集、文集、年譜

1. 干寶著，黃鈞注譯，《新譯搜神記》（台北：三民書局，1996年1月）。

2. 王國維著，《海寧王靜安先生遺書》（四）（台北：商務印書館，1979）。

3. 王熙元、郭預衡主纂，《譯註評析古文觀止續編》（台北：百川出版社，1994年3月20日初版）。

4. 王維著，趙殿成箋注，《王摩詰全集箋注》（台北：世界書局，1996年6月初版六刷）。

5. 王士禎選，聞人倓箋，《古詩箋》（上海：上海古籍出版社，2010年2月）。

6. 王士禎著，李毓芙等整理，《漁洋精華錄集釋》（上海市：上海古籍出版社，1999）。

7. 王士禎著，《帶經堂詩話》（北京：人民文學出版社，1998）。

8. 王士禎著，《池北偶談》（台北市，漢京文化出版社，1984）。

9. 王維撰，趙殿成箋注《王摩詰全集箋注》（台北市：世界書局，1962）。

10. 王松著、謝崇耀選注，《王松集》（臺南市：臺灣文學館，2011年12月初版）。

11. 方苞著，《欽定四書文》《文淵閣四庫全書·集部·總集類》（台北：商務印書館，1983）。

12. 方苞著，《望溪集》《文淵閣四庫全書·集郡·別集類》（台北：商務印書館，1983）。

13. 方苞著，《望溪先生文集》《續修四庫全書·集郡·別集類》第1420冊（上海：上海古籍出版社，2002）。

14. 方苞撰，鄔國平、劉文彬注譯，《新譯方苞文選》（台北市：三民書局，2016年6月）。

15. 白居易著，陶敏、魯茜注譯，《新譯白居易詩文選》（台北：三民書局，2009）。

16. 白居易著，《白居易集》（台北：漢京文化，1984年3月20日初版）。

17. 丘逢甲著，《嶺雲海日樓詩鈔》（臺灣文獻叢刊第70種，臺北：臺灣銀行，1960年）。

18. 丘逢甲著，黃志平、邱晨波主編，《丘逢甲集》（湖南長沙：岳麓書社，2001年12月第1刷）。

19. 徐博東、黃志平著，《丘逢甲傳》（台北市：海峽學術出版社，2003年）。

20. 丘逢甲著，王惠鈴選注，《丘逢甲集》（臺南市：台文館，2012年）。

21. 司空圖著，陳國球注釋，《二十四詩品》（臺北：金楓出版公司，1987 年 6 月）。

22. 江竹虛撰，《曹植年譜》（台北：臺灣商務印書館，2013 年）。

23. 阮籍原著，林家驪注譯，《新譯阮籍詩文集》（台北：三民書局，2001）。

24. 吳偉業撰、吳翌鳳箋注，《足本箋注吳梅村詩集》（台北市：廣文書局，1982 年）。

25. 李白著，郁賢皓注譯，《新譯李白詩全集》（台北：三民書局，2011 年）。

26. 李白著，瞿蛻園等校注，《李白集校注》（台北：里仁出版社，1981 年 3 月 24 日版）。

27. 李白著，王琦注，《李太白集注》《文淵閣四庫全書・集郡・別集類》（台北：商務印書館，1983）。

28. 李商隱著，朱恆夫、姚蓉、李翰、許軍注譯，《新譯李商隱詩選》（台北：三民書局，2011）。

29. 李一冰著，《蘇東坡新傳》（台北：聯經出版公司，1996）。

30. 佐倉孫三著，《臺風雜記》（南投：台灣省文獻委員會，1996 年）。

31. 杜甫著，錢謙益箋注，《錢注杜詩》（上海：上海古籍出版社，2009 年 10 月）。

32. 杜甫著，仇兆鰲注，《杜詩詳註》（北京，中華書局，1989 年 12 月第三刷）。

33. 杜甫著，楊倫箋注，《杜詩鏡銓》（台北：華正書局，1986 年 8 月版）。

34. 杜牧著，張松輝注譯，《新譯杜牧詩文集》（台北：三民書局，2002）。

35. 杜牧著，《樊川文集》（台北：漢京文化，1983 年 11 月 15 日初版）。

36. 易順鼎著，王飈點校，《琴志樓詩集》（上海：上海古籍出版社，2004 年 4 月第一刷）。

37. 陳寶琛著，《滄趣樓詩文集》（上海：上海古籍出版社，2006）。

38. 吳敬梓著，《儒林外史》（臺北：聯經出版社，1991 年）。

39. 吳偉業著，李學穎集評標校，《吳梅村全集》（上海：上海古籍出版社，1990 年 12 月）。

40. 林朝崧撰，《無悶草堂詩存（下）》（臺北市：龍文出版社，1992 年）。

41. 林仲衡撰，《仲衡詩集》（台北：龍文出版社，1992 年版）。

42. 林耀亭著，《松月書室吟草》，收錄於「臺灣先賢詩文集彙刊」，（臺北：龍文出版社，1992 年）。

43. 柯慶明著，《中國文學的美感》（台北市：麥田出版公司，2000 年）

44. 范成大著，《范石湖集》（上海市：上海古籍，1981 年）。

45. 洪邁著,《容齋隨筆》(北京:中華書局,2005)。

46. 袁枚著,《隨園詩話》(台北:漢京文化公司,1984)。

47. 袁枚原著,張健精選,《隨園詩話精選》(台北:文史哲出版社,1986 年 4 月一版)。

48. 袁枚著,王英志主編,《袁枚全集》(江蘇:江蘇古籍出版社,1993)。

49. 袁枚著,《袁枚全集(貳)》、《小倉山房文集》卷十二(江蘇:江蘇古籍出版社,1997)。

50. 連橫編撰,《臺灣詩薈》(台北:成文出版社,1977)。

51. 連橫著,《雅堂文集》(台北:臺灣銀行,1964)。

52. 連橫著、黃美玲選注,《連橫集》(臺南市:台灣文學館,2012 年 12 月)。

53. 陸游著,錢仲聯校注,《劍南詩稿校注》(上海:上海古籍出版社,1985 年 9 月)。

54. 郭紹虞著,《元好問論詩三十首小箋》(北京市:人民文學出版社,1998)。

55. 郭茂倩編,《樂府詩集》(台北:里仁書局,1981 年 3 月 24 日)。

56. 莫里斯‧布朗肖(Maurice Blanchot)著,顧嘉琛譯,《文學空間》(北京:商務印書館,2003 年 11 月)

57. 陳恭尹著,《獨漉堂集》(廣東:中山大學出版社,1988 年 8 月)。

58. 梁啓超著,《飲冰室詩話》(北京市:人民文學出版社,1998)。

59. 梅曾亮著,《柏梘山房詩文集》(上海市:上海古籍出版社,2005)。

60. 康原、蕭翠蘭主編,《風雨中的陽光》(台中:晨星出版社,2009)。

61. 清聖祖御製,《全唐詩》(台北:明倫出版社,1971 年 5 月初版)。

62. 陶潛著,龔斌校箋,《陶淵明集校箋》(上海:上海古籍出版社,2004)。

63. 陶潛著,逯欽立校注,《陶淵明集》(台北:里仁書局,1985)。

64. 商盤著,《質園詩集》(四庫全書存目叢書補編,濟南,齊魯書社,2001)。

65. 湖北省社會科學院歷史研究所編,《湖北簡史》(湖北:湖北教育出版社出版,1994 年 2 月第一刷)。

66. 傅錫壬著,《新譯楚辭讀本》(台北:三民書局,2007)。

67. 彭兆蓀著,《小謨山館文集》(《續修四庫全書‧集部‧別集類》第 1492 冊。上海:上海古籍出版社,2002)。

68. 曾國藩著,湯孝純注譯,《新譯曾文正公家書》(台北:三民書局,2001)。

69. 嵇康著,崔富章注譯,《新譯嵇中散集》(臺北:三民書局,1998 年)。

70. 張麗俊著,《水竹居主人日記》(一)(臺北:中央研究院近代史研究所,2000)。

71. 黃宗羲著,《南雷文定》(台北:台灣商務印書館,1970 年 4 月初版)。

72. 黃徹著，《䂬溪詩話》，（北京：人民文學出版社，1998 年 5 月第 1 版）。

73. 黃美娥主編，《魏清德全集‧壹‧詩卷》（臺南市：臺灣文學館，2013 年 12 月）。

74. 黃美娥編，《魏清德全集‧參‧文卷》（台南市：台灣文學館，2013 年 12 月初版）。

75. 黃瑞雲注譯，《新譯歷代寓言選》（臺北市：三民書局，2012 年初版二刷）。

76. 葛洪著，王明校釋，《抱朴子內篇校釋》（北京市：中華書局，1996）。

77. 趙孟頫著，任道斌輯集點校，《趙孟頫文集》（上海：上海圖畫出版社，2010 年 12 月）。

78. 趙翼著，李學穎、曹光甫校點，《甌北集》（上海：上海古籍出版社，1997）。

79. 歐陽修著，《歸田錄》（北京：中華書局，1997 年印刷）。

80. 歐陽修著，《文忠集》，（四庫全書‧集部‧別集類，臺北：商務印書館，1983 年 10 月初版）。

81. 駱賓王著《駱丞集》。收於《文淵閣四庫全書‧集部‧別集類》（台北：商務印書館，1983）。

82. 劉義慶編撰，劉正浩等注釋，《新譯世說新語》（台北：三民書局，2012 年）。

83. 劉義慶著，劉正浩注譯，《新譯世說新語》（台北：三民書局，1996）。

84. 劉苑如、高桂惠、康韻梅、賴芳伶選注，《歷代短篇小說選注》（臺北市：里仁，2003 年）。

85. 詹雅能、黃美娥選注，《魏清德集》（臺南市：臺灣文學館，2013 年 11 月初版）。

86. 賴和著，《賴和全集‧新詩散文卷》（台北：前衛出版社，2000）。

87. 賴志彰編撰，《台灣霧峰林家留真集》（近、現代史上的活動 1897～1947）》（台北：自立報系文化出版部，1989 年 6 月初版）。

88. 賴紹堯著，《悔之詩鈔》（收於《臺灣先賢詩文集彙刊》第三輯第九冊。台北縣：龍文，2001 年版）。

89. 韓愈著，馬通伯校注，《韓昌黎文集校注》（台北：華正書局，1986）。

90. 韓愈著，錢仲聯編，《韓昌黎詩繫年集譯》（台北市：學海書局，1985）。

91. 謝維巖著，《謝籟軒詩集》（臺北：龍文出版社，2011 年 5 月）。

92. 謝冰瑩等著，《新譯古文觀止（革新版）》（台北：三民書局，1997）。

93. 謝冰瑩等著，《新譯古文觀止》（台北：三民書局，1988）。

94. 謝榛著，《謝榛全集》（山東：齊魯書社，2000）。

95. 謝榛著，《四溟詩話》（北京市：人民文學出版社，1998）。

96. 鮑照撰，黃節注，《鮑參軍詩註》（台北：華正書局，1975）。

97. 蕭統編，《增補六臣註文選》（台北：漢京文化，1983）。

98. 蕭統編，《文選》（台北：藝文出版社，1983）。

99. 蘇轍著，朱剛注譯，《新譯蘇轍文選》（台北：三民書局，2008）。

100. 蘇軾著，《宋蘇軾行書答謝民師帖卷》（上海：上海書畫出版社，2003 年 7 月）。

101. 蘇軾著，紀昀評點，《紀昀評點東坡編年詩》（北京：北京圖書館出版社，2001）。

102. 蘇軾著，曾棗莊彙評，《蘇詩彙評》（成都：四川文藝出版社，2000）。

103. 蘇軾著，《蘇東坡全集》（台北：世界書局，1996 年 2 月初版 7 刷）。

104. 蘇軾著，王文誥輯校，《蘇軾詩集》（北京市：中華書局，1996）。

105. 蘇軾著，龍榆生校箋，《東坡樂府箋》（台北：華正書局，1990 年）。

106. 蘇軾著，清王文誥、馮應榴輯注，《蘇軾詩集》（台北：學海出版社，1985 年 9 月再版）。

107. 蘇軾著，王十朋集註，《東坡詩集註》《景印文淵閣四庫全書・集部・別集類》（台北市：商務印書館，1983）。

108. 蘇軾著，《東坡全集》《景印文淵閣四庫全書・集部・別集類》（台北市：商務印書館，1983）。

六、學術著作

1. 尹章義著，《臺灣開發史研究》（台北市：聯經出版社，1989）。

2. 中村孝志著，卞鳳奎譯，《中村孝志教授論文集：日本南進政策與臺灣》（台北縣：稻鄉出版社，2002）。

3. 未列作者，《尚書》（重刊宋版十三經注疏本，台北：藝文印書館，1989 年）。

4. 白居易著，陶敏、魯茜注譯，《新譯白居易詩文選》（台北：三民書局，2009）。

5. 白居易著，《白居易集》（台北：漢京文化，1984）。

6. 司空圖著，陳國球導讀，《二十四詩品》（台北：金楓出版公司，1987 年 6 月）。

7. 史彌堅修、盧憲纂，《嘉定鎮江志》（《宋元方志叢刊》第三冊。北京，中華書局，1990 年 5 月第一刷）。

8. 朱長文纂修，《吳郡圖經續記》（《宋元方志叢刊（一）》。北京：中華書局，1990 年 5 月第 1 版）。

9. 伊能嘉矩著，楊南郡譯註，《台灣踏查日記》（台北：遠流出版公司，1996）。

10. 伊利亞德（Mircea Eliade）著，楊儒賓譯，《宇宙與歷史：永恆回歸的神話》（台北：聯經出版社，2000 年 6 月）。

11. 伊利亞德著，楊素娥譯，《聖與俗：宗教的本質》（臺北：桂冠圖書，2001 年）。

12. 李宗定著，《先秦儒家政治理論研究》（臺北：花木蘭出版社，2009 年）。

13. 吳宏聰、李鴻先主編，《丘逢甲研究——一九八四年至一九九六年專集》（廣東：廣東人民出版社，1997 年）。

14. 吳毓琪著，《南社研究》（臺南市：南市文化中心，1999）。

15. 林淑貞著，《中國寓言詩析論》（臺北市：里仁書局，2007 年 2 月 10 日初版）。

16. 柯慶明、蕭馳編，《中國抒情傳統的再發現》（台北市：臺大出版中心，2009 年 12 月）。

17. 柯慶明著，《柯慶明論文學》（台北：麥田人文，2016 年）。

18. 施懿琳著，《日據時期鹿港民族正氣研究》（台北：國立台灣師範大學國文研究所碩士論文，1986 年）。

19. 沈約撰，《宋書》（台北：鼎文書局，1975 年 6 月初版）。

20. 沈謙著，《文心雕龍與現代修辭學》（台北：益智，1990 年）。

21. 周鍾瑄、陳夢林編，《諸羅縣志》（台北：成文出版社，1983）。

22. 宗白華著，《美從何處尋》（板橋：駱駝出版社，1987 年 8 月）。

23. 范曄著，《後漢書》（台北：鼎文書局，1977 年 9 月初版）。

24. 施宿撰，《會稽志》《景印文淵閣四庫全書・史部・地理類》第 486 冊（台北：商務，1983 年 10 月初版）。

25. 徐宏祖著，朱惠榮校注，《徐霞客遊記校注》（昆明市：雲南人民出版社，1985 年 6 月第一版）。

26. 鹿野忠雄著，楊南郡譯註，《山、雲與番人——台灣高山紀行》（台北：玉山社出版公司，2000）。

27. 高莉芬著，《蓬萊神話：神山、海洋與洲島的神聖敘事》（臺北市：里仁書局，2008 年 3 月 20 日初版）。

28. 張玉法著，《中華民國史稿》（台北：聯經出版社，1998 年初版）。

29. 楊勇著，《楊勇學術論文集》（北京：中華書局，2006 年 9 月第 1 版）。

30. 康義勇著，《論語釋義》（高雄：麗文文化，1993 年）。

31. 喬瑟夫・坎伯、莫比爾（Joseph Campbell、Bill Moyers）著，朱侃如譯，《神話》（臺北縣：立緒文化，1995 年）。

32. 廖炳惠著，《解構批評論集》（臺北市：東大，1995 年）。

33. 廖蔚卿著,《漢魏六朝文學論集》（台北市：大安出版社,1997 年第一版）。

34. 廖振富撰,《櫟社三家詩研究——林癡仙、林幼春、林獻堂》（國立台灣師範大學國文研究所博士論文,1996 年 5 月）。

35. 廖振富著,《櫟社研究新論》（臺北市：國立編譯館,2006 年 3 月初版）。

36. 廖振富、楊翠著,《臺中文學史》（臺中市：臺中市政府文化局,2016 年 7 月）。

37. 廖振富著,《以文學發聲：走過時代轉折的台灣前輩文人》（台北市：玉山社,2017 年 11 月）。

38. 歐麗娟著,《紅樓夢人物立體論》（台北：里仁書局,2006 年）。

39. 盧嘉興原著,呂興昌編校,《臺灣古典文學作家論集》（臺南市：南市藝術中心,2000 年 11 月版）。

40. 劉紀曜著,《理想與現實》（台北：聯經文化公司,1987 年 2 月）。

41. 錢穆著,《國史大綱》（臺北：臺灣商務印書館,1995 年 7 月修訂三版）

42. 簡宗梧著,《賦與駢文》（台北：臺灣書局,1998 年）。

43. 顏崑陽著,《詮釋的多向視域：中國古典美學與文學批評系論》（台北：台灣學生,2016 年 3 月）。

44. 顏崑陽著,《詩比興系論》（台北：聯經出版社,2017 年 3 月初版）。

七、文化、美學

1. 干寶著,黃鈞注譯,《新譯搜神記》（臺北市：三民,2009 年）。

2. 艾德華・薩伊德著,薛絢譯,《世界・文本・批評者》（台北：立緒文化,2009 年）。

3. （艾）愛德華・W.薩伊德著,李自修譯,《世界・文本、批評家》（北京・三聯書店,2009 年）。

4. 艾德華・薩伊德著,單德興譯,《知識分子論》（台北：麥田出版社,2004）。

5. 余英時著,《中國思想傳統的現代詮釋》（臺北市：聯經出版社,1987 年）。

6. 余英時著,《現代危機與思想人物》（北京：三聯書店,2005 年 1 月）。

7. 李辰冬著,《陶淵明評論》（臺北：東大圖書出版公司,1984 年 9 月再版）。

8. 李豐楙、劉苑如主編,《空間、地域與文化——中國文化空間的書寫與闡釋》（台北：中央研究院中國文哲研究所,2004 年 12 月二刷）。

9. 李豐楙著,《誤入與謫降：六朝隋唐道教文學論集》（台北：台灣學生書局,1996）。

10. 李豐楙著,《憂與遊：六朝隋唐遊仙詩論集》（台北：台灣學生書局,1996）。

11. 李歐梵著,毛尖譯,《上海摩登：一種新都市文化在中國 1930～1945》（香港：牛津大學出版社,2000）。

12. 余浩、鄭黎著,《醫問——中醫治病的 12 條思路》(臺北市:橡實文化,2017 年 6 月初版 11 刷)。

13. 宗白華著,《美學的散步 I》(台北:洪範書店,1981 年)。

14. 姚一葦著,《審美三論》(臺北:台灣開明書局,1992)。

15. 姚一葦著,《美的範疇論》(臺北:台灣開明書局,1982 年 12 月二版)。

16. 姚一葦著,《藝術的奧秘》(臺北:台灣開明書局,1973 年 4 月六版)。

17. 侯迺慧著,《宋代園林及其生活文化》(台北市,三民書局,2010 年)。

18. 泰瑞·伊格頓(Terry Eagleton)著,李尚遠譯,《理論之後:文化的當下與未來》(台北:商周出版社,2005 年)。

19. 泰瑞·伊格頓(Terry Eagleton)著,吳新發譯,《文學理論導讀》(台北:書林出版社,1993)。

20. 泰瑞·伊格頓(Terry Eagleton)著,方佳俊譯,《生命的意義是爵士樂團》(台北:商周出版社,2009)。

21. 泰瑞·伊格頓著,黃煜文譯,《如何閱讀文學》(臺北市:商周,城邦文化出版,2014 年 1 月)。

22. 陶弘景著,曾召南注譯,《新譯養性延命錄》(台北:三民書局,2000 年 8 月初版二刷)。

23. 郭麗娟著,《寶島歌聲(之貳)》(台北:玉山出版公司,2005)。

24. 彭一剛著,王錦堂改編,《中國古典園林分析》(台中:東海大學建築研究中心,1989)。

25. 黃光男著,《宋代繪畫美學析論》(高雄:國立高雄師範大學國文研究所博士論文,1993 年 6 月)。

26. 黃復盛編譯,《清代畫論四篇語譯》(江蘇:江蘇美術出版社,1987 年 3 月第一刷)。

27. 漢娜·鄂蘭(Hannah Arendt)著,鄧伯宸譯《黑暗時代群像》(台北:立緒文化,2006)。

28. 熊秉眞著,《幼醫與幼蒙:近世中國社會的繇延之道》(新北市:聯經出版社,2018 年 10 月)。

29. 愛(艾)德華·薩伊德(Edward W. Said,1935～2003)著,單德興譯《知識份子論》(臺北:麥田出版社,2004 年)。

30. 愛德華·薩伊德(Edward W. Said)記述,梁永安譯,《文化與抵抗》(臺北縣:立緒文化,2004 年 8 月初版)。

八、文學史、史學、哲學

1. 王邦雄著,《莊子內七篇·外秋水·雜天下的現代解讀》(台北:遠流出

版公司，2013）。

2. 王弼、韓康伯、朱熹著，《周易二種》（臺北市：臺大出版中心，2016 年 7 月）。

3. 王溢嘉、嚴曼麗著，《論語雙拼：一個家庭主婦的異類閱讀，一個知識遊民的正向觀照》（新北市：野鵝，2014 年 9 月）。

4. 王仲犖著，《魏晉南北朝史》（台北：漢京文化出版社，1992 年 9 月 1 日台版一刷）。

5. 王國維著，《宋元戲曲史》（台北：商務印書館，1986 年 2 月初版）。

6. 古鴻廷、黃書林、顏清苓合編，《臺灣歷史與文化（五）》（台北：稻鄉出版社，2000 年 11 月）。

7. 司馬遷著，瀧川龜太郎注，《史記會注考證》（台北：洪氏出版社，1986 年 9 月版）。

8. 司馬遷著，《史記》（台北：藝文印書館，1982）。

9. 台北縣鎮江旅台同鄉會編，《思我故鄉——鎮江》第二集（台北縣：鎮江旅台同鄉會，1986 年 10 月初版）。

10. 北京大學古文獻研究所編，《全宋詩》（北京：北京大學出版社，1998 年 12 月第一刷）。

11. 牟宗三著，《才性與玄理》（台北：台灣學生書局，1985 年 7 月修訂 7 版）。

12. 朱利安著，卓立譯，《進入思想之門：思維的多元性》（北京：北京大學出版社，2014 年 7 月第 1 版）。

13. 何冠彪著，《明末清初學術思想研究》（台北：台灣學生，1991 年）。

14. 喬納森・卡勒（Jonathan Culler）著，李平譯，《文學理論入門》（南京市：譯林出版社，2013 年）。

15. 印順著，《中國禪宗史》（台北：正聞出版社，1989 年 6 版）。

16. 左丘明著，郁賢皓等注譯，《新譯左傳讀本》（台北：三民書局，2006 年）。

17. 左丘明著，楊伯峻注，《春秋左傳會注》（高雄：復文書局，1988 年 1 月初版）。

18. 左丘明著，杜預注，《春秋經傳集解》（台北：新興書局，1989 年 8 月版）。

19. 左丘明著，《國語》（台北：九思出版社，1978）。

20. 全漢昇等人著，《中國近代現代史論集第九編。自強運動（四）工商業》（台北：商務印書館，1985 年 8 月初版）。

21. 全祖望撰，朱鑄禹彙校集注，《全祖望集彙校集注》（上海：上海古籍出版社，2000 年 12 月第 1 版）。

22. 江寶釵著，《嘉義地區古典文學發展史》（嘉義市：嘉義市立文化中心，1998 年）。

23. 呂思勉著,《先秦史》(台北:台灣開明書局,1975 年 1 月臺五版)。

24. 宋濂等撰,《元史》(台北:鼎文書局,1980 年 3 月初版)。

25. 余美玲、施懿琳編,《臺灣漢詩三百首》(臺南市:臺灣文學館,2019 年 10 月版)。

26. 余英時著,《論天人之際:中國古代思想起源試探》(台北:聯經出版社,2014 年 1 月)。

27. 余英時著,《史學與傳統》(台北:時報文化出版社,1985 年 1 月 15 日四版)。

28. 李嘉球著,《蘇州狀元》(上海:上海社會科學院出版,1993 年 10 月)。

29. 李乾朗著,《古蹟入門》(台北:遠流出版公司,1999)。

30. 李延壁、周璽編,《彰化縣誌》(台北市:成文出版社,1983)。

31. 李百藥撰,《北齊書》(台北:鼎文書局,1980 年 3 月 3 版)。

32. 李延壽撰,《南・北史》(北京:中華書局,1997 年)。

33. 李玲珠著,《魏晉文化運動──自然思潮》(台北:文津出版社,2004)。

34. 易中天注譯,《新譯國語讀本》(台北:三民書局,2006)。

35. 宋祁、歐陽修撰,楊家駱主編,《新校本新唐書附索引》(台北:鼎文書局,1981 年 3 版)。

36. 吳兢編,許道勳注譯,《新譯貞觀政要》(台北:三民書局,2008)。

37. 房玄齡等撰,《晉書》(台北:鼎文書局,1980 年 3 月初版)。

38. 房玄齡等撰,《晉書》(北京:中華書局,1997 年)。

39. 南投國史館臺灣文獻館編,《臺灣早期書畫專輯》(南投:國史館臺灣文獻館出版,2003)。

40. 姚思廉撰,《梁書》(北京:中華書局,1997 年)。

41. 姚思廉撰,《陳書》(台北:鼎文書局,1980 年 3 月初版)。

42. 姚察、謝炅、魏徵、姚思廉撰,楊家駱主編,《新校本梁書》(台北:鼎文書局,1980)。

43. 范曄著,楊家駱主編,《新校本後漢書并附編十三種》(台北市:鼎文書局,1999 年 4 月二版一刷)。

44. 紀昀主編,《四庫全書總目提要・經部・易類六》(台北:商務印書館,1983 年 10 月初版)。

45. 高育仁等主修,《重修台灣省通志──藝文志著述篇》(南投:台灣省文獻委員會,1993 年版)。

46. 原田敬一著,徐靜波譯,《日清、日俄戰爭》(香港:香港中和出版公司,2016 年 4 月第一版第一刷)。

47. 班固著，《漢書》（台北：鼎文書局，1997 年 10 月 9 版）。

48. 倉修良主編，《中國史學名著評介》（台北：里仁書局，1994 年 4 月）。

49. 袁康著，劉建國注譯，《新譯越絕書》（台北：三民書局，1997 年 6 月初版）。

50. 脫脫等撰，《宋史》（台北：鼎文書局，1983 年 11 月三版）。

51. 脫脫等撰，《宋史》（台北：鼎文書局，1978 年 9 月初版）。

52. 郭廷以著，《近代中國史綱》（台北：曉園出版社，1994 年 5 月初版第一刷）。

53. 荒木見悟著，《佛教與儒教》（台北：聯經出版社，2008 年 4 月版）。

54. 清史稿編纂委員會編，《清史稿校註》（台北：商務印書館，1999）。

55. 陸心源輯撰，《宋史翼》（北京：中華書局，1991 年 12 月第 1 版）。

56. 張麗俊著，《水竹居主人日記》（四）（台北市：中央研究院近代史研究所，2001）。

57. 張分田著，《秦始皇傳》（臺北市：臺灣商務，2004 年）。

58. 陳壽撰，裴松之注，楊家駱主編，《新校本三國志注附索引》（台北：鼎文書局，1997）。

59. 陳麗桂著，《漢代道家思想》（臺北市：五南圖書，2013 年 11 月初版一刷）。

60. 許雪姬等，《臺中縣志・人物志》（臺中：臺中縣政府，2010 年 10 月）。

61. 國史館編，《清史稿校註》（台北：國史館，1991 年 6 月初版）。

62. 黃成助發行，《新竹縣志》（共九冊）（台北：成文出版社，1883 年 3 月台一版）。

63. 黃富三、陳俐甫編，王世慶、陳漢光、王詩琅等撰，《霧峰林家之調查與研究》（台北：林本源中華文化教育基金會，1991 年 12 月初版）。

64. 黃慶萱著，《新譯乾坤經傳通釋》（台北市：三民書局，2009 年）。

65. 黃宗羲著，李廣柏注譯，《新譯明夷待訪錄》（台北：三民書局，2011 年 2 月初版二刷）。

66. 傅偉勳著，《從創造的詮釋學到大乘佛學：「哲學與宗教」四集》（臺北市：東大圖書公司，1990 年）。

67. 傅偉勳著，《佛教思想的現代探索：哲學與宗教五集》（臺北市：東大圖書，1995 年）。

68. 傅錫祺著，《櫟社沿革志略》（台北，台北銀行經濟研究室，文叢本第 170 種。1963 年版）。

69. 傅佩榮解讀，《傅佩榮解讀易經》（臺北：立緒文化出版社，2005 年 2 月）。

70. 葉榮鐘著，《日據下臺灣政治社會運動史》（臺中市：晨星出版社，2000年）。

71. 葉昌熾撰，柯昌泗評，《語石・語石異同評》（北京：中華書局，2005 年重印）。

72. 葛洪著，王明校釋，《抱朴子內篇校釋》（北京市：中華書局，1996）。

73. B. Delfgaauw 著，傅佩榮譯，《西方哲學（1900～1950）》（台北：業強出版社，1989 年 6 月）。

74. 萬斯同著，《明史》（台北：鼎文書局，1975 年 6 月初版）。

75. 趙翼撰，《陔餘叢考》（台北市：新文豐書局，1975 年）。

76. 趙敦華編著，《現代西方哲學新編》（台北市：五南圖書公司，2002 年）。

77. 台灣省文獻委員會主編，《台灣省通志稿》第 23 冊（台北：捷幼。1999 年版）。

78. 蔡璧名著，《醫道同源：當老莊遇見黃帝內經》（臺北市：平安文化，2019 年 3 月初版三刷）。

79. 顏崑陽著，《莊子藝術精神析論》（臺北：華正書局，1985 年初版）。

80. 劉向編，易中天注譯，《新譯國語讀本》（台北：三民書局，1995 年 11 月）。

81. 劉向編，《國語》（台北：里仁書局，1980 年 1 月 15 日版）。

82. 劉向編，《戰國策》（台北：九思出版社，1976 年 10 月初版）。

83. 劉千美等合著，《哲學概論》（臺北：五南圖書出版公司，2002）。

84. 楊伯峻著，《春秋左傳會注》（高雄：復文書局，1986 年 8 月初版）。

85. 劉昫等撰，《舊唐書》（台北：鼎文書局，1979 年 12 月初版）。

86. 錢穆著，《先秦諸子繫年》（臺北：台灣開明書局，1986 年 2 月台北初版）。

87. 錢仲聯主編，《清詩紀事》（南京：鳳凰出版社，2004 年 4 月）。

88. 韓養民著，《秦漢文化史》（台北：里仁書局，1986）。

89. 蕭子顯著，《南齊書》（台北：鼎文書局，1980）。

90. 顧炎武著，黃汝成集釋，《日知錄集釋》（長沙：岳麓書社，1996 年 2 月）。

91. 龔鵬程著，《俠的精神文化史論》（濟南市：山東畫報出版社，2008 年 5 月）。

92. 龔鵬程著，《中國文人階層史論》（宜蘭：佛光人文社會學院，2002 年）。

93. 龔顯宗著，《臺南縣文學史上編》（臺南縣新營市：南縣府，2006 年）。

94. 魏收撰，《魏書》（台北：鼎文書局，1975 年 9 月初版）。

95. 嚴可均輯《全北齊文・全後周文》（北京市：商務印書館，1999）。

九、經書、宗教、倫理、心理、人類學

1. 王應麟撰，閻若璩箋，《困學紀聞》（小東濟南市，山東友誼書社，1992年 7 月第 1 版）。

2. 朱熹著，黎德靖編，《朱子語類》（北京：中華書局，1996 年 6 月）。

3. 朱熹、趙順孫等注疏，《四書纂疏》（台北：學海出版社，1980 年 9 月初版）。

4. 克利弗德‧紀爾茲著，楊德睿譯，《地方知識——詮釋人類學論文集》（台北市：麥田出版社，2007 年 3 月二版一刷）。

5. 林保淳、殷善培、崔成宗、許華峰、黃復山、盧國屏著，《創意與非創意表達》（台北：里仁書局，1997）。

6. 約翰‧畢比（John Beebe）著，魯宓譯，《品德深度心理學》（臺北：心靈工坊文化事業公司，2010 年 4 月）。

7. 段義孚著，周尚意、張春梅譯，《逃避主義》（台北市，立緒文化，2006）。

8. M.耶律亞德著，楊儒賓譯《宇宙與歷史：永恆回歸的神話》（台北：聯經出版社，2000）。

9. 紀昀等撰，《四庫全書總目提要》（台北：商務印書館，1983 年 10 月初版）。

10. 約翰‧米勒（John P. Miller）著，張淑美等譯，《生命教育：全人課程理論與實務》（台北：心理出版社，2009 年）。

11. 徐復觀著，《兩漢思想史卷一》（臺北：學生書局，1978 年 10 月四版）。

12. 高莉芬著，《蓬萊神話》（台北：里仁書局，2008）。

13. 格爾達‧帕格爾著，李朝暉譯，《拉康》（北京：中國人民大學出版社，2008 年）。

14. 莫里斯‧梅洛——龐蒂（Maurice Merleau-Ponty，1908～1961）著，楊大春譯，《眼與心》（北京：商務印書館，2007 年 6 月）。

15. 陳昭瑛著，《臺灣儒學：起源、發展與轉化》（台北：正中書局，2000 年 3 月）。

16. 陳慧劍譯註，《維摩詰經今譯》（台北：東大圖書公司，1990）。

17. 康師義勇著，《論語釋義》（高雄：麗文文化公司，1993）。

18. 勒內‧吉拉爾著，馮壽農譯，《替罪羊》（台北：臉譜出版社，2004）。

19. 菲利普‧津巴多（Philip G. Zimbardo）著，劉羽、肖莉、唐小豔《影響力心理學》（北京：人民郵電出版社，2009）。

20. 程頤原著，黃忠天註評，《周易程傳註評》（高雄：復文圖書出版社，2000）。

21. 羅洛‧梅（Rollo May）著，朱侃如譯《焦慮的意義》（臺北：立緒文化

出版社，2004）。

22. 劉向著，張金嶺注譯，《新譯列仙傳》（台北：三民書局，1997 年 2 月初版）。

23. Follette，Victoria 等著，楊大和等譯，《創傷的認知行為治療》（台北市：心理出版社，2004）。

24. Jidith Herman 作，施宏達、陳文琪譯，《從創傷到復原（Trauma and recovery）》（台北：遠流圖書公司，2004 年）。

25. Petre France 著，梁永安譯，《隱士：透視孤獨》（Hermits; The Insights of Solitude）（臺北：立緒文化，2001 年 3 月初版）。

26. Richard S. Lazarus、Bernice N. Lazarus 著，李素卿譯《感性與理性——了解我們的情緒（Passion and reason：making sense of our emotions）》（台北：五南圖書公司，2002 年 2 月一版一刷）。

十、文學理論、批評

1. 王忠林著，《文心雕龍析論》（台北：三民書局，1998）。

2. 卡勒（Jonathan Culler）著，李平譯，《文學理論》（香港：牛津大學出版社，1998）。

3. 朱自立著，《說詩晬語論歷代詩》（台北：里仁書局，1994）。

4. 朱自清著，《朱自清古典論文集（上）》（上海：上海古籍出版社，2009 年 4 月第 2 版）。

5. 安伯托‧艾可著，翁德明譯，《艾可談文學》（臺北市：皇冠，2008 年 1 月）。

6. 林祥征著，《錢鍾書先生論《詩經》《楚辭》》（台北：五南圖書公司，2013 年 12 月）。

7. 波赫士著，陳重仁譯，《波赫士論詩談藝》（台北：時報文化公司，2001 年）。

8. 保羅‧利科著，汪堂家譯，《活的隱喻》（上海：上海譯文出版社，2004）。

9. 翁聖峰著，《日據時期臺灣新舊文學論初探》（台北：五南圖書出版公司，2007）。

10. 孫福軒著，《清代賦學研究》（杭州：浙江大學出版社，2008）。

11. 孫康宜著，鐘振振譯，《抒情與描寫：六朝詩歌概論》（上海：上海三聯書店，2006）。

12. 海若‧亞當斯（Hazard Adams）著，傅士珍譯，《西方文學理論四講》（台北：洪範書店，2000）。

13. 泰瑞‧伊格頓（Terry Eagleton）著，李尚遠譯《理論之後：文化理論的當下與未來》（臺北：商周出版社，2005 年）。

14. 泰瑞‧伊格頓著，黃煜文譯，《如何閱讀文學》（台北市：商周出版社，2014 年）。

15. 陸文虎著，《錢鍾書的文學世界：「圍城」內外》（臺北市：書林，1997 年）。

16. 張高評著，《宋詩之新變與代雄》（台北：洪業文化，1995）。

17. 高評著，《宋詩之傳承與開拓》（台北：文史哲出版社，1990 年 3 月初版）。

18. 張高評著，《春秋書法與左傳史筆》（台北：里仁書局，2011 年 3 月）。

19. 張健著，《詩話與詩》（台北：五南圖書出版公司，2002 年）。

20. 張健著，《文學批評論集》（台北：臺灣學生書局，1985）。

21. 張健著，《宋金四家文學批評研究》（台北：聯經出版社，1983）。

22. 張健著，《文學概論》（台北：五南圖書公司，1983）。

23. 張健著，《文學評論第一集》（台北：巨流圖書公司，1980）。

24. 張夢機著，《思齋說詩》（台北：華正書局，1977）。

25. 張伯偉校考，《全唐五代詩格校考》（西安：陝西人民教育出版社，1996 年 7 月）。

26. （北京大學）張健著，《王士禛論詩絕句三十二首箋證》（台北：文史哲出版社，1994）。

27. 陳光瑩著，《吳梅村諷諭詩研究》（臺北：花木蘭文化出版社，2009 年）。

28. 黃慶萱著，《新譯乾坤經傳通釋》（台北：三民書局，2009）。

29. 黃慶萱著，《修辭學》（台北：三民書局，1989）。

30. 黃景進著，《意境論的形成：唐代意境論研究》（台北：臺灣學生書局，2004 年 9 月初版）。

31. 葉嘉瑩著，《唐宋詞十七講》（台北：桂冠圖書公司，1992 年 4 月初版一刷）。

32. 葉嘉瑩著，《漢魏六朝詩講錄》（河北省：河北教育出版社，1997 年 7 月第一刷）。

33. 葉嘉瑩著，《詞學新詮》（台北：桂冠圖書公司，2000）。

34. 華萊士‧馬丁著，伍曉明譯，《當代敘事學》（北京市：北京大學出版社，2006 牛 1 月）。

35. 瑪格莉特‧愛特伍（Margaret Atwood）著，嚴韻譯，《與死者協商：瑪格莉特‧愛特伍談寫作》（臺北：麥田出版社，2004 年 5 月）。

36. 衛姆塞特、布魯克斯著，顏元叔譯，《西洋文學批評史》（台北：志文出版社，1987）

37. 廖炳惠著，《解構批評論集》（台北：東大圖書公司，1995 年 10 月）。

38. 廖可斌著，《復古派與明代文學思潮》（台北：文津出版社，1994 年初版）。

39. 蔡英俊著，《比興、物色與情景交融》（台北：大安出版社，1986）。

40. 蔡源煌著，《從浪漫主義到後現代主義》（台北：雅典出版社，1998）。

41. 劉勰著，周振甫注，《文心雕龍注釋》（臺北：里仁書局，1984）。

42. 劉麗卿著，《清代臺灣八景與八景詩》（國立中興大學中國文學系碩士論文，2000 年 9 月）。

43. 劉若愚著、杜國清譯，《中國文學理論》（台北：聯經出版社，1981）。

44. 糜文開、裴普賢著，《詩經欣賞與研究》（臺北：三民書局，1985）。

45. 關永中著，《神話與時間》（臺北市：臺灣書局，1997）。

46. 鄺健行著，《科舉考試文體論稿：律賦與八股文》。

47. 簡宗梧著，《賦與駢文》（台北：台灣書局，1998）。

48. 魏仲佑著，《黃遵憲與清末「詩界革命」》（台北：國立編譯館，1994）。

49. 羅伯特・斯科爾斯、詹姆斯・費倫、羅伯特・凱洛格著，于雷譯，《敘事的本質》（南京市：南京大學出版社，2015 年 1 月 1 版）。

50. 龔鵬程著，《中國文學十五講》（臺北市：臺灣學生，2013 年 8 月）。

十一、期刊論文和書籍中單篇文章

1. 《乙未戰爭與客家》學術研討會（臺北：臺灣師大舉行），共有一場主題演講、八篇論文發表。見《中國時報》（西元 2005 年 12 月 28 日星期三）。

2. 王建竹撰，〈臺灣中部詩人及其作品（三）〉。收於林衡道發行，陳澤主編，《臺灣文獻第二十九卷第三期》，（台中市：臺灣省文獻委員會編纂組，1978 年 10 月 31 日出版）。

3. 王忠林著，〈易爻辭之以動物取譬〉（高雄：國立高雄師範大學國文學系第十六次教師學術研討會，1993 年 12 月 15 日）。

4. 王忠林著，〈易爻辭之以事取譬——以災患之事為譬〉（紀念程旨雲先生百年誕辰學術研討會。高雄：國立高雄師範大學國文系所，1994 年 5 月 21、22 日）。

5. 江毓奇著，〈從「文本體式」到「詮釋行動」——論王弼學詮釋對《易傳》承繼的思維方法〉，《第六屆思維與創作學術研討會論文集》（台南：國立台南大學國文學系，2012 年 9 月）。

6. 李瑞騰著，〈吾之哀吾兄也——譚嗣同對其仲兄的深情〉《聯合報》（第 17 版長河，1993 年 6 月 8 日星期二）。

7. 李宗定著，〈從周代社會型態的改變看先秦儒家政治理論的起源〉（第四屆南區四校中文系研究生論文研討會）。

8. 李玲珠著，〈阮籍、嵇康生死意識的底蘊與轉折〉，《哲學與文化》（月刊）

革新號第 433 期（台北：哲學與文化月刊編輯委員會，2010 年 6 月）。

9. 余美玲〈從《小東山詩存》探析謝頌臣之生平與交遊——以櫟社詩人圈為主〉，收入《櫟社成立百年紀念學術研討會論文集》，2001 年 12 月，國立文化資產保存中心主辦，阿罩霧基金會承辦。

10. 呂春盛著，〈從臺灣觀察「夷夏之辨」在中國歷史上的變態〉。收於向陽等作，《《臺灣文化之進路文集》——莊萬壽及其文化學術》（臺北市：吳三連臺灣史料基金會，2019 年 1 月）。

11. 林耀潾著，〈「詩可以興」淺釋〉，收於陳立夫發行，《孔孟學報》第 23 卷第 2 期（臺北：中華民國孔孟學會，1984 年 10 月）。

12. 張明正著，《丘逢甲進士內渡與燒紅炮考》（臺中市：逢甲大學編印《「丘逢甲與臺灣歷史文化」學術研討會論文集》，1996 年）。

13. 陳清香著，〈妙禪法師的繪畫藝術〉。收在張學樑編，《山中忘歲月——張妙禪書畫集》（新竹：新竹縣立文化中心，1998 年）。

14. 陳光瑩著，〈洪棄生古典的漢詩教學研究〉，《建國科技大學通識教育中心『第七屆提升職業倫理與職業道德教育研討會論文集』》（彰化：建國科技大學通識教育中心，2010 年 4 月 30 日）。

15. 許雪姬著，〈林獻堂與櫟社〉。收於（《櫟社百週年學研討會論文集》，研討會自 2001 年 11 月 17 日～12 月 8 日）。

16. 黃美娥著，〈中國、日本、台灣——櫟社詩傑林仲衡詩歌的空間閱讀〉（發表於中台灣古典文學學術研討會。台中縣立文化中心主辦。90 年 12 月 2 日）。

17. 楊仲揆著，〈易氏父子詩人在臺灣〉。收於劉脩如發行，《湖南文獻季刊》總號第三十九號，第十卷第三期（台北縣：湖南文獻社，1982 年 4 月 15 日）。

18. 楊哲宏著，〈滄海桑田事萬變，中間不變故人心——談丘逢甲與謝道隆的情誼〉。收於《台灣文學觀察雜誌》第 8 期。1993 年 9 月出版。

19. 國立文化資產保存研究中心籌備處、台中縣政府台中縣文化局主辦，台中縣明台高級中學、台中縣霧峰鄉公所承辦，〈櫟社百年紀念：台中縣阿罩霧常民文化節活動日程〉（活動地點：霧峰明台高級中學（菜園），活動日期：2001 年 11 月 17 日～12 月 8 日）。

20. 廖一瑾著，〈日據時期台灣瀛三大詩社〉，（《古典文學》第 12 期。1992 年 10 月出版）。

21. 蔣勵材著，〈孔子的詩教與詩經（上）〉，收於陳立夫發行，《孔孟學報》第 27 期（臺北：中華民國孔孟學會，1997 年 4 月）。

十二、訪談

1. 筆者請教謝東漢先生電話訪談西元二〇一九年十二月三日星期二下午三

點到四點。

十三、英文

1. Edited by Kumar David, Santasilan Kadirgamar《Ethnicity : identity, conflict and crisis》（Hong Kong : Arena Press, 1989）。

2. Frank T. Vertosick , Jr., M. D.《WHY WE HURT: The Natural History of Pain》（New York：A Harvest Book Harcourt , Inc., 2000）。